人类幸福的政治经济学

选民的抉择如何决定生活质量

〔美〕本杰明·雷德克利夫（Benjamin Radcliff）著
仲为国 译

The Political Economy of Human Happiness

How Voters' Choices Determine the Quality of Life

著作权合同登记号 图字：01-2016-4538

图书在版编目（CIP）数据

人类幸福的政治经济学：选民的抉择如何决定生活质量 /（美）本杰明·雷德克利夫著；仲为国译. —北京：北京大学出版社，2018.2

（IACMR组织与管理书系）

ISBN 978-7-301-29167-2

Ⅰ.①人… Ⅱ.①本…②仲… Ⅲ.①政治经济学 Ⅳ.①F0

中国版本图书馆 CIP 数据核字（2018）第 013151 号

The Political Economy of Human Happiness: How Voters' Choices Determine the Quality of Life (ISBN 978-1-107-03084-8) by Benjamin Radcliff first published by Cambridge University Press 2013

All rights reserved.

This simplified Chinese edition for the People's Republic of China is published by arrangement with the Press Syndicate of the University of Cambridge, Cambridge, United Kingdom.

© Cambridge University Press & Peking University Press 2018

This book is in copyright. No reproduction of any part may take place without the written permission of Cambridge University Press and Peking University Press.

This edition is for sale in the People's Republic of China (excluding Hong Kong SAR, Macau SAR and Taiwan Province) only.

此版本仅限在中华人民共和国（不包括香港、澳门特别行政区及台湾地区）销售。

书　　名	人类幸福的政治经济学：选民的抉择如何决定生活质量 RENLEI XINGFU DE ZHENGZHI JINGJIXUE
著作责任者	〔美〕本杰明·雷德克利夫（Benjamin Radcliff）著 仲为国 译
策划编辑	徐　冰
责任编辑	黄炜婷
标准书号	ISBN 978-7-301-29167-2
出版发行	北京大学出版社
地　　址	北京市海淀区成府路 205 号　100871
网　　址	http://www.pup.cn
电子信箱	em@pup.cn　QQ：552063295
新浪微博	@北京大学出版社　@北京大学出版社经管图书
电　　话	邮购部 62752015　发行部 62750672　编辑部 62752926
印刷者	北京中科印刷有限公司
经销者	新华书店 730 毫米×1020 毫米　16 开本　15.5 印张　221 千字 2018 年 2 月第 1 版　2018 年 2 月第 1 次印刷
册　　数	0001—4000 册
定　　价	56.00 元

未经许可，不得以任何方式复制或抄袭本书之部分或全部内容。

版权所有，侵权必究

举报电话：010-62752024　电子信箱：fd@pup.pku.edu.cn

图书如有印装质量问题，请与出版部联系，电话：010-62756370

译者序
TRANSLATORS' PREFACE

人类幸福，或者在当下中国语境中更为贴切的表达——美好生活，从来没有像今天这样成为全世界都在热烈讨论的话题。人类福祉关乎所有人的生活，无论是江湖还是庙堂，不管布衣抑或精英，每个人的幸福都与之密切相关，概莫能外。然而，这并不是一个时髦的话题，更称不上是一个崭新的话题。自公元前四世纪色诺芬所著《经济论》以降，无数先哲、学者便开始追求人类幸福的终极答案。

在大众熟悉的经济学话语体系中，我们似乎找寻不到人类幸福的位置，信手拈来的好像是这样的词汇：理性、自利、财富、成本、利润、租金、效用、消费……"天下熙熙，皆为利来；天下攘攘，皆为利往"，幸福自然伴随着财富增长而至，我们何须关心？这是西方主流经济学一直奉为圭臬的核心命题，由此导致主流经济学对人类幸福的研究严重缺失。例如，我们常挂嘴边的效用函数并不包括幸福，而是直接将效用本身当成研究对象。萨缪尔森认为，效用就是一个人从消费某种物品或服务中得到的主观享受或有用性，

---

[1] 本序是在徐淑英和乔治·恩德勒（2015）的基础上修改而成。请参阅徐淑英、乔治·恩德勒，"大政府"让人类幸福栖居，《管理视野》，2015，12（1）。

从而把人的效用简化为物质追求。此种无关价值判断、抛弃人类德性假设的做法，招致了人们对主流经济学研究的激烈批判。其中，最为尖锐且直击要害的批评就是本书的推荐者——理查德·A. 伊斯特林教授提出的"幸福悖论"——为什么更多的财富并没有带来更大的幸福？

如果财富不是幸福的关键因素，那么，究竟什么才是人类幸福的根源？色诺芬的答案是农业发展，汤普逊说是获得幸福的物质资料的公平分配，马尔萨斯说是人口增长的速度，而亚当·斯密则认为是积极的生活和适度的财富。紧随亚当·斯密观点的是 20 世纪后期强势发展的幸福经济学，其核心观点是：虽然人类幸福与物质财富的生产、分配以及对人的欲望的满足有关，但更涉及精神财富，如安全、公平、快乐等主观价值感受。加入这股洪流的学者不断地在大声疾呼，经济学理应恢复效用的幸福内涵，使主观幸福感回归到经济学分析中。

本书就是在上述背景下产生的具备扛鼎潜力的著作之一。作为新时代的政治学学者，本杰明·雷德克利夫教授从政治经济学的角度对人类幸福这一重大问题进行了深入的探索并给出了回答。《人类幸福的政治经济学：选民的抉择如何决定生活质量》向我们完整地呈现了与众不同的、基于大规模研究成果的最新洞见。诚如推荐者亚历克斯·帕塞克所言，本书最令人兴奋的核心思想、同时区别于以往研究的独特观点是，决定人类生活质量的最重要因素是公共政策在多大程度上赋权于普罗大众对抗市场"独断而任意"的力量。这一观点像一束耀眼的光，照进漆黑的旷野，一切便瞬间明亮起来。首先，它明确了保证人类幸福的关键主体是公共政策；其次，它明确了公共政策的责任，就是给普罗大众赋权、赋能；最后，它一针见血地指出市场的力量存在摧毁一切的可能。这不仅提醒我们警惕市场的野蛮，还指出通往人类幸福的道路。

在本书中，作者开宗明义地将幸福定义为生活满意度，也就是总体而言，人们在多大程度上享受生活。这显然是一种主观定义的幸福，对人类效用的幸福内涵的一种回归。结果表明，主观幸福与客观条件（如收入和福利、住房、健康状况、教育、环境质量、个人安全等）存在一定程度的关系。然而，这些客观条件却受制于我们看不见、摸不着的基础设施和社会结构，也就是市场经济。在市场经济中，劳动力被理所当然地视为一种商品，买家希望价格越低越好，这是本书非常重要的一个概念——人被"商品化"。商业的目的是榨取劳动的剩余价值及其产生的服务价值。因此，提供能够维持生活的劳动报酬并不是商业的责任。

然而，一旦市场经济无法充分提高全体民众的生活满意度，我们该怎么办？这一问题与爱因斯坦的思考如此一致："社会结构应当如何变革才能使人类生活尽可能地令人满足？"（Einstein，1949，2002：36—44）。作者认为，组成社会结构的基石是市场经济背景下的民主政府。当出现人被过度"商品化"，从而不再对生活满意——没有幸福感时，政府就必须介入，并提供维持体面生活所需的各项基本服务，如我们所熟知的补贴、教育、医疗、失业补偿等。同时，政府可能需要制定法规，"强迫"企业为员工提供最低工资以及一定程度的安全保障。在作者看来，政策的目的是"去商品化"，从而"使个人和家庭得以维持与市场参与无关的、社会可接受的生活水准"（Esping-Andersen，1990：37）。

除此之外，在市场经济中，政府还应如何帮助民众实现积极而有意义的生活？作者认为市场经济中存在两种观点，其实也是我们早已耳熟能详的观点：一是把幸福的自主选择权留给自由公民，为了确保每个独立公民（包括资本家和劳动者）能享有这种自由，政府只发挥有限的作用；二是通过较为激进的政府，在市场经济的背景下，遵循公平正义的原则制定法律法规，为公民提供幸福生活。对于第一种选择，经济必须进行自我监管，政府的干预越少越好。经济要素会通过市场规则发挥作用以确保公民幸福。一个典型的例子是美国。美国《独立宣言》把"每个人都有追求幸福的权利"定为不证自明的真理。在此思想的指导下，美国给予商业及其所有者最大限度的自由，政府干预尽可能地少。正因为如此，美国直到2014年才建立起强制性的全民医保制度。与之相对的是，第二种观点认为拥有巨大权力的市场经济并不会天然地保护无权之人的福利，因此政府必须发挥作用，确保市场权力用于促进公众福利。其典型的代表是诸如挪威等"福利国家"，即高税收、高福利，福利范围涵盖教育、健康、失业、退休等。

究竟哪种模式是确保人类幸福的最佳社会模式？这是现代民主争论的焦点。由作者定义的人类主观幸福出发，我们可以参考最新的"2017年度世界幸福报告"。报告显示，挪威排名从之前的全球第4一跃而成为第1，美国排名第14，在前10%之列（总样本155个国家和地区）。单依此数据判断，经由两种路径发展的两个国家的人民看起来都很幸福。这个发现很有意思。同时，我们从报告中还可以看到，作为一个实行社会主义市场经济的发展中国家，中国排名第79，大约在50%的位置。考虑到中国迅速发展的市场经济以及国家作为基本生活物资提供者这一角色的转变，这项研究成果对中国经济的持续发展将是至关重要的。从历史、文化和政治的角度来看，在中国，国家在维护公民生活及福利方面一直具有重要作用。从历史和文化的角度而言，儒文化的核心是"仁"，即国家应该照看好全体公民。在当下的中国，代表全体公民的政府直接或间接地拥有几乎所有的土地以及约2/3的生产性资产。因此，政府应该确保所有公民可以平等地获得体面的生活。然而，不可否认的是，中国的劳动力市场也出现了商品化的情形。这使得本书讨论的问题对于中国而言具有非常重要的借鉴意义。

第1章描述了全人类拥有追求幸福的权利，正如美国《宪法》所许诺的一样。该章从历史和哲学的角度，审视了两种关于国家（政府）和市场在实现人类幸福方面所发挥作用的不同观点：第一种观点基于"自由民主"原则，认为政府应该发挥主要作用，确保民众获得基本生活所需；第二种观点则基于"市场经济"原则，认为市场会满足具有购买力的群体，政府只应发挥非常有限的作用。两种观点截然相反，而对于如何满足人民基本生活需求，不同国家的实践也大不相同。

第2章更为详细地描述了市场的本质，以及资本家（拥有资本和经济权利的人，即企业所有者）和劳动者（以劳动换取报酬，但没有经济权利）之间不可调和的矛盾。在市场经济中，政府的作用在于调和资本家与劳动者之间的关系，影响范围有大有小。

第3章探讨了一些支持或反对大政府论点背后的隐藏含义。大政府一般存在于关注社会公正平等的社会民主主义体制中。

第4章回顾了现有关于人类幸福的研究，指出了影响幸福的经济、社会和政治因素，以及这些因素如何影响不同种族、不同国家人民的幸福。

在第5章和第6章中，作者针对政府规模在人类生活质量上的影响究竟是损是益的假设进行了实证分析检验。大政府一般会提供社会保险，以及与住房、教育、健康相关的社会支出，其社会成员承担的税赋相对较高。第5章对福利制度的慷慨性（富人从国家政策中获得的福利和穷人一样多）与普遍性如何同时造福富裕阶层和贫困阶层民众进行了实证分析。第6章将实证分析扩展到验证经济法规、工会如何保护工人，以及工会提供营造幸福生活有利条件的权利。制约较少的法规和相对较弱的工会意味着企业在招聘、解雇和其他劳动力关系方面享有更多的自由；与之相对，更严格的法规制度和较强的工会则使得劳动者在市场中享有更多的自由。结果显示，经济法规更严、工会更强的国家，其民众的幸福指数更高。

第7章研究了美国50个州政府各自的执政情况。虽然50个州必须遵循同样的联邦政策，但是每个州的当地政策有所不同，其司法管辖区内民众的生活质量也因此而有所差异。人类幸福在很大程度上是政府政策保护民众免受市场剥削和商品化之害的结果。该假设从跨国研究中也得到了同等程度的支持。

第8章得出结论，认为"大政府"——慷慨的福利国家为民众提供全部福利有利于人类幸福的实现。证据清楚地表明，在法律法规的保护之下，民众的生活满意度更高。同样得到明确验证的还有工会的作用。在工会组织的力量更强时，民众生活得更加幸福。最重要的是，在大政府、经济法制严格、工会参与度高的背景下，无论是贫困还是富有，人民都更加幸福。由此得出结论：幸福是公共政策的作用之一，即政府越大，人民越快乐。在民主国家，这意味着人民的集体抉择决定了人类幸福的程度。

中共"十九大"之后，中国特色社会主义进入了新时代，社会主要矛盾已经转化为人民日益增长的美好生活需要和不平衡、不充分的发展之间的矛盾。而美好生活的本质内涵就是人类幸福——人民对生活的满意度。考虑到政府和企业对中国人民幸福生活的影响，我们认为本书恰逢其时，对于中国尤其具有重要的启示意义。每个社会组织均扮演着重要的角色。当企业不为员工提供社会支持时，政府就应该介入并弥补这一空缺。换句话说，政府在原则上有两种选择：要么委托企业分配社会福利；要么自己履行分配职责，使企业免于此项义务。在此过程中，真正重要的是人民幸福作为一个国家目标能够得到实现。中国高度关注社会和谐和人民幸福，很多方面实际上已经是本书最好的现实写照。

总而言之，本书提供了一个很好的分析框架，涵盖了有关人类幸福的深入讨论，并包含在国际和地区层面均具有强烈政治意义的、极具说服力的实证证据作为支撑。虽然本书是基于发达市场经济体而作，但是随着中国继续推进经济改革，为实现伟大的中国梦而努力奋斗，本书有助于我们进一步促进政府和企业实现人类幸福，同时激发我们思考：怎样的机制设计才能为所有民众实现体面、富足的生活并达至幸福彼岸？在此过程中，政府的作用是什么？商业的作用又是什么？所以，本书的目标读者包括幸福经济学领域的研究者、公共管理领域的研究者，以及其他对人类幸福有着强烈兴趣的研究者、学者、博士生。有思想的管理者、企业领导者、专业人员和大众，虽然不能直接制定公共政策，但是也会发现本书有助于深化对人类幸福的思考，帮助他们找到一条通往幸福的自我发展道路。

我诚挚感谢徐淑英教授在整个翻译过程中给予的高屋建瓴的指导和无微不至的关怀。徐淑英教授一直在为追寻人类幸福的答案而努力，最近几年更是在全社会，尤其是商学院、管理学院等社会科学领域倡导大家做负责任的科学研究，而回答人类幸福就是负责任的科学研究最应关心的问题。希望本书的翻译，能激发更多的中国学者投入人类幸福这一令人兴奋的研究领域。同时，我还要感谢南京大学博士生涂海银同学在本书翻译过程中所付出的辛苦协调工作。最后，我感谢北京大学出版社的徐冰女士和黄炜婷女士在本书出版过程中的大力支持与帮助，没有黄编辑细致而卓有成效的审读和修改，就没有本书今天令人满意的模样。当然，文责自负，本书翻译中的任何缺憾甚至谬误，都应由我承担。由于我并非经济学科班出身，对于一些理论脉络的把握必然存在偏颇之处，能力有限，还望各位读者不吝批评、指教。

仲为国

2018年1月

致谢
ACKNOWLEDGEMENTS

在此我要感谢很多人，没有他们的帮助这项工作不可能顺利完成。首先，我要特别感谢学者群体：David Blanchflower，Andrew Clark，Harold Clarke，Ed Diener，Rafael Di Tella，Richard Easterlin，Eric Foner，Robert Frank，Bruno Frey，Miriam Golden，Bruce Headey，John Helliwell，Evelyne Huber，Ronald Inglehart，Daniel Kahneman，Michael Krassa，James Kuklinski，Robert Lane，Richard Layard，Sonja Lyubomirsky，Robert Mc Cullough，Darrin McMahon，Andrew Oswald，Robert Putnam，Bo Rothstein，Stephen Seitz，John Stephens，Alois Stutzer。除了目前被提到的这些人之外，还要对那些被遗漏的，但对本书做出同等重要贡献的无数学者表达敬意。我在书中的相关内容里借用了他们的学术成果，尤其要感谢 Ruut Veenhoven。

在朋友和同事中，阅读过我手稿或者与我讨论过书中中心思想的有 Peri Arnold，Robert Brathwaite，Robert Fishman，Patrick Flavin，Teresa Ghilarducci，Amy Gille，Carol Graham，Vincent Phillip Munoz，Jan Ott，Tom Rice，John Roos，David Ruccio，Greg Shufeldt，Jennifer Smith，Michael Zuckert。David Campbell，Michael Clark，David Nickerson。他们慷慨地给予

了很多方法论上的建议。Christina Wolbrecht，Geoff Layman 为原稿提供了重要而深刻的建议，同时给予了很多精神上的支持。Amitava Dutt 在我针对第 2 章和第 3 章拟订了无数草稿后仍然缺乏一致性思维的时候，提出了非常宝贵的意见。除此之外，尤其需要感谢 Michael Coppedge，他不仅帮我仔细审阅原稿，还在更广阔的知识范围内提出了准确的批评意见。

对以下几位研究生、研究助理也要表示感谢，他们对本书的贡献值得被认可和铭记，他们是：Ángel Álvarez-Díaz，Lauren Keane，Michael Keane，Annabella España-Nájera，Andrea Fernandez，Lucas González，Patrick Flavin，Richard Ledet，Laura Philipp。

最后，我要衷心感谢除上文所提到的人以外，我的一些亲爱的朋友和同事。一直以来，他们在很多事情、很多方面上都成为我寻求建议和帮助的依靠。他们是：John Patrick Aylward，Richard Braunstein，Suzanne Coshow，Robert Davidson，Patricia Davis，John Geer，Rodney Hero，Alexander Pacek，Greg Romano，Charles Taber，Ed Wingenbach。

我谨将本书献给妻子 Amy Radcliff 和母亲 Linda Caise——两位为我的幸福做出了巨大贡献的人。

此书由圣母大学（University of Notre Dame）希金斯劳动力研究计划（Higgins Labor Studies Program）、文学院奖学金（Institute for Scholarship in the Liberal Arts）和凯洛格国际研究所（Kellogg Institute for International Studies）支持出版，书中大部分内容是我作为一名研究员在荷兰高等研究所（NIAS）时完成的，在此十分感激 NIAS 对我那些年学习的影响（还有为我提供一部分资金支持的圣母大学艺术与文学院，使我的成果得以面世）。

第 7 章的部分内容是来自之前已经发表的《幸福政治学：美国生活质量的政治性决定因素》，政治学期刊（*Journal of Politics*）72(3)：894-905（和 Ángel Álvarez-Díaz，Lucas González 共同完成）。在此，我向出版商和合作者允许我使用上述文章的修订版致以由衷的谢意。

关于本书
ABOUT THIS BOOK

本书致力于运用数据、科学的方法和当代社会科学的理论解释民主社会的政治投票结果如何决定民众所能体验到的生活质量。本杰明·雷德克利夫试图对左翼政党和右翼政党之间关于怎样的政策最有利于引领人类走向积极有益的生活这个持续的争论提供一个客观性的回答。

基于其他必须经社会科学研究证实的议题所需理由和证据的相同准则，本书为这个永恒的话题提供一个实证性的解答。作者集中分析了三个具体的政治问题对人类福祉的影响：社会保障体系的覆盖程度和一般性政府的规模，劳动者的组织程度，生产者和消费者在政府调控经济中的受保护程度。结果表明：在每个实例中，左翼政党的方针最有助于给市民带来更加满意的生活——幸福在更大程度上归功于这种造福社会中每个人的政策，不论是穷人还是富人。

本杰明·雷德克利夫是一位政治学教授，曾参与鲁尼中心（Rooney Center）关于美国民主的研究以及圣母大学的希金斯劳动力研究计划（Higgins Labor Studies Program）。他曾担任罗格斯大学（Rutgers University）和范德堡大学（Vanderbilt University）的学术职务；也曾作为研究员在伊利诺伊大学

(University of Illinois）的梅里厄姆实验室（Merriam Lab）进行解析性政治研究，在罗伯特·沃伦中心（Robert Penn Warren Center）开展人文学科的研究，在荷兰研究所做前沿研究。本杰明·雷德克利夫在政治学期刊上发表了大量领先同行的评论，包括 *American Political Science Review*，*American Journal of Political Science*，*Journal of Politics*，*Perspectives on Politics*，*British Journal of Political Science* 等；研究成果刊登在社会学（*Social Forces*）、劳动力研究和公共政策的顶尖期刊上。

目录
CONTENTS

引　言 / 001

01　大众的幸福追求 / 011
现代意识形态的诞生 / 014
詹姆斯·麦迪逊与保守冲动 / 019
杰斐逊、潘恩及左翼的开端 / 022
一项延迟的改革 / 031

02　市场民主 / 033
文明、剩余与社会阶层 / 034
自由民主与市场社会 / 041
民主阶级斗争 / 045
福利国家 / 051
社会权利和市场规范 / 055
小结 / 061

03　民众或市场参与者 / 063

市场理论的支持者 / 063

社会民主的捍卫者 / 071

支持社会民主的其他观点 / 082

哪种论点是实证正确的？ / 087

04　幸福的科学研究 / 089

幸福的内涵 / 090

幸福的测度 / 091

幸福的理论 / 097

幸福的决定因素 / 112

小结 / 125

05　国家规模 / 127

公共政策和人类需求 / 129

概念化和国家规模的测度 / 133

数据与方法 / 137

结果 / 141

小结 / 155

附录：细节和异议 / 157

06 工会和经济监管 / 165
劳动力市场规制 / 167
劳动力组织 / 169
分析 / 174
小结 / 182

07 美国各州 / 185
幸福感和美国政治研究 / 187
数据和方法 / 188
结果 / 192
小结 / 203

08 市场和道德 / 207
生活满意度研究的启示 / 208
人类现状的处方：视商品化为一种社会病理学 / 211
市场与追求幸福 / 212
总结：如何尽可能地使人们的生活更满意 / 217

参考文献 / 221

引言
FOREWORD

  1949 年，阿尔伯特·爱因斯坦（Albert Einstein）在其发表的文章中提出疑问："应该怎样改变社会结构，才能使人类尽可能地享受满意的生活？"显然，这个问题一直在民主政治中存在并活跃着。政府应该采取什么措施才能最好地为民众提供积极且有益的生活？在这里，我们发现那些候选人和政党最终将其哲学诉求植根于大众：哪种具体的公共政策有助于更好的生活？当然，将幸福当作政治产品予以宣传，这种结构性假设自然是存在政治争议的——意识形态上的矛盾，即我们应该采取什么政策让绝大多数人享有最大化的幸福。

  由于人类幸福的生产和分配是在市场经济环境下产生的，因此这种意识形态上的竞争是固有的，我们将在本书的相关章节中予以充分解释。"社会结构"最基础且最重要的一个方面不可避免地与经济相关，任何"让人们的生活尽可能地令人满意"的方法必然取决于其在管理市场经济的两种可行途径之间的基本社会选择。右翼政党认为，我们应该在自由市场环境下给予自由公民对幸福的个体选择权利，并利用政策最大限度地维护自由主义；与之相反，左翼政党主张，幸福最好由一种积极的机制提供，自觉地将公平与正义原则植入市场结果而造福人类。对于右翼来说，经济应该是自我管理，最终达到最大范围的民主；而对于左翼来说，经济是公共权力的中心，因此必须服从于民主原则，以至于权力能运用于公共利益。这是 18 世纪末诞生、现代自由民主主义国家所产生的，至今最持久、争议性最大的政治争论的核心区别。

市场在政治中的中心地位并不令人吃惊，社会理论家普遍认同，市场一旦产生就会触及社会的各个方面。Robert Heilbroner（1985：79）简单地总结：市场已经成为社会的"核心组织原则"，深刻地"影响了社会形态的方方面面，无论这些是否与物质生活、司法、社会秩序、习俗或者信仰相关"。正因为这样，任何设计以便"使人类生活尽可能地令人满意"的政治方案在制订时必须加入一些具体的策略，体现其利用市场作为一种方式以达成这一目标。

最后，我们所标榜的左翼和右翼，无论是无力还是妥协，他们一直以两种众所周知的选择、通过两种理想化的形式表现自我：一种建议我们应该让市场自由，只在必须加以保护时进行干涉；一种建议我们应该为了公益事业而对市场进行管理。

只需环顾四周，我们就会发现这种讨论所引起的同时代的争议与爱因斯坦时代一样多。自美国经济大萧条以来，世界就一直处于糟糕的经济危机困境中，在左翼和右翼之间的选择很难变得更明朗。在美国，共和党越来越多地支持罗斯福新政前的公共政策体制，主张政府应从目前国家提供的最低限度的社会保障体系中撤离。这从白宫的预算委员会主席、2012 年共和党副总统候选人保罗·莱恩（Paul Ryan）所准备的联邦预算计划中的基本经济蓝图中可以得到明确证实。共和党人的核心议程便是减少担保人计划以消除医疗保险使老年人享受医保的初衷，并严格削减为低收入居民提供医疗援助的医疗补助计划，废除《可支付医疗法案》（奥巴马改革）所承诺的普遍获得医保，修订税法使其回归于对富人减税（如削减遗产税和股息税）同时对穷人加税（如减少所得税减免）。此外，其他依据"缩减政府规模"宗旨的无数计划也将被严重削减，从传统的"福利"计划开始，如食品券（最近为 1/7 的美国人所使用）；还有政府各方面职能的扩展，如学生援助。

尽管共和党人都希望缩小政府的职能范围，并尽量最小化经济调控对交易的负担，极右分子（茶党派系）甚至建议废除久已施行的《联邦劳工法》，如最低工资，甚至禁止童工。从他们的逻辑来看，这样的事情最好由市场本身决定。这推动了支持者所说的、与主流相一致的"市场友好"政策，并与针对工人组成工会权利的新一轮攻击相一致。最著名的策划是威斯康星州的共和党州长 Scott Walker（成功，获胜者回忆选举）和俄亥俄州州长 John Kasich（失败，他的立法努力在一次投票倡议中被推翻）。总的来说，上面有关这些问题的争论正是那些在所有的时间和地点、通过不同的形式和表现、总体现在左翼和右翼之间的冲突：各州政府的规模和范围、经济调控的性质和范围以及劳工组织的力量。

同样的冲突在整个西方世界均有所体现，到处都存在削减福利国家的压力，并要求制定紧缩措施，使国家减轻对需要帮助的人的义务，以此弱化劳动力市场保护工人的职能、削弱工会力量。正如法国前总统萨科齐（Nicolas Sarkozy）所说，这都是为了使欧洲成为"更像美国"的地方。他在法国类似的改革尝试，激起如其前任希拉克（Jacques Chirac）所面临的同样强烈的公众抗议。2012 年，他失去竞选连任的机会，社会党候选人承诺对富人增加税收、取消延长退休年龄的议案、提供更多的公共住房、恢复成千上万已取消的公共部门工作，这恰恰说明了这种固有的意识形态分歧的激烈性和持久性。

这个基本的分歧总是成为政治竞争的主轴，现在无疑是所有自由民主国家所面临的核心问题。无处不在的是，当代的政治选择与爱因斯坦时代提出的问题"如何改善人类的生活质量"一样：我们是喜欢一个积极的政府通过提供一个包容的社会安全体系来关心国民的幸福感，还是希望让老人、病患和失业者接受无论命运如何都由市场的"自发秩序"进行分配？我们希望政府运用其力量保护工人在劳动力市场上的权利，或者应该让员工和雇主自行安排？这样的政治干预是自由的吗？我们希望生活在一个工人有能力组织起来保护自己利益的世界里吗？让社会作为一个整体是更好的事情吗？如果工会气馁，那么应该使其政治力量最小化吗？

如果从爱因斯坦时代以来,作为回答他的关于最有助于人们过上满意的生活的问题的工具,左翼或右翼的政治主张从根本上并没有改变,那么我们将不再局限于意识形态、哲学、推理方法和有限的过去调查。我们现在可以实证地回答如何构建社会以最好地服务于人类幸福的目标这一问题,因为我们拥有了前几代人明显缺乏的东西:针对主题,运用严格的社会科学方法所需的数据和工具。先进的现代调查研究方法的出现,让我们学会了使用测度和研究其他人类属性一样的方式来测度与研究幸福。如此一来,我们应用于生活满意度的统计方法同样适用于研究很多其他人类的态度、信念和行为。

以这种方式研究幸福自然会招致怀疑。例如,我们可能会产生疑问,人们其实知道自己有多幸福,因此他们对该问题的答案将毫无意义。我们可能想知道幸福是否是太短暂或者太复杂的一件事情,以至于难以像获得一个工具那样直接地得到一个问题的调查答案,而且人们的这些答案可能只反映了转瞬即逝的情绪,并非更深层的情感生活。我们可能会担心措辞或者其他调查工具在技术方面的问题,这样基于调查的结果就难以经得起检验。我们甚至会进一步推测,在有些文化里,人们可能会迫于社会压力而"夸大"自己的幸福程度,因为承认自己的不幸就等同于承认个人的失败;然而在其他文化里,与此相反的趋势可能更流行,人们会因社会压力而十分谦虚,反对那些声称自己更幸福的人。我们也可能认为,语言或文化差异会为跨国或跨文化的比较设置障碍,所以可能不能说这个或那个国家的人真的比另一个人更幸福。最后,我们可能还担心我们能否剥离正在检验的相关因素(左翼与右翼的政治主张)对结果的影响,它们是所有其他无数个体的、文化的、国家层面的影响幸福的因素。

社会科学家早就知道,仅仅一份提出一些问题的调查,并不能由此而保证一个明了的答案。在因其表面价值(face value)而接受这些措施之前,我们必须考虑那些刚刚谈及的反对观点。这曾是身为这个领域"领头羊"的一批学者的首要目标,只有经过数十年的研究,我们才能达成一个广泛的共识——这些问题不是无用的。我们把这些以及在本书出现的类似问题作为幸福实证研究的一部分。目前，我们仅仅需要注意的是，这些异议没有严重阻碍我们使用调查研究方式衡量主观幸福感的能力。不过，我们拥有的"知识性基础设施"要求以一种严谨的方式研究幸福感。

本书致力于运用数据、方法和当代社会科学理论回答民主社会里的政治结果如何决定民众的生活质量这一问题。就像我们已经看到的，目前的问题只不过是：左翼和右翼，哪一方的政治主张最有利于使人类过上积极有益的生活？我急切地渴望依据同样的理性标准，以及社会科学所要求的任何其他经得起检验的实证主义研究得出的证据，提供一个对该问题客观的、实证的回答。

本书内容结构

第1章探讨了为提高人类生活质量而进行的持久的意识形态之间的冲突的历史与哲学起源，这一矛盾自现代代议制民主诞生以来就一直存在。我们借鉴美国和法国革命的经验，追寻萌芽时期的左翼和右翼的政治发展历程，将其视为一种自然且不可避免的、对两个紧密相关的历史现象的反应：一个是市场经济的出现，由此产生的社会分工引起不同阶层经济和政治利益的对立；另一个是自由民主的出现为政治冲突的发生提供了舞台。我们通过实证检验及评析麦迪逊的《联邦党人文集10》——仍是现代民主思想中最具影响力的著作，通过对政治和经济的尖刻分析与不动感情的解读，探讨大西洋两岸左翼和右翼之间争议的性质与起源。通过讨论，我们希望证明当下对幸福的理解以及国家在其中所扮演的角色，只能放在当今常见的环境(如市场民主)下予以进一步理解。

第2章发展了一个系统的概念模型。它更仔细地探究市场的性质及其与民主的关系，并试图澄清市场是什么，以及市场如何需要麦迪逊视为政治起源的阶级冲突。按照这种思路，该章给出了资本主义经济产生的影响的理论解释。当然，其还为民主规范和实践所影响，进而才可以理解"市场民主"作为一种连贯的、统一的现象的存在。在这个体系中，政治冲突围绕三个主题反映了左翼和右翼的价值：福利国家和政府规模（无论是好是坏，限制市场个体的力量使他们不太依赖市场结果），工人组织形成工会（这不仅改变工人与雇主的直接议价力量，更关键的是加强了劳动者和中产阶级的"民主阶级斗争"，这是市场民主中的二级阶级冲突）和一般的经济调控模式（这决定了在潜在的高成本经济效率下，工人和消费者受客观的无差异市场力量保护的程度）。

第 2 章关注了市场参与者之间的利益分歧，根据他们的阶级地位，这是不可避免的市场体系的一个方面。第 3 章则探讨了抽象的知识和理论争论，这是关于左翼和右翼的纠纷中哪种类型的政策能够最好地为人类的幸福做出贡献的争议。例如，雇主和雇员有（或相信他们有）短期利益支出，税收和劳动力市场政策的交集是显而易见的，利益团体（如美国商会和 AFL-CIO）可以在不同的场合代表他们对这些问题表态。某个或其他意识形态立场能否证明其更符合大众的幸福是本书试图回答的实证问题。第 3 章通过对小型政府和市场一般主权进行分析总结与评估得到具体论据，再结合罗纳德·里根、撒切尔夫人和新自由主义经济学家类似的详细分析，进一步勾勒出有助于评估的框架。里根等人利用传统的公平和正义原则补充了市场结果，同时与新政的自由主义和西欧社会民主相联系。

第 4 章介绍了幸福感的科学研究，有三个主要目标。该章先强调了关于运用科学方法论研究幸福的哲学性和实践性的担忧，然后回顾和批判性地评估了用以理解经济、社会、政治等因素如何影响国家与个人幸福的主要理论方法。我们认为理解这种差异的最好方式是强调人类作为生物的需求被满足的程度，进而表明幸福感可能是对与人们生活直接相关的公共政策体制的高度敏感。最后，该章回顾了现有的关于幸福的前因和相关要素的实证研究。熟悉了超出预计的大量文献，我们的目的是掌握关于幸福的其他已知的预测，以便能够在接下来的统计分析中解释、控制它们。

接下来的两章使用工业民主国家（如西欧、北美和太平洋地区）的真实数据，检验左翼和右翼的政治政策对人类福祉影响的假说。第 5 章关注"大政府"对人类生活是做出贡献还是使其减损这一基本问题。使用汇集了 OECD 国家的"世界价值观调查"（1981—2007 年）的数据，我们提供了一个整体层面的人类幸福水平的分析，以及社会中特定人群（如富人和穷人）所获福利的普遍性，国有部门的总体规模（反映政府参与提供公共服务的程度）和经济中被政治（也可以说民主）控制或国家通过税收分配所占的总份额。

第 6 章将分析扩展到考虑市场—制度关系的另外两个重要方面：（1）政府经济调控的程度，主要是劳动力市场中旨在保护员工利益的相关法规；（2）工人群体加入工会组织的程度，这有助于在工作场所和政治中代表在职中产阶级民众的权利。

第 7 章通过将研究的地理重点从工业化民主的广阔领域转移至美国这个个体案例，完成了对民众生活满意度的政治决定因素的实证分析。考虑到美国联邦体制中各州的差异性，我们探讨了左翼与右翼政策中相同的基本问题。该章不仅考虑了生活质量决定因素中"美国例外论"的可能因素，还将分析应用到五十个州作为"民主实验室"的试验中，从而扩展了分析。我们运用"实验室证据"，可以确定国家政策是否与更高层次的主观幸福感有着因果联系。尽管国家拥有谨慎的政策选择，但地方政府政策的变化相较于国家来说既温和又向右翼倾斜，因此地方政府的决策确实对生活质量具有很大的影响。我们进一步表明：在很大程度上，由选民选举的政党所做出的政治抉择决定了人们的生活是否积极、有益。

第 8 章总结、评价了本书的实证研究结果对主观幸福感的理论理解，以及左翼和右翼之间长期争论的影响。关于前者，我们认为主观幸福感应该明确作为一个政治利好，其水平是由民选政府的政治抉择所决定的。转向本书不断提到的基本问题——应该如何构建社会才能尽可能地使人类生活满意，我们给出了一个关于到底是左翼还是右翼的政治才是最符合目标的总结性判断。基于上述讨论，我们为公共政策的选择提供了一些实用的建议，同时得出以下结论：如果我们真的想提高人类生活质量，那么民主化就必须为此提供一条明确的道路。

初步发现和结论

在控制其他因素的前提下，关于左翼和右翼在政府规模上的争论，我们证明了"大政府"更有利于人类幸福。事实上，人们能否积极评价生活质量的最重要的个体层面或国家层面的决定因素是，他们所生活的国家福利的慷慨与普遍的程度。换句话说，社会支付其成员的"社会工资"越多，人们倾向于更加幸福。类似地，当更大的经济份额是政府通过"税收和支出"以提供诸如教育和医疗等公共服务来"消费"时，人们会发现生活更加有价值。总的来说，人类生活质量的提高明显源自越来越多的社会生产力处于政治（民主）的控制之下。明智的进步人士和社会民主党一直认为，市场从属民主是促进人类幸福的方式。

在探讨经济的政治监管时，我们得出了相似的结论。为在职工人提供相对更大保护的劳动力市场监管条例，似乎的确达到其根本目的——提高民众的生活水平。这样做是因为这种保护可对抗市场力量，而大多数工薪人员确实需要这样的保护，以避免发生无法提供最低生活工资的全职工作、不安全的工作环境、对任意解雇的担忧、低于标准的带薪假期等。更普遍而言，拥有一个能够限制雇佣方的权力和自由裁量权的法律结构，既有利于工人享有劳动保障也可以提升工人的待遇，从而培养人类的尊严观和对劳动人民的尊重；反之，如果欠缺能够保护工人的政策，则可能助长异化和社会道德沦丧。因为，如果工人们在一个过于"灵活"的劳动力市场中被当作普通商品一样对待，那么出现这样的后果是合乎逻辑的。实验证据毫无疑问地显示：通过法律保护劳动者的程度越高，人们对生活越满意。

当考虑劳动力组织的结果时，将民主原则应用于经济的效应也是十分显著的。对于右翼，工会仅仅是一个剥削工人并且扭曲了市场在其他方面有效运行的组织；对于左翼，工会是一个保护工人不受雇主剥削的民主组织，就像代议制机构是为了保护个人利益不受专制政府侵犯的组织一样。简单地说，数据显示在其他条件相同的前提下，人们为工会所代表时会感到更加幸福。更重要的是，证据清楚地显示：工人运动越强大——这里的更强大是指有更多的工人被组织起来参与其中，对社会总体的积极影响越大——这一积极影响并不局限于工人群体本身。

同样值得注意的是，以上所谈到的所有因素即使没有特殊的社会经济地位，也对人类更大的幸福有所贡献。即便其中一些关系对于工人阶级和中产阶级来说确实更明显，但在各种情形下，高阶层人士也能从中得益。因此，无论收入多少，每个人都会从更广泛的福利制度、保护工人的劳动法规以及强有力的工会中获利。福利制度、工会与经济的政治监管有助于创造一个无论贫富、所有公民均拥有美满生活的世界。

这一跨国模式在美国各州处处流行：大政府、更大的安全保障、更多的经济监管，以及更强的工会，它们带来了更大程度上的幸福。这一说法的证据很容易就可以从以下事实中看出：在那些近几十年政府多为民主党治下的州，人们感到更加幸福，因为民主党提出了更先进的公共政策体制，而这些体制有利于人类繁荣昌盛。

总体说来，这些实证结果对关于主观幸福感的学术研究有着很强的理论指导意义，其中两点尤为重要。

第一，个体对生活的正面感受在很大程度上取决于相关的政治因素，因为这些因素对主观幸福感的影响超过了传统的个体生活水平指标，如收入、社会关联度（如婚姻和同居生活）乃至失业率。最能带来幸福的东西往往是政府完全有能力控制的，正如托马斯·杰斐逊和杰里米·边沁所相信的那样，幸福是由政治所生产和分配的东西。也就是说，幸福就是公共政策的功能，是公民在制定政策、选举政府时做出的集体抉择所产生的后果。

第二，在论证对市场的政治干预与人类幸福之间的密切关系时，实证结果使我们的注意力自然而然地集中在市场本身。无论有多少论据支持市场理论，仍然要付出一定的代价。我认为，即便市场存在很多缺点，它依然是人类一项非常突出的成就，批评它是为了能使之有所改进，因为它仍拥有相当多的优势有待开发。这体现在一项比经济成就更有价值的指标中，即人们真正享受生活的程度。也就是说，我们是在市场的内部动力中找到了理解人类幸福是如何被生产和分配的关键，因此我们应当依靠市场，并且经由政治努力去控制市场，从而能够更充分地理解人类幸福。

01

大众的幸福追求

在一些最为人所熟知和最鼓舞人心的英文名句中,美国的《独立宣言》表达了一种新政治时代的精神。

> 我们认为下述真理是不言而喻的:人人生而平等,造物主赋予他们特定的不可剥夺的权利,包括生存权、自由权和追求幸福的权利。为了保障这些权利,人们才在他们之间建立政府;而政府的正当权力,则是经被统治者同意授予的。任何政府一旦对这些目标的实现起破坏作用,人民就有权予以更换或废除并建立一个新政府。新政府所依据的原则和组织其权力的方式,务使人民认为唯有这样才最有可能使他们获得安全和幸福。

在这"不可剥夺的权利"三部曲中,无论前两个要素是多么至关重要,正是最后一个要素敲响了人类想象力中最动人的和弦。在历史长河中,在不同文化间,认为每个人天然拥有"追求幸福的权利"这一观点是鼓舞人心的。其原因不言而喻,它表明普通人的幸福可以成为政治秩序的基础。事实上，正如杰斐逊（Jefferson）明确宣告的那样，"政府被建立"正是为了"保障"这个权利。因此，国家的存在并不在于为神圣的君主或特权阶层的利益服务，而在于保证所有人能过上自由和满意的生活。

《独立宣言》宣扬的新政治秩序所期望或至少希望的不仅是保证人们生活在安全的环境中，还要使人们从专制的政府那里得到自由。国家不只是公民无所畏惧的物体，更是人们可以共同使用的一种积极资源，促进人们追求有意义的生活这一权利的实现。杰斐逊所暗示的这种精神在于，人们会选择一种"原则"，然后政府"按此原则制定政策，务必使得人民认为唯有这样才最可能获得安全与幸福"。

《独立宣言》体现的是彻底的民主，而不是偏向共和党或民主党，这缘于其明确地认识到（公民拥有）追求幸福这一权利（相应地，政府就是为了保证该权利的实现而特别建立的），同时还意识到公民拥有更深层次的权利，那就是利用他们的政府创造条件，从而实现更好的生活。《独立宣言》做出了不亚于民选政府（popular governments）所能给出的承诺，那就是公民有机会参与政治，并针对"为了改善人民的生活政府应该走哪条道路"做出决定。

《独立宣言》打破了传统，强调幸福的理念，因此相比以人民主权为直接目标的那些主张，它更具有革命性。在论证我们生来有权追求幸福这一观点时，关于合法政府的起源，杰斐逊在当时提出了比洛克（Locke）之前的社会契约论更为激进的观点，这些观点影响了后续《独立宣言》的起草。杰斐逊提出普通民众可能实际上希望过上满意的、有意义的生活，而这种希望可能正是社会政治秩序基础的一部分。正因为如此，杰斐逊的话语才有了穿透世纪的力量。在他预想的世界里，人们不仅能够免于遭受专制政府的暴虐行为，还能够将追求幸福作为每个公民及其创立的政府的合法的、重要的终极目标。

这些观念对21世纪的读者来说似乎并不起眼；但是，正如Darrin McMahon（2006）在他的幸福历史中详细记载的那样，这是一个重大的突破。到了18世纪，相当多的人们真正开始认为幸福是这个世界的一种可能性。在过去，幸福一直被认为只有一小撮出类拔萃的人才可能通过长期追求而获得的，或者只是存在于另一个世界的东西。前一种说法显然与亚里士多德有关。就像 McMahon 指出的，幸福作为"奖品"，只能靠善良获得——那些卓越的行为和品格使得他们超越常人，如亚里士多德所说的那样过上……"像神一样"的生活；实现幸福是人类力所能及的，但只有很小一部分人能实现。在其他传统的解释中，平凡的人可能获得幸福，但不能在日常的生活中获得，它只存在于遥远的未来（如先知的降临或返回）或下辈子（我们"上天的恩赐"）。正如 McMahon 所总结的："幸福存在于此时此地——日常生活，而不止是一种世俗的期望。"

正因为如此，汤姆·潘恩（Tom Paine）才说："我们拥有幸福，这是重新开启我们的世界的力量。"在"美国革命"中，他展望社会重新定位的前景具有更加人性化的组织原则，这反过来会给普通的劳动者、小农夫、店主提供幸福的机会。与此相同，法国革命者 Louis de Saint 仅仅愉快地报告："幸福是欧洲的一个新想法。"他认为新的共和秩序应该致力于实现这一新想法。同样的冲动导致法国在 1792 年采用新的日历，法兰西第一共和国在这一年宣布成立，该年成为第一纪年。我们必须理解《独立宣言》，它预先出现并在一定程度上加速了后续这些有远见的举措，精确地代表了与过去种种的鲜明决裂。

当然，把《独立宣言》所表达的价值单一地归功于其主要的起草者是错误的。虽然大西洋两岸的国家会反对，但这些想法已经很普及了。就像杰斐逊成为他们的主要发言人一样，伏尔泰（Voltaire）也成为不明确的政治启蒙方面的公众形象，但俩人都综合了已经广为流传的观点。因此，我们发现"幸福"在有启蒙思想典型表现之称的《百科全书》条目中宣称，"难道不是每个人都拥有幸福的权利吗？"从此，人们朝着视政府为捍卫人类幸福权利的代理人——正如其也被假定为捍卫其他权利的代理人——这一观点迈出了一小步。因此，英国科学家和政治理论家约瑟夫·普里斯特利（Joseph Priestley）（1768）在《政府和自由的基本原则》中提出："快乐和幸福是大多数成员的状态，是一切有关的国家必须最终确定的伟大标准。"在持有类似观点的著作中，最著名的是汤姆·潘恩（Tom Paine）的《常识》（1776）和约翰·亚当斯（John Adams）的《政府构想》(1776)。后者是在《独立宣言》发布的几个月前出版的，它预测了宣言中对幸福的重视：

> 所有的投机政客会同意这一点，社会的幸福是政府的终结……所有人也认同，个人的幸福是人类的终结。如果遵循这一原则，那么沟通起来就会简单、舒适、安全。或者，简而言之，能让最多的人得到幸福，让幸福的程度最大化，这样的政府形式才是最佳的。

这些想法的持久影响在政治和哲学中无处不在。我们从亚当斯和杰斐逊的观点中可以看到政治与幸福之间的关联，而这种关联加速了功利主义这一意义重大的课题的研究，因为它是建立在 Benthams 和 Mill 的争论上，即政治和经济是否应该基于"最大多数人的最大幸福是道德与立法的基础"的原则。

杰斐逊本人的很多灵感显然来自里程碑式的《法兰西宣言》——1789年的《人权与公民权宣言》。他在国民议会中作出"天然的、不可剥夺的和神圣的人权"的"庄严声明"，因为建立这样的权利将"回报"（也就是有助于）给所有人幸福。通过以上回顾及许多无须赘述的其他著作，我们发现生活在当下的普通人的幸福已成为现代世界政治的名义基础。

现代意识形态的诞生

为了充分领会《独立宣言》的思想在那个时代的全部意义及其与当代世界的持续关联，我们必须更多地关注它们出现的即时政治情境。正如我们所了解的，情境有助于定义一个民主政府所面临的基本问题：如何充分利用国家力量保护和培养包括寻求幸福在内的天然权利。当然，在构思这个问题时，情境也有助于定义可能的答案。

我们可以设想将情境分为两个方面：第一个是启蒙运动的观念，假设人类是理性和道德的行动者，并带着对幸福的希望和期待追求自己选择的生活；第二个是几乎不可能偶然地出现以市场经济作为社会核心组织的原则，而代议制政府制度则成为其自然和必要的补充。我们今天所说的民主和我们与之联系在一起的公民权利和自由的伴随政权，源自相同市场原则的成功。这一市场原则已渗透到个体性质与中心性，政治权力的目的与起源，以及我们试图用来研究、理解和操纵世界的方法等流行概念的核心。

在18世纪后半期，所有这些因素产生了协同效果。正如我们所见，没有比成立美利坚合众国更著名和更突出的事件了。我们最好将这个过程设想为发生在两个时期的独立事件：一个是独立战争时期，它是为了建立《独立宣言》所表达的生动的抽象原则；另一个是随后的战后时期，它与战时产生的宪法制度性质做斗争。后者和现在一样，存在保守主义的要素缺陷，显示得如苏格拉底（Socraes）时代普通市民的政治本能一样可疑。人们呈现出致力于维护反对其特权的倾向：更加反对进步运动，相信自己管理自己的能力。因此，减少贫困、不平等和特权就成为政府一个合理且必要的任务。

这些意识形态的冲突可以在革命时期两个最伟大的政治宣言中找到类似的表达：詹姆斯·麦迪逊（James Madison）的《联邦党人文集》（*The Federalist Papers*）和汤姆·潘恩的《人权》（*The Rights of Man*）。因此，我们发现《独立宣言》中杰斐逊提出的具有里程碑意义的学术争论是一个普遍的观点：政府的目的是帮助公民集体追求幸福。然而，随后就达成此目的的方法的争论——今天我们所称的"左"和"右"之争，已体现在麦迪逊和潘恩之间。随着这些相互竞争的意识形态观点因解决市场和民主之间内在冲突的两种可能方案而自然出现，它们形成了迄今仍然适用的历史纲领，指导人们选择如何最好地，如爱因斯坦所言，"构建社会，使得人类生活能够尽可能地美满"。

正如已经指出的那样，任何能够帮助或者抑制社会变革的想法都不是源自政治或经济真空，而是对不断变动的政治和经济环境的一种体现。与启蒙运动联系起来的价值观和逻辑观不仅是一套抽象的原则，我们还可以通过它们在"思想市场"（marketplace of ideas）上的知识优势来获得财富。这些想法卓越性的凸显不能归因于他们超群智慧的公认雄辩。我们可以让休谟

（Hume）、洛克（Locke）、伏尔泰（Voltaire）回到过去，比如回到公元800年查理曼大帝的加冕，公元330年康斯坦丁的法院；甚至公元前330年亚历山大授予他们的表达能力并向广大观众宣传他们的想法；但期望他们能对王朝的封建主义结构产生任何实质上的影响是不可想象的，就像罗马帝国或者希腊城邦。同样，伏尔泰和Encylopédistes并没有如爱迪生找到发明灯泡的方法那样开发出启蒙运动，更不用说像霍布斯和洛克那样创造了社会契约的概念。在每个实例中，哲学家的贡献主要是为了表达在社会和经济需要中逐渐合理化与系统化的新趋势。[1]

在这些趋势中，意义最深远的是市场经济的出现，我们将在第2章中详细讨论。它要求我们将世界成功的方式理解为基于个人的主导地位和个人选择的中心——自由。为了保护和维护市场关系，在"免费"市场和政府应尽的职责中，作为神性约束，国王不能任意确定规则。因此，随着市场力量居主导地位，关于人性和人类社会的市场观点也出现了，这造就了诸如亚当·斯密（Adam Smith）这样的新思维支持者，并被视作一个良性循环。物质的变化产生了观念的变革，使得进一步的物质变化更加容易。

聚焦美国，我们会发现税收和商业监管问题是革命的最直接原因。正如杰斐逊在他对国王不满的列示清单中总结的那样："未经我们同意便向我们强行征税，并切断我们同世界各地的贸易。"在此之前，《印花税法案》只是英国在殖民地实行"无代表征税"的最繁重的手段。当然，在诸如商业、工业、专业、社会和商业领域（新兴市场经济）中，这个负担下降得最大。"无代表征税"当然方便，但更深刻观念的流行口号是生产力（即盈利性或经济中的非维持生计部分）不应受制于没有影响的政治权威。进一步来说，就是缺

---

[1] 当然，对"市场思想"的隐喻理解只是因为我们生活在市场经济时代。这种概念不仅对于查理曼大帝和康斯坦丁这样的实干派来说是不可想象的，对于柏拉图或者亚里士多德这样的理论虔诚信徒来说也是一样——他们都有自己的方式，对真理或想法的有效性的理解完全不同。这些差异仅为这样的信念所统一：这些差异不是由相同的动机所支配的，也不是由诸如那些决定我们购买酒或粮食的价格之类的相同证据所决定的。

乏代表性比税收具有更大的经济影响。在那时，就如今天一样，殖民地的商业阶级不仅希望能够安然地脱离英国，更希望能够利用国家的力量达到自己的目的。他们所期望的可能是，国家组织和提供资金的公共工程能够促进贸易，或者建设道路、桥梁、港口和其他远远超过他们自己能力的基础设施，以及与他们利益保持一致的法律体系的制定和实施。例如，承认企业并保护债权人和奴隶主，反对他们天生的敌人。

《汤森法案》（Townshend Acts）对殖民者存在同样的进攻性，它通过强行征税或者严格限制贸易，以减少英国商品对殖民地市场的依赖。他们通过给予英国公司进口商品的交易垄断权来达到这样的目的，其中最著名的例子就是茶叶。其效果就是抑制了美国的贸易和工业的发展。亚历山大·汉密尔顿（Alexander Hamilton）等人坚信，从更直接的政治输入以及对这一阶层的财务前景而言，它不仅涉及国家利益，还能通过贸易和工业获利。

我们看到，无论关于后殖民政权形态的后续分歧如何（我们也将讨论），聪明的革命者都因为一系列的核心原则而联合起来。首先，政府存在的目的是从人类幸福的角度定义的社会福利，这只有通过代议制政府向民众负责而获得。其次，市场经济是维持"自由"的必要条件，这是一个隐形的承诺，就像成功地追寻幸福一样。这种自由即我们今天所谓的"自由市场"，它意味着任何一个专制的君主政府都不能够进行剥削和压制（比如前面讨论的乔治三世），甚至在封建残余依然严重地束缚着贸易和生产（如什一税、公会和强迫劳动）的欧洲大陆也不能够。

不同的革命派系在处理相互之间矛盾的时候，不可避免地会出现财富和特权的不平等，而这正是市场经济暗含的与民主社会所要求的平等原则的矛盾所在。如果我们承认个人有追求幸福的权利，而且这样的幸福是政府的正确终结，那么更少干预市场结果的理性主体无疑将通过投票箱影响来再分配，使财富分配在很大程度上决定幸福的分配。政治平等以重新分配的形式对经济平等形成了自然的压力，这当然与受益于市场"自然"结果的统治阶级的利益背道而驰。必须补充说明的是，这种再分配可能会在抽象上或理论上产生一种使每个人都变得更糟的情形,如再分配伴随着负面的经济后果。但这完全是另一个问题了。随之而来的直接冲突不是在哲学上或从虚构的"长远来看"谁能从中获益,而是已经明白谁在此时此地获利。无论如何,正如我们所看到的那样,自由被认为是市场所必需的,因为必须在一类人渴求更平等的分配的愿望(在他们的眼中,这是更公平的)和其他人维持其财富的同样合法的需求(在他们的观念中,这是他们的自由)之间保持一种紧张感。

换一个角度,在民主本身的理论中也可以发现相同的利益冲突。"民主"在出现的时候,并不是像在今天一样被普遍认可的词语。许多创始人,他们中大部分是联邦党人,将民主视作一种敌意,因为他们确信自己是共和党人而不是民主党人。他们会支持1787年的《宪法》,因为它建立了一个共和制国家,而不是一个民主制国家。如果我们这时再回想一下,现代的读者就会更容易明白他们对民主原则的仇恨。民主并不仅仅被视作一种选择政府的方法,也被当作一个特定的政治成果:基于财富或地位的区分,一个更加平等的社会将缺失或减弱。因此,就像C.B. Macpherson(1977)的谨慎提醒一样,民主一直是"一个阶层的东西",即民主项目通常被理解为——当然是在18、19世纪的时候——要么是建立一个没有阶级的社会、要么是只有一个阶层公民组成的社会的运动。

在平等主义的民主方程中,通过有产阶级以及民主和市场之间的固有矛盾作为抽象的原则,可以看到一个最明显的、历史的反对民主的逻辑。在创立之时,这种紧张关系是明显的,它表现在独立战争后的巩固期间出现的、我们现在所谓的保守派系和进步派系的冲突之间。市场成果——反映了他们行使的"自然权利"使得其财产("财富或资本")是安全的,自然秩序——诸如财富的再分配或者干预市场,以保护那些从市场自由运行中获利较少的群体,两者的等同是否如麦迪逊所说的那样邪恶和不正当?或者,当承认财富的道德主张时,我们是否也应该承认对财富产物的其他道德要求?如潘恩很有先见之明地论述的那样,如果我们承认社会是创造财产或财富不可缺少的一部分,那么社会对其参与创造的那部分财富也应拥有合法的主张。

由于上述争论仍是工业社会中意识形态冲突的原则基准，考虑其最开始的形式是有意义的。正如我们将要看到的那样，这样的讨论不仅阐明了左翼和右翼作为意识形态两极的本质与长期的历史谱系，还说明了一直以来阶级斗争在政治领域的巨大影响作用。

詹姆斯·麦迪逊与保守冲动

显然，《联邦党人文集》一般在这类文章中给出这个名称的意识形态会成为美国宪法秩序斗争中定义的胜利一方。最著名的研究是麦迪逊的《联邦党人文集10》（*Federalist 10*），这是一份在历史上最具影响力和非凡意义的民主思想的文件。麦迪逊大胆地提出了一系列关于社会本质和当时典型的受教育精英阶层的政治追求；然后基于这些隐性假设，推演出适当的政府形式。在短短的百言文字中，他有效地奠定了现代理解和争论的所谓的"有效政府"的基础。这值得进一步详细研究。

麦迪逊关于"民主"的时代传统理解的看法反映在两个方面。首先，民主意味着所有公民的雅典议会，因此等同于雅典模式固有的"暴民统治"所反映的无序和不公正。根据麦迪逊的表述，民主国家的大规模动荡和争论与个人对财产安全的诉求并不相符。民主制度带来的危险是它将使大多数普通人（相对贫穷的市民）自然地形成一个危险的"派别"——一个"被一些常见冲动的激情或利益联合或驱动、不利于其他公民的权利或永久的总体社会利益的群体"。鉴于社会普遍接受的基本阶层划分，大多数的派别（今天我们所谓的工人阶级和中产阶级）与特权阶层自然不和，他们试图剥夺特权阶层的财富和特权。麦迪逊说："最常见和持久的派别内讧来自各种的财产分配不均。那些有财产的人和那些没有财产的人，在社会上形成了明显不同的利益。"

因此，依据财产的所有权——我们今天所说的财富，麦迪逊设想社会将自然地、不可避免地分成两类。这种划分是以在经济系统中生产和交换的相对位置为基础的，因此他们的利益与支持或反对其特权的系统是不一致的。

麦迪逊认为，他们的利益自然是对立的而不是互补的。只要有自由（这是自发产生的，在权威机构没有人为地抑制之时），这些利益冲突就会成为政治冲突的基础。总的来说，社会分为两类：一类是相对富裕和人数较少的群体；另一类是相对贫穷和人数较多的群体。这是他们之间的政治冲突——自由人民的政治阶级斗争。麦迪逊认为，阶级或派别包括那些"没有财产"的大多数人，而正是这种"多数人派别"很困扰他。

大多数人派别当然是格雷科（Greeks）所说的大众，他们意味着大多数人，但也是拥有更少特权的阶级。这个派别的规则（民主）对麦迪逊和联邦党人进行诅咒，因为民众将自然而然地倾向于［考虑到麦迪逊对人性的霍布斯（Hobbesian）式假设］利用行政权力没收特权阶级的财产。毫无疑问，这种没收是对财产的"不良的权利"，因为它对"社区的利益"是不公平的。这是"民选政府"存在的固有问题，因为它"让多数人派别"牺牲其执政的激情或公共利益以及其他公民的权利。下面以累进税收的问题为例：

> 税收的分摊……这似乎是一个最需要准确公正的法案；然而，似乎没有这样的立法法案：更多的机会和诱惑给予了一个占主导地位的派别，致使其践踏正义。他们从不占主导地位方超额征收的税收都揣入自己的口袋里。

这个例子告诉我们，税收和其他经济议题（例如，关于私人债务的法律，或者政府可能会屈服于流行的"纸币的愤怒"的前景）主导了麦迪逊的讨论，他们强调政治阶级利益的重要性，推测是民众（主导党派）将利用立法手续对富人征收破坏性的税额；或者操作货币的供给，从而有利于债权人，以牺牲债务人的权利为代价。毫无疑问，这将践踏正义的原则。麦迪逊在《联邦党人文集10》中的目标就是为建立他和其他保守派人士所笃信的人民主权（非君主制或独裁制度）提供一个机制，同时保护社会以避免民主党人的不公正的阶层化倾向：

直到民选政府的拥趸深入思考其体制倾向于如此危险的不道德行径时，他们才会发现自己是如此惶恐于他们的角色和命运。

这种不道德行径绝大多数出现在那些通过税收（或者直接没收）、货币政策（以通货膨胀为代价支持经济增长、就业和工资）或其他的市场干预进行财富重新分配的"不道德和不正确"的项目中。美国前总统麦迪逊的方案让民众"无法协调一致从而使其施压计划生效"，这与他对问题的分析相比了无趣味，更与我们现在的目的毫不相关。经济，也就是我们所说的市场，依据公民在市场中的位置把他们分成了对立的几个阶层。富裕的少数人士，他们的财富不仅是市场的产物，更是获益于体制，并自然由此产生了更多的财富。因此，他们指望政府予以保护和培植。比前者富裕度稍低的人士，他们拥有少数的财富或者没有财富，他们依靠自己的能力，在不稳定和经常没有回馈的市场中为了某一商品而售卖自己的劳力，并更可能相信（不管是正确还是错误）自己是体系的受害者。因此他们自然指望政府重新分配市场所创造的财富，或者甚至是自己更改市场的原则。

麦迪逊认为"政府的原则"就是为了保证那些财富所有者是受保护而避免重新分配政策的。当然了，这被认为是"镇压计划"。[2] 1787年的《宪法》

---

[2] 必须承认，正如麦迪逊之前强调的一些说明，他那些关于"多数人暴政"的言论，意味着理论上适用于少数人的权益，而不是被严密地、排他地限制在阶级的利益。他的《文集》（尤其是 Papers 14：266-268）中的一些观点把"财产"的思想扩充为"一个人所赋予价值或者拥有权利的所有东西"，其中最重要的是他的"人们应当有言论和自由的交谈"，尤其是"宗教的观点"。尽管受到质疑，但是麦迪逊确实十分重视言论自由和宗教自由（正如已经被证实的，例如，他反对《客籍法和惩治叛乱法》，并且成功地在弗吉尼亚州创建了宗教）。同样不可否认的是，麦迪逊的代理人，即使是强迫性的，也专注于《联邦党人文集10》，把常见的财产看作财富。如果我们用这种方式延伸财产，就不可能去理解联邦党（更不用说麦迪逊在1787年美国制宪会议上的说明，他把自己描绘成持续地关注保护"少数的富裕人并与大多数人抗争"的样子）。如果我们认为麦迪逊的遗产是将有限政府的理念制度化，那么这是一种十分宏伟的遗产。我们也必须承认，他的限制也包括保护公众的特权（针对他的观点进行的深刻讨论，可参考 Nedelsky（1990）和 Matthew（1995）；对于一般性的综述，包括这种观点和替代说明的批判，可参考 Gibson（2006，2010）和 Zuckert（2003））。

是很受推崇的，因为它的结构化特性禁止民众作为一个紧密结合的派别（主要希望一个大的共和政体和代表体系能够改善与扩大公众的视野）出现，而且特别条款（例如，废弃累进税，并没有承认奴隶制）还限制了公众的权力。许多美国建国时期的学者，如 Jennifer Nedelsky（1990）和 Richard Matthews（1995），曾经认为麦迪逊如此作为是一种兼具实用性和历史性的引人注目的方法的象征。这种方式以"大众政府"为代价支持市场，从而调节了两者的关系。因此，麦迪逊计划的核心目标实际上就是"通过政治性的争论来撤销市场规则"（Nedelsky，1990），如此才能确保政治服从于市场并为其所限制。麦迪逊对于政府和经济的现代典型态度已经很明确地显示在 Friedrich von Hayek，Milton Friedman 和 Margaret Thatcher 中，首席智囊团剑指思想权利，他们认为一个政府的功能应限制在维持适用于自由市场中自由个体的极简主义法律秩序。重新分配政策与市场所建立的道德优越的"自发秩序"是背道而驰的。[3]

杰斐逊、潘恩及左翼的开端

正如我们看到的那样，麦迪逊很清醒地认识到社会是根据公众与财富的关系被分成社会阶级。他认为政治冲突的核心必然超越或者说不仅仅是财富的不平等分配，而是产生使一个阶级优先于其他阶级的不平等体制。相对比较贫困的公众——他们构成绝大多数群体，会很自然地怨恨富裕的少数人以及不断涌现的社会经济实践；在他们的眼中，那些社会经济实践会很武断地给一些人带来财富而给其他人带来贫穷。公众，如果被允许的话，会使用投

---

[3] 亚当·斯密很值得被关注，也许我们曾经偶然地在一些章节中看到，但与这样的一个伟人是不太匹配的。他有关资本主义的观点和政府在该体制中的角色是很难由那些轻易自认为权威人士的人所描绘的。人们几乎找不到一个比斯密在《国富论》（2007：556）中所说的"政府，长期以来是被创立以保护财富的安全，而实际上是被创立以保护富人来和穷人抗争"这样更加直接地谴责了麦迪逊所说的"政府是财富的保护者"的观点。

票来表达他们的阶级利益，也就是体制的改变应对人民而非只对他们自己有益。[4] 政府的一个重要目的就是保护大家的自然权利而不是像这种重新分配的特权。总的来说，麦迪逊和联邦制拥护者将社会根据物质利益冲突划分了一些阶级，而且必然地，把他们自己直接置于特权之上。

这并不让我们感到惊讶。社会很明显是被分成一些阶级的。一旦我们承认社会是由不同的阶级组成，这些阶级就会经常被定义为有着对立的利益。因为如果两者不是处于对立的位置，他们就不会组成不同的阶级。假设阶级斗争是基于分配，如果一个阶级希望持有其他阶级想占有的财富，那么斗争就是不可避免的。诚然，阶级之间可能经常存在一些公共的利益，要么手边最紧急的事件不是分配的问题，要么分配的问题可以通过提高总体消费水平来避免。正如麦迪逊所说的那样，公众的自然"小派别"也可以通过提高超阶级的其他利益予以瓦解。例如，一个区域或经济部门与其他区域之间的斗争，在当代，更多的是通过宗教和文化问题来达成目的。阶级分化使任何一边的党派都有可能提出一些纯理论的法规。同样，这些法规维护那些有利于其切身利益的政策，尽力避免基本的分歧，这些从长远来看能够改善当前的状况。

最后，阶级的存在迫使从政者在两个方面选择站边。当然了，第一个是当利益产生分歧的时候，哪一个阶级可以比其他阶级带来更大的益处。第二个是是否有助于维持阶级体系，或者能否效力于它的支出缩减。虽然没有像汉密尔顿或者华盛顿那样论述一些事，但麦迪逊自然地服从于富裕的商业阶级，并且接受一个持久的阶级划分是社会的一个自然形势。正如我们所看到的，像大多数的制定者一样，麦迪逊的初级目标是保护自由。古典的自由意识是把自由等同于不平等的财富分配，并且把政治权力的不平等分配看作市

---

[4] 正如 Matthews（1995：I98）评论的那样，对于麦迪逊来说，"公众都应当十分恐惧，只要政策可行（通过其他的一些方法，那些制度的代表会帮忙解除他们的权力和财产资格并为他们投票），他们对政治的参与是应当被限制的"。正如 Nedelsky（1990：I81）灵活地总结的那样，重要的目的是限制公众的影响以确保"富人起支配作用"。

场经济的暗示结果。麦迪逊的全球观点是市场会培育"一个非独立的劳动者和独立的雇佣者之间永恒的划分"（Appleby，1986：33）。这种情形不是要克服一些东西，而是要精确地知道什么是为他所倡议的宪法秩序所保护的。正如 Nedelsky（1990：181）恰如其分的表述，"《宪法》的制定是为了使共和制政府有所作为，市场能够稳定地划分"。在这种意识中，我们可以看到麦迪逊思想的一个重要元素是依旧推动了现代保守主义政治：政治体系必须抵抗那些企图改变来自需要重点维护的市场社会的阶级不平等。

在托马斯·杰斐逊这里，我们发现了一扇新的大门：一个为了公众的物质利益的政治，更通俗地说，是为了降低或衡量阶级的差异性。当然，我们必须很小心地不要夸大麦迪逊和杰斐逊的不同。[5] 除麦迪逊的遗产被视为《宪法》之父外，他和联邦制拥护者还有着很深的纵向思想联系。联邦制拥护者是为了取得认可的战斗中的政治冠军，麦迪逊是杰斐逊终生的政治同盟。麦迪逊和杰斐逊一起参与组建了民主共和党（反对华盛顿和亚当斯政府的联邦制政策），在1801年杰斐逊成为总统的时候作为杰斐逊的国务卿，并于1809年、在杰斐逊的支持下成功当选总统。政治同盟的紧密性暗示着无论是在政治还是在理论知识（例如，俩人都尤为自豪于他们在为了宗教自由而起草的 Virginia Statute 中的角色，这几乎成为《独立宣言》的基础）上，他们都没有哪怕微小的共同价值，他们深刻的不同根植于不平等、财富和重新分配问题。

在现代十分有名的、麦迪逊写于1785年的一封信上（Hutchinson and Rachal，1973：385—387），杰斐逊对于财产权的解释与麦迪逊持有的观点是非常不同的。杰斐逊确定地认为财产权因情境而定，是源自它对公益事业的贡献。杰斐逊同样认为财产权应当与人人有工作等自然权利保持一致。人们有权过独立的人生，而不仅仅是一个"非独立的劳动者"。正如他对麦迪逊所述的：

---

[5] 对于杰斐逊在美国独立战争和其后数十年的政治思想演变过程可以参考 Zuckert（1996：13—89，202—243）和前言部分）。

> 只要任何国家存在未经耕作的土地和失业的穷人，那么很明确的是物权法已被视为一直违背了自然权利。土地作为一种共同的股份，应分给人们去劳作或者居住。假设为了鼓励产业，我们允许土地被占用；但是，我们必须注意其他的雇佣是被排除在占用之外的。如果我们不能确保基本的劳动权，我们就应把土地还给失业者。

洛克的回忆录清晰、直接地表达了所有创始人分享的自由主义传统，杰斐逊实际上提出了一个观点，直到今天还依然存留的一个激烈的政治冲突核心：人拥有雇佣的自然权利。这相当于一个道德的声称：作为社会的一名成员，当没有工作的时候可以寻求社会的帮助。他提出，人们保有推动当代进步和社会民主政治思想的"社会权利"；除此之外，杰斐逊在同一封信中还明确地建议进行这种重新分配，通过强调"这种巨大的不平等给大部分的人带来了如此多的痛苦，立法者不能开发太多的策略以分割财富"来提醒麦迪逊。他总结道，重新分配"是一种政治措施，并且是可行的"。

杰斐逊受到他那些重要的关于美国土地制度、自然地把重新分配作为土地改革的基础的思想的限制。但他支持累进税和政府提供基础教育以缓解不平等，并把上述所有关于土地所有权延伸的独立看作一种真正的解决办法。正如他在1776年起草《弗吉尼亚州宪法》时提出的那样，解决不平等的方法是通过政府保证大家获得一些土地，并赋予每一个希望拥有独立生活的人。这种授予不但能确保生存，而且可以从政治上允许接受者始终如一地坚持其强大的信念。这种信念就是，只有经济的独立才有可能"拥有个人独立并行使公民的权利"（Rakove，2010：305）。如此这般，社会中拥有财富的人和没有财富的人之间的基础阶级划分将会衰退，留下一个平等的甚至是民主的社会。

杰斐逊有两项紧密关联的、Gary Wills（1978）所强调的著名言论。首先，杰斐逊有意识且故意地忽略了将财产权放进他那些不可剥夺权利的清单里面。在洛克所总结的基本权利中，他用"幸福的追求"代替"财产"，反映了杰斐逊是如何理解财产权的事实。正如前面所暗示的那样，因情况而定，假设这断定是一种社会福利并且是一种社会习俗形式。财产对于杰斐逊来说不是一种值得特别保护的基本（或者说是不可剥夺的）权利，这与麦迪逊和联邦制拥护者是保持一致的。进一步来说，像 Arthur Schlesinger（1964）一样，Wills 强烈主张的"追求"一词以《独立宣言》的语言强调了某些东西，这是现代思想意识的创建并且掩盖了杰斐逊的内涵。Gibson（2006：125—126）很好地总结了相关言论："杰斐逊不仅是提出美国人有自然权利为幸福而抗争，他还着重强调了美国人有自然权利实践幸福，而且政府的责任就是提供幸福。"当然了，尽管幸福不是政府可以直接通过公示来提供的一种商品，但是政府可以从关注物质和社会状况上提升幸福。杰斐逊设想的那种幸福是有可能的，正如 Wills（1978：148）所强调的那样，还有一些东西影响着有限的度量和分配。

把视线从杰斐逊转向潘恩，我们发现这不但是一个相对于洛克的社会契约理论传统（有关深刻见解的讨论，参考 Zuckert 的前言）中关于财产权思想更加引人注目的突破，而且是一个对于经济的更加明智和有先见之明的理解。的确，潘恩提出了主要的、现实的视角——政府如何在杰斐逊想象的方式下提供和分配幸福。他的基本提议是简单而超群的：我们接受一个商业化和产业化的市场经济——把自由市场和自由贸易作为经济生活的基础，但是我们将它视为政府的责任，即政府应作为公民的代理人，代表他们行使一些权力去征税、开支、调节供给、控制，以及以其他的方式提高市场的成果，并且为公民提供更好的健康、幸福和人格尊严。潘恩首次系统地阐述并被广泛阅读的防卫观点，而这一观点将进一步推动国家的福利以及相关的社会民主。

很难夸大潘恩贡献的重要性和流行性。他的《常识》《人权论》《理性时代》是 18 世纪最畅销的三本著作。正如《常识》的书名所暗示的那样，它是为了说服普通人潘恩所提议的不过是常识。它的确反映了创始人而非小派别所共享的、共同的观点。甚至亚当斯也会推荐它，尽管以他典型的小家子风格，他感到很有责任去抱怨潘恩不仅仅是口头上的"民主",而且也只不过是在重复他亚当斯长期以来做的事情,根本不需要称赞。尽管这只是之前的缺点,但最后会造成亚当斯和其他的联邦制拥护者(包括华盛顿)谴责潘恩太激进了。原因显而易见:在潘恩所有的著作尤其是《人权论》中,潘恩提供了一个真正革命性的政治观点,即把保护公众的利益作为政府的目的。

与麦迪逊相对是很明显的。麦迪逊和联邦制拥护者坚决反对民主的思想,而对于一个公众被规范的平等主义社会,潘恩则是它忠实的支持者。他同意麦迪逊的观点:因为标准的问题,雅典模式是不可行的。但是他认为这只是一个时间的问题,是一个"不便"。正如潘恩所说的,我们应该看到雅典人"原始简单的民主"作为关于政府应该如何被创建的"真实数据"来源,这样就能把代表制和民主准则"嫁接"起来,并产生一个可行的现代典型的雅典精神。相反,麦迪逊认为这种民主是要予以回避的邪恶,将代表制视作颠覆的一种途径(即无视对财产拥有者尽可能地限制其参政权这一现象)。更基本的,麦迪逊的第一个原则概念就是政府必须尊重富人保护其财产的权利;然而,潘恩认为这种权利如果影响那些缺少财富的人就应被中断。这样的话,潘恩指出政府"应该没有其他的事情,只需要保护一般的幸福"(在原文中强调)。这就是他们不统一的核心,左翼和右翼之间的终极不同基础在今天依然存在:我们把政府看作是有义务保护私人财产(或者用右翼的词典"自由")还是提供"一般的幸福"?这里有一个原则性的原因,可敬的、真诚的男士和女士都不同意这个观点,他们现在做的和1787年做的一样多。

作为一个意识形态的党派,潘恩提供了将在时代发展中成为现代社会民主的结构。这样的言论出现在《人权论》和之后的 *Agrarian Justice* 中,他认为一份连续的奖金应该被称为"社会福利工资",意味着一个基本的收入(或者类似的福利,如住房和医疗),这是由社会(通过政府设置)提供给那些不是出于自身原因而无法自给自足的人。这样的话,政府就可以在困难时期帮助那些因疾病、伤害而无法工作或者因失业而无法轻易找到工作的人。让他们自己选举出的政府通过那些"安全与幸福"政策提供薪资保证。

潘恩只是通过扩充社会契约的传统逻辑进行这个论证，正如 Foner（1976：250）的明确表示：为了社会契约已经放弃了他们的一部分自然权利，这种契约允许通过社会关系而非劳动力来积累财富。普通公民可能会在道德上要求经济形成监管，以便根据人们的需要重新分配一部分财富。

有了这样的基础，潘恩明确地要求创建我们今天标榜的福利政府：

> 应该有养老金（如退休金），"对于所有超过50岁的穷人"，期望社会保障的思想可以有益于退休人员。类似地，"寡妇"面临独自照顾她们自己和孩子的情形时也会收到这样的付款，这随之成为生存福利。

在每一个孩子出生的时候，政府会提供金钱"捐赠"，与之相同的是同一时期在西欧很普遍的"家庭奖金"。这一捐赠奖金是用来防止幼年贫困，或者把家庭从经济压力中解放出来。

政府应该为所有人提供免费教育。

政府应该实施宏观经济控制，继续制定一些满足充分就业的政策（为了保证"一直被雇用"）；并且在必要的时候，通过公共工程直接提供一些工作岗位。通过这种方式，潘恩正在呼吁重视实际就业权利。这样的话，补偿大概就是未就业福利的形式，那么就业的人群就享受不到了。我们有这样一个议题，任何人都有生存的权利，如工作，当找不到工作的时候存在一个得到保证的最低收入，这相当于研究福利政府的当代学者设定的"去商品化"。后续章节会详细阐述这一观点。

所有上述提及的政府活动应该通过累进税获得资助。

总的来说，潘恩赞成政府支持老人、病人和失业的人；支付现金给父母以资助他们抚养孩子的花费，并提供免费教育；控制和调节经济以扩大就业（这样的话，理论上可以提升平均工资，并且达到经济可以支持的最高生活水平）；通过向富人征税，为那些花费巨大的活动提供资金。很清楚的是，这些提议都违反了市场准则，企图以他们所做的替代人类所需的公平，并要求市场生产出大量的自然产物。争论已经很清晰地在《联邦党人文集10》中得到体现。对于财富的神圣不可侵犯性，麦迪逊非常地担心——象征着"邪恶的、不正确的"诡计多端的公众重新分配其他人的财富会使他的言论广为流传。

在总结我们关于潘恩的讨论之前，值得注意的是我们很难在财产权的问题上处于中立，而是同意麦迪逊和洛克的观点——人人有权利去保护其财产。的确，潘恩关于市场经济的一般观点是很像亚当·斯密的，潘恩也很钦佩他。像亚当·斯密一样，他强烈地支持市场，因为他相信市场具有改善人们当前状况的潜力。在《人权论》中，潘恩表示，其中很长的篇章赞颂了自由贸易的美德，那就是"在我所有的出版物中，我一直支持商业，因为我是商业效用的朋友"。他的计划不是要摧毁市场或者市场创造的财富，他并没有就一定程度的不平等的必要性和公平性进行争论，他当然不是嫉妒财富本身，但与他同时代的激进的人则采用这种方式。潘恩不但希望可以承认还有其他附加于财富的权利，而且希望代议制政府也应承认并支持。他的后续议程不是摧毁市场体系，也不是无情地占有他人的财富，而只是插入它的边缘，以减少贫困和人类的苦难。这些贫困和苦难使人类的生活无法获得回馈并得到满足。

因此，潘恩不像麦迪逊或同时代的保守派，他期待一个现代化的改革，就像富兰克林·罗斯福（Franklin Delano Roosevelt）坚信政府负有不可推卸的责任去提供"想要的自由"。正如潘恩提出的那样，贫困的存在就是在暗示"政府体系中的有些东西错了"。这一观点，在《人权论》中已经很明显，又在*Agrarian Justice*中详尽地进行了描述。他认为，持有私人财产甚至拥有土地所有权都是自然和合理的；与此同时，他认为那些拥有财富的人为没有财富的人提供帮助也是自然的。他提出一种基本的社会契约，社会承认并保护个人的权利——拥有积累并期望从这种安排里获得回报，而他们获得的一部分利益应分给那些可能失去这种回报的人。在简单的阶级方面，富裕的人提供补偿给那些因他们拥有财富而受损的人。土地或者更多便携式资本的所有者，实际上，应当支付给那些虽然他们拒绝所有权但实际上自己拥有的人。

潘恩可以被解读为支持与Rawls（1970）联系在一起的立场。不平等在伦理上是可以接受和经常被赞美的，但是要求不平等的存在有利于达到更好的结果。社会赞成不平等的机制可以被理解为重新分配一些不平等的收益给那些遭受损害的人，现在我们称之为转移支付，即支付累进税。以这种方式，富裕的人可以资助少量的金钱回馈其从资本体系中的所得；否则的话，社会就会与他们的利益相违背。不同的是，一个资本保有阶级会很开心地支付资本体系的维护费，以便拥有私人财富。他们在实现财富的时候，会提供适度的一部分收入作为少量补偿。财富和这种不平等都是受到保护的，保证最少的收入给那些可能遭受不平等伤害的人。

潘恩也做出了声明，在这之中，麦迪逊并没有感到有责任去参与，这个方法既可以给富人也可以给穷人带来好处。再一次，由于他提出的只是限制富人的特权，而不是没收他们的财富或者禁止那些能让他们的财富产生更多财富的商业制度，甚至更多的是因为他相信消除贫困会扩大阶级之间的共同利益。他认为，通过这些方法，穷人的"不满"会被消除，从而形成意义深远的结果。首先，那些因巨大贫困而产生的社会病态，如犯罪，可以显著地减少。这不但直接有利于每一个人（所有人在公共安全方面都有利益），而且也被用来防范犯罪和监禁（或处死）的社会资源可以转化为更加高产的用途，并以低税收的方式返还给人民。其次，使人想起与Bismarck相联系的观点，早期提出的争论，重新分配实际上会使富人的财富更加地不安全。假设潘恩提出的福利社会会减少针对富人的仇恨和愤怒，"所有的暴动和骚乱将停止"，这就要求资本主义自身有一个根本的改变。

实际上，潘恩在历史上首次提出了一个假设，这个假设将在余下的研究中得到展示。正如他占据了数世纪的政治思想和行动：福利政府的提议及其暗含的左翼自由方法论政府，希望通过政府对市场的介入来大幅度地改善人类的命运。与麦迪逊相反，这既不是"邪恶的"也不是"不准确的"，而是建立一个公正平等社会的唯一方法，这个社会最好能允许个体追求幸福。关键的是，这不仅是相信重新分配会因为富人的边际成本而有利于穷人，还希望保护个体与市场做斗争的政治性干预会改善每一个人的生活，富人、穷人都一样。最后，正是这个问题在现代世界中推动了政治斗争：是应该保护市场免受政治的影响还是应该让市场服从于政治或者说服从于民主？

一项延迟的改革

1776年不但见证了《常识》和《独立宣言》的诞生，两者都有助于产生基于政治生活的人民主权论的原则；而且见证了亚当·斯密转折性的著作《国富论》，这一巨著致力于将制度化市场实践和理想当作经济生活与思想的基础。三部巨著中的每一部都是经典之作，在当今也是富有吸引力且被誉为神话。潘恩的《人权论》代表了其他依然苦苦挣扎于思想改革的建议，新的民主准则也被扩展到新兴的市场体系自身。他还预警了英国的建立，其著作被禁，作者仅仅是由于表达这样的观点就被起诉（定罪时不在场）为暴动。左翼和右翼政党关于民主干涉市场的争论延续至今。

更值得注意的是，尽管潘恩及其同时代的人生活并著述于早期的资本主义，但他们政治性的不同创造了政治上永恒的左翼和右翼的格局，而他们自己都是来自源于1789年法国国民议会的不同著名团体。我们从中可以看到，民主资本主义体系的断层线呈现于不可避免的自由市场思想和"大众政府"思想的矛盾。在自由市场中，个体可以自由做出关于他们生活的决定，而不会受到政府的压制；而"大众政府"的一个明确目的是保护"追求幸福"的权利，"为最大多数人谋取最大的利益"。现在，轮到我们来对市场民主的内在张力做进一步的检验了。

02

市场民主

第1章讨论了每一个普通人都拥有政治权利去"追求幸福"这一观点的演变历程,正是为了保护"追求幸福"的权利,政府应运而生,并且自然而然地被赋予了"为更多的人谋求更大的幸福"的义务。虽然有人认为,这项服务最好还是由市场提供;但是传统上,对幸福的基本理解和国家在培育创造幸福所需的条件中扮演的角色将其视为特定的社会政治背景下的产物。我们使用当下的流行词汇,称之为市场民主。在如何实现人类幸福最大化作为一个核心的政治议题出现之后,人们提供了两种结构化的条件。也就是在了解问题之后,市场民主提供了两种可行的策略以解决这个问题:(1)抵制大众需要的再分配与监管政策,寄希望于一个相对自由的市场最终能提高人民的幸福程度;(2)运用政府干预方式,有意识地利用国家的力量维护市场的公平正义,以此改善人类福祉。

与政治学的实践者相比,作为学生的我们可以自由地从更抽象、更纯粹的理论角度思考如何解决这一问题。在本章,我们构建了资本主义民主模型,以此诠释在市场经济社会下,就人类幸福的营造和分配引发的政治斗争的本质与内在逻辑。我们从劳动力商品化(市场体系的基本特征)如何产生开始思考。首先，出于自由民主制度政治秩序的本质和逻辑要求，劳动力商品化必然导致社会分化为不同的阶层。其次，出于保护劳动力商品化及由此产生的阶级划分的市场需要，自由民主的政治秩序随之产生，并由此形成了基于阶级利益的政治斗争模式。正如我们所见，在市场社会中，政治一般会自然地形成传统的左翼和右翼，这一点自美国建国和法国大革命时期就已经十分明显。以此为核心，上述讨论只针对商品化本身，但是具体表现在三个特定领域：工人组织工会（最终演变成政党）的能力；国家福利的多少；政府干预程度，或者宏观经济尤其是劳动力市场的监管程度。

文明、剩余与社会阶层

人类学家普遍认为，所有的文明，包括从美索不达米亚、印度河流域、埃及的第一个文明化身开始到现在，都有自己的特征机制。它允许社会的精英阶层从劳动人民创造的剩余财富中分得相当大的一部分，并且把这部分剩余单纯地当作经济生产的实际水平和劳动力生存的所需量之间的差异。因此，在埃及法老时期和西欧封建社会阶段，国家的主要功能是以租金或税收的形式从农民和工匠手中攫取剩余财富。以这种方式得来的财富，主要供法老或者国王及其家族享用，还有一部分流入了贵族、官僚和士兵们的口袋。通过建立武装垄断力量，使得法老和国王占用子民的财富成为可能，而后又凭借搜刮的财富维持武力垄断，因此单纯的抵制是不可行且无效的。

这一过程可以更有效率。例如，通过宗教的威压或者与之类似的思想压迫，使搜刮剩余财富的行为正义化、合理化，从而营造一种维持秩序的诉求。因此，我们会看到法老自称为神，而中世纪的国王则宣称是上帝派往人间的使者。通过一级一级的搜刮压榨，每位君主都能享用剩余财富（正如教会的什一税），以此作为政治权威的献金。从非政治化的角度来看，官方的代表——牧师必须让人们对此深信不疑，从而获得维护和执行这一制度的合法依据，并继续维护这一制度安排。这在古代的法国政权中是十分常见的。在这一体系下，所有人被划入三个阶层：牧师、贵族和劳动阶层。牧师的职责就是以上帝的名义，向大众灌输绝对服从思想（尤其是认可统治者对剩余财富的搜刮权）；贵族为实施专制独裁提供军事力量，使统治阶级敛财成为可能；第三阶层就是劳动人民。[1]

正是出于这一原因，Jared Diamond 在其获"普利策奖"的人类学理论著作《枪炮、细菌与钢铁》(*Guns, Germs, and Steel*)（1999）中将人类历史上所有的文明归结为"盗贼统治"。这样总结的原因很简单：广大被统治的人民辛苦生产劳作，少数人不劳动却享受劳动人民的劳动成果。统治阶级以其权威侵占或者说窃取部分贫民的劳动果实。然而不可否认的是，这种攫取剩余财富的方式能产生积极的社会影响。只要想想罗马帝国修建的大量道路、桥梁、渡口、粮仓及其他基础设施建设，还有那些为维护和平和保证帝国境内法律执行所付出的成本，你简直找不到驳斥中央政府搜刮剩余财富的理由。正因为如此，文明经常被定义为权威体系的存在，使得搜刮财富的行为能够有效、持续地进行。只有通过权威性地攫取剩余价值——我们可以将攫取的剩余价值视为一种强制储蓄（但是，当然，剩余价值是由其他劳动人民所创造的），才能使得剩余财富的拥有者将其花在那些耕作者或城市工匠可能永远不会设想或生产的诸如道路或金字塔之类的项目上。为了更好地挥霍剩余财富，统治阶级创造了药品生产、科学、艺术及机械制造等复杂的社会需求，并且通过雇佣平民（为了生存只能出卖劳动力）来提供这些奢侈品。

在如今的西方国家，资本主义民主是"盗贼统治"的主要代表。正如我

---

[1] 贵族和牧师两个阶层有时可能会产生冲突，但是他们必须认识到两者在维持赖以生存的特权体系中存在共同利益。资本主义的一个重要特征就是占主导地位的商业阶层的兴起。他们不但间接地控制了整个国家的经济命脉（统治阶层依靠积累的剩余财富维持统治），而且作为竞争对手出现并挤压教会的生存空间。首先，商业阶层使教会无法再通过什一税敛财；其次，他们吸纳了传统牧师阶层的社会控制功能（采取直接方式，通过其控制的媒体为自己发声，并强化自己在国家经济社会中的主导作用，履行传统教会的一些功能，如教育、结婚/离婚的管理、为有需要的人提供帮助等）。从此，资本以比昔日的贵族或牧师更为霸道的力量出现在世人眼前。

们观察到的，资本主义的高明之处在于它培育了统治地位的意识形态，从而转移了大部分人对资本主义组织原则的注意力，使得搜刮剩余财富的行为相比以往"盗贼统治"时期更加隐蔽。这是为了补偿系统中的其他特性而具备的功能，比如拥有有文化的、受过广泛教育的劳动力的必要性。这些劳动力促进了人类知识的理性怀疑方法的发展，而这些知识本应有助于发现系统的剥削本质。

为了便于分析，我们假设有两类人：资本家和工人。资本家拥有社会生产资源——土地、工厂、银行和资金等，所以他们可以依靠这些生产资源赚取的收入生活，而工人必须依靠资本家的雇佣谋生。资本家雇佣工人，压榨他们的剩余价值，也就是通过他们的劳动获利。显然，他们通过亚当·斯密和大卫·李嘉图（David Ricardo）提出的方式压榨剩余价值（或者说留存收益），支付少于劳动创造的真正价值的工资。

需要指出的是，虽然亚当·斯密也使用人类学家提出的剩余价值（意为产出超出劳动力的最低生活水平），但他更多是从具体的角度出发。亚当·斯密的剩余价值表示支付了劳动者的工资后，人类加工原材料（或其他生产资料）所创造的价值。雇主雇佣工人创造了剩余价值，其转化形成的利润刺激了就业。引用亚当·斯密（2007：42）的话就是：工人加工产品创造的价值……可以分为两部分——支付给工人的工资和资本家的利润。虽然说得很直白，但与亚当·斯密（更不用说马克思）对资本主义的理解是一致的，即某些阶级以压榨他人的劳动生存，为生产产品、提供服务而雇佣他们，最终支付的薪酬却低于他们创造的价值。[2]

但是我们又无法控诉这种市场制度，因为资本家如果不能从雇佣工人手里获得超出支付工资的价值，那也是完全不合理的。资本家雇佣工人，就是希望从他们创造的价值中获取一部分；否则，精明的资本家是不会愿意雇佣

---

[2] 关于剩余价值的问题，以亚当·斯密、大卫·李嘉图为代表的古典经济学和以马克思为代表的批判经济学的意见是基本一致的，详情参考 Garegnani（1984）。

工人的。为了养活家人，工人们又不得不接受这种安排。虽然工人也可以根据工资水平自由挑选工作，甚至找到工资相对较高的工作，但是所有的工资制劳动合同在本质上都是一种剥削，原因我们在上面已经讨论了。需要肯定的是，这种合同安排使得工人和资本家的生活更加富裕。虽然合同双方基于自愿原则达成合作，但是改变不了雇佣合同的剥削本质。

这种体制使资本家和工人处于矛盾对立状态，双方围绕资本家的剩余价值和工人应获的工资展开斗争。工人希望资本家拿走的剩余价值越少越好，自己的工资越高越好；而资本家则恰恰相反。可以看出，这种阶级矛盾是固有且不可避免的，资本家和工人就剩余价值分配上的对立就是很好的例子。亚当·斯密（2007：56）认为这种矛盾是不可调和的：普通工人的工资往往是由合同双方约定的，但双方的利益不可能一致，即工人希望工资越高越好，而资本家则希望越低越好。

工人需要资本家为其提供工作岗位，而资本家需要工人为其创造利润，双方的需求是极不对称的。工人需要工作，因为没有其他的方式来维持生计；资本家已经很富裕，雇佣他人仅仅是希望用已有的财富创造更多的财富。资本家只需把资本投入产品生产和提供服务中，就可以无风险地度过一年甚至一生；然而，工人的生计却完全依靠资本家投入生产中的资本。显然，工人更加依赖资本家。[3]

资本主义通过工资剥削工人的本质，部分为资本主义及其之前的生产方式的两大重要区别所掩盖。在第二种情况下，大部分人，比如农民、农奴或奴隶，都在少数地主的强迫下工作，所以他们既没有选择去别处工作（从而可以和雇主协商工资和工作条件）的自由，也没有拒绝工作的权利。相反，被雇佣劳动者至少有选择权。在自由协商工作条款、条件的情况下，一个人

---

[3] 亚当·斯密（2007：57）曾总结：许多工人一周不工作就无法生存，或者很少有人一个月不工作还能生活下去，一年没有工作还能活下去的几乎没有。从长期来看，资本家需要工人，工人也需要资本家，但是这种需求的应对并不是那么及时的。

绝不会被强迫为其不愿选择的人工作；同样，工人也不会因为工作不够勤奋而被雇主以维护纪律的名义鞭笞或绞死，并且可以运用法律武器确保劳动合同中的条款得以实施。虽然这一点再怎么强调都不为过，但同样重要并且需要指出的一点是，工人和资本家之间的冲突依然存在：资本家仍然像以前的皇帝、国王和法老一样，压榨工人的剩余价值。

事实上，在资本主义体系下，工人的生活水平肯定比以前的平民、奴隶高，这说明与封建农奴或18世纪的农民相比，工人的绝对工资及其相对于剩余价值的比重都上升了。从这种意义上讲，资本主义，正如马克思多次明确指出的，确实比之前的生产方式更为先进。我们不否认资本主义有很多明显的特征。比如，雇佣劳动力是攫取剩余财富的一种方式；与之前的经济模式一样，工人只能获取自身创造价值的一部分。因此，市场经济仍然是"盗贼统治"。

相对于其他经济模式，资本主义的独特之处在于，雇佣劳动力成为攫取剩余财富的最主要方式（Heilbroner, 1985）。只有当大多数人意识到他们依赖于别人的雇佣时，这种攫取方式才具有可行性。换句话说，普通的平民，一开始是没有独立自由生活的权利的，就像农民和农奴一样，必须在自己的土地上耕耘以维持生计。然而，过高的地租可能使他们无法独立生活，所以必须依靠拥有生产资料（土地、工厂等，具体来说就是资本）的阶级获得工作。这一演变有两个基本过程：一个是有目的地使普通平民丧失自主地位，沦为被雇佣的劳动力；另一个是结果或经济发展。前者在消除集体土地所有权方面十分常见，最典型的就是英国的圈地运动，大量的农民失去土地，被迫涌入城市成为工人大军中的一员。[4] 后者是因为不断发展的技术创新和经济使得自我就业（比如，以前的工匠自己开店）变得几乎不可能，而只适合于

---

[4] 历史上的圈地是指共有土地的使用权和所有权被转移到私人手中。在圈地运动中，共有土地被圈起来或者强制转让给私人业主。事实上，圈地运动使农民丧失了共同耕地权和畜牧权，无法维持生计，农民由此成为工业经济下雇佣劳动力大军中的一员。当然，圈地也是地主积累资本的一种手段。

[5]这些发展进步是波兰尼（Polanyi，1944）在《大转型》（*The Great Transformation*）中提到的"市场社会"转变为"具体的文明形式"的主要组成部分。

想象这样一个世界是比较传统的：劳动力几乎是靠雇佣工作维持生计的工薪工人，就像劳动力商品化所表征的世界一样。"劳动力商品化"这个词，本来是用来描述人类的工作能力。换句话说，它是用来赞美人类的智慧、创造力、想象力及判断力的，正是这些能力使人类与机器或者其他在超市明码标价的商品相区分。这含蓄地表达出，作为个体的我们为了生存，必须出卖自己的工作能力，也就是经济学家所说的"劳动力"。倘若在工作时，这种关联无时无刻不呈现在脑海中，再加上担忧自己能否养活家人，那么进一步认为自己已经被商品化或者自己已经变成了商品就很好理解了。这一观点，并不是马克思或者其他市场批判主义学家的创新，而是源自亚当·斯密。亚当·斯密在其经典的《国富论》中向读者指出："对人的需求"恰恰"类似于对其他商品的需要"（Smith，2007：67）。[6]实际上，这种观点在新古典经济学中仍然十分常见。[7]

对于工人阶层而言，自由雇佣劳动制肯定是有好处的；但不可否认的是，把工人视为商品依然给他们带来了一定的成本。首先是工人的工资，虽然他们的生活水平普遍提高了，但是工资受不以工人意志为转移的市场强制力的影响。每个工人不仅会陷入劳动力价格低廉、失业或者工资降低的

---

[5] 当医生、律师、会计师及其他职业工作人员发现，正如所做的那样，作为公司的雇员而非合伙人去公司上班是必需的。不用细想便知，对木匠和其他没有技能的人来说，自我雇佣的实际障碍足够大到使得自我雇佣这一选择对于任何一个工业国家的多数人来说都是不可行的。

[6] 马克思的观点（著名的"商品拜物教"理论）为：在资本主义下，我们只能看出（或在思想上一般认为）市场将劳动力和其他商品等同对待；然而事实并非如此，从而掩盖了攫取剩余价值的存在。

[7] 关于工人被视为商品，这一点在现代商业文化中诠释得更加清楚，这一观点已经得到整个职业生涯规划行业的赞同。在成千上万受欢迎的商务专业书籍中，*The Art of Selling Yourself*（Beckwith and Beckwith，2007）是该类主题中最受欢迎的一本。在书中，作者反复提到，最关键的就是如何推销自己。

困境中，还会不断遇到危险，任凭残酷的市场摆布而毫无办法。用 Charles Lindblom（1977：82）的话说就是，"市场让每个人置身于不安全感之中，这是十分中肯的批判"，当人们面临生存危机时更是如此。只要我们把劳动力当作商品出卖以维持生计，那么我们就会一直受市场强制力的支配，经济周期、技术创新，以及越来越强的全球化压力，这些强制力会使市场淘汰任何一种商品。像美国那样医疗保险与就业密切相关的国家，失业就意味着失去这些福利，这让工人的不安全感更加强烈。[8] 出于这些原因，许多资本主义分析家在肯定资本主义积极特征的同时，形象地把工薪阶层的处境比作被市场囚禁。正如 Gøsta Esping-Andersen（1990：36）结合 Polanyi（1944）和 Lindblom（1977）的观点所做出的经典总结：市场对工人来说就是监狱。为了生存下去，工人必须表现得同商品一样。[9]

像所有的监狱一样，市场的特点在于其矛盾性：正如其他商品一样，在这里，劳动力的买方和卖方具有相同的利益分歧——一方得利则另一方受损。继续分析买方和卖方就可以发现，两者都能从长期繁荣的经济中获益，相比之前，买方以更少的成本买到更多的商品；但是，以工资换取劳动力为例，对于市场中任何一个既定的交易，买方仍然能够以低于卖方预期的价格成交，从而维持其利益。因此，虽然保证从长远来看各方在市场中能够得利，但是从逻辑的必然性来讲，雇员与雇主之间永远存在关于工资的较量，

---

[8] 在收入分配中处于中低层的人经常有这种担忧，即使他们步入上层社会也很难消除这种忧虑。Barbara Ehrenreich（1990）指出：更高的收入、社会地位会带来更多焦虑，因为他们更多地感受到这种地位的不稳定；更加害怕从高处跌落，因为失去的更多。

[9] 民主思想的一个常见主题是：个人，要想成为一个自由的普通人而非商品，就必须改变依靠出卖劳动力维持生活的状况。比如，卢梭（Rousseau）曾谴责社会的诸多不公使得雇佣劳动成为唯一可行的方法。"如果不是穷得没有办法，谁都不会选择出卖自己。"（《社会契约论》）Macpherson（1977：17）指出：很明显，这"并非提倡奴隶制"，而更像是要求"禁止自由买卖劳动力"。这种买卖行为把人和劳动力等同起来，以至于人们在出卖劳动力时就相当于把自己当作商品卖掉了。杰斐逊和亚伯拉罕·林肯（Abraham Lincoln）对雇佣劳动都表示同样的担忧，因为他们将这种行为与丧失独立性严格地等同起来：那些必须为他人（为了他人的收益）工作的人，他们的独立性已经降低了。

更准确地讲,是关于雇员所创造的附加值的较量。假定我们仅活在当下,理性的(市场)参与者在面对现在及不远将来的有形交易与不明确的、可能跨越好几代人的交易时,可能会倾向于遵从凯恩斯的判断:从长远来看,我们难逃一死,因此会保持对短期利益的关注,这确实是典型的市场参与者。在某种程度上,雇员和雇主这两个阶层之间也确实存在一些利益上的、更直接的重合。一个典型的例子就是,当公司繁荣发展时,雇员的利益就能得到保障,从而维持雇佣关系。[10]

自由民主与市场社会

从某种意义上说,如果将市场比作监狱是恰当的,那么它被理解为另一种救星也是很容易理解的,因为资本主义的出现是《独立宣言》中"天赋人权"这一政治制度的核心驱动力量,设立代议制政府就是为了保护这一权利。资本主义、代议制政府和古典自由主义之间的紧密联系并非偶然,正如资本主义的保守拥护者所强调的那样。作为社会经济生产的基础和决定条件,市场机制一旦建立起来,最终就一定会将其内在逻辑延伸到政治中,从而建立一个新的国家和与之匹配的、与市场规则一致的、保护性的公众思想体系。

在资本主义联邦制度下,官方认可的阶级社会关系、教会倡导的真理和

---

[10] 到目前为止也许值得评论一下,亚当·斯密和马克思在逻辑、优势、资本主义成本(理论)上具有相似之处,他们的分歧在于一个理论点——幸福。这已经超越了我们所担忧的范围,因此我们不需要在细节上进行评判。关于劳动力市场及其他市场的结构差异,亚当·斯密清晰地指出,雇主滥用他们的优势地位从那些受压迫的工人身上剥削剩余价值,因此他也和马克思一样,指出了利润来源于对工人所创造价值的剥削。但是,亚当·斯密关注的问题在于这种时常发生的剥削是否严重,他根治这一问题的对策是摧毁那些企图使雇主受益的、对劳动力市场的人为限制,而消除(这种限制)之后能够创造一个真正自由的劳动力市场,从而保障劳动力如其他商品一样能够公平定价;马克思则主张劳动力市场(与其他商品市场)存在根本性的不同,市场在资本结构中处于主导地位,这一点只适用于劳动力而不适用于其他商品,劳动力的使用价值(资本家换取的价值)必然大于其交换价值(工人得到的工资),因此它的价格永远不可能公平。

传统社会团体组织的维系都是起同等作用的社会思想体系。然而这些都是市场所不能容忍的，因为这些思想体系都希望社会更多地关注个体，而这些个体作为市场参与者会尽其所能地追求个人物质财富的最大化。因此，新的保护性自由思想体系假定社会是普通民众的集合，而这些个体会根据个人金钱上的损失或收益自由地做出决策，并且这些个体做决定时不会因为交易利润丰厚而受到过时的宗教和哲学的束缚。用英国历史学家 E. P. Thompson（1971）的名言来说就是：资本主义世界存在一种道德经济，经济活动受到社会风俗习惯（有时是法律）的约束。社会风俗习惯追求集体利益至上，而不贪图个体利益。最典型的例子是粮食（尤其是面包）价格的管制，在短缺时，其价格不会像其他商品一样随着需求—供给关系而波动。社会公众一般认为在这种特殊时期赚取民众的财富是不道德的。这些管制措施反映出社会公众对于那些利用他人实现自己目的的方式（比如高利贷）的传统理解——对个体和社会集体具有不良影响。市场社会要求思维的转变，在长达几个世纪的时间里，贪婪被认为是一种死罪，这种想法应该转变为理性追求个体合法权益，这是一种美德，体现了个体良好的判断能力。

不止亚当·斯密一个人提出市场经济推动了这种趋势的观点，就像他在《道德情操论》（*Theory of Moral Sentiments*）（2006：164）中提到的，人们达到了"最卑劣的程度"。当然，总的来说，亚当·斯密的观点是：我们身处现代社会，希望有所改变，但是这种转变的成本可能超过了收益。也就是说，资本主义带来的人类物质条件的进步，可能无法弥补道德成本。因此，一个自由市场应该将社会道德成本考虑在内。但是在最后，亚当·斯密认为：社会激励机制应该提供更加持续供应的、价格相对公正的产品，这样才能使供需双方免于善意但愚蠢的价格垄断。

"新市场人"的典型，用熟知的文学人物举例，就是冷酷的吝啬鬼。他对得失斤斤计较，丝毫不考虑人的感情。吝啬鬼的形象虽然只是现实的夸大与艺术化的结果，却也是资本主义期望实现并且大力赞扬的思维方式。当然，接受市场价值观的激励同样适用于工人和业主，因为他们也是市场的参与方，即便他们存在利益分歧。如果 Scrooge 不幸的雇员 Bob Cratchit 是一个更可爱的角色，那么他必然与他的雇主一样采用精于算计、利己的方式审度自己的生命价值，以此思维回应市场带来的改变。他们还用典型且具有深刻洞察力的讽刺漫画举例，以此作为市场强制力和市场关系的缩影。[11]

新市场参与者的思维模式和行为表现，虽然与传统的"道德经济"相矛盾，但肯定与亚当·斯密和法国重农主义者的学说有关。这些学说与其他的不同，成功地宣扬了实用主义思想体系，认为只有所有个体都追求个人利益的最大化，世界才能变得更好。这在亚当·斯密"看不见的手"理论中十分常见，他认为在追求个人利益的同时也保护了集体利益，而且集体利益最好也通过这种方式实现："由于追逐他自己的利益，他常常促进了社会利益，其效果比他真正想促进社会利益时所得到的效果更好。"（2007：349）Robert Heilbroner（1985：114—115）很好地总结道："现在所有关于贪婪的疑惑……都被这一证明消除了，即幸福可以也只能通过个人追逐自己的利益得到。"

新的思想体系（自由主义）处于成熟时期，社会由名义上平等的个人组成，他们享受着追逐个人物质财富的权利，并且使用公平合理的手段获取。由此我们发现，相比于"一个依靠惯例、地位、威望分配工作以获取报酬的社会（如封建社会）""一个以个人机动性、合同约定、个人选择决定市场工作和报酬分配的市场社会"作为替代是更好的（Macpherson，1966：7）。

这个世界确实需要一个不一样的政府，以替代原来的封建贵族阶级专制制度。在专制制度下，贵族只对国王一人负责，而国王只对上帝负责。两者必然会为了私利，主要维护他们经济和政治上的特权并统治其他人，因此他们当然会成为自由主义和市场的阻碍。当社会权力的天平朝着掌握了社会经济命脉的新兴资产阶级倾斜时，这一团体要求建立一个对他们而非上帝负

---

[11] 按照书中原有的逻辑推论，社会理论学家的疑惑是：相比于死亡后另一个世界的惩罚，书中结尾部分如果以另一种更合理的方式和解是否更好，是否在任一事件中，更加宽容、绅士的 Scrooge 不会成为 Cratchit 的阶级对抗者。考虑到 Cratchit 被 Scrooge 雇用，人们只会认为他们的关系仍是对立的，因为 Scrooge 可以从 Cratchit 的工作中获得收益，必定会降低 Cratchit 的工资和福利。

责的国家。总而言之，他们需要一个具有帮助和保护市场制度这一功能的政府，从而保障他们的私有财产和政治权利。

第一选择就是建立民选政府或者议会，政治权力来自个人选举，受到有限任期和定期轮换的限制，并且在选举时还可以在竞争的个人或党派之中做选择。精英之中的竞争保证了他们行为举止的合规性，因为可以轻而易举并且有效地通过选举过程撤换那些渎职或能力不足的人。当然，在这一体制下的负责任的政府，为了繁荣发展，必然会建立其他辅助自由的制度，其中最主要的就是媒体的言论自由制度，因为这是问责政府的必要途径。同样，结社自由制度也必须建立，因为个人必须能自由地组建政党参加选举，组建利益集团和民间团体以表达维护合法权益的诉求。对政治权力的自由竞争使每个人都能自由表达喜好，与观点一致的人联合，因为他们在与随意逮捕（出于人身保护原则）、任意没收财产的对抗中是安全的。所以，自由政体的诞生有赖于民选政府，制度约束限制其权力超越公民而非臣民的自由。

在成立之初，这一制度几乎没有民主，因为选民地位被财产限制，所以新制度就是为了保护特定阶级的权利。独立后的美国，甚至同时期的英国，选举权被高度限制，并且一直持续到20世纪。即便如此，还是有市场平等原则、追逐个人利益的合理性的压力和培育民主的愿望。选举权以及随之更为具体的公民权利成为公民的基本需求，因为与其从根本上改变或废除自由秩序，不如按照制度外人的建议，以制度内部的价值观，包括组建团体和言论自由的权利，作为武器去攻击。虽然这是长时间的战斗，但是他们最终获得了胜利，因为这是自由秩序应有的逻辑。所以，团体联合起来争取权利，正如Macpherson（1966：9）简洁的评论："没有理由剥夺他们的投票权……所以作为竞争市场社会和自由主义国家的补充，民主最终得以实现。"

现代自由民主体系一旦建立，资本主义经济固有的阶级斗争就转向新的核心。这种不可避免的结果有两大原因：第一，国家垄断了权力的使用，提供法律外壳保护社会和经济，国家是最高权力机构，并且超越工人所服从的雇主，因此工人希望通过影响国家进而影响雇主；第二，工人提高工作待遇的诉求在自由思想体系下合法化，因为这不过是个人理性地追逐自身利益。在这种诉求合法化的同时，表达集体诉求的利益团体同样也被民主体系认可。这一团体最初是工会，最终演化成政党并参与选举。我们因此发现主流（如 Lipset，1960）和社会民主（如 Korpi，1983）理论学家都将现代民主政治视为"民主阶级斗争"。在斗争中，不论工人和商人、穷人和富人，都为了政治的市场地位而相互竞争。

但确切地说，什么才是阶级冲突的基础和根源呢？正如我们所讨论的，阶级民主斗争并不是更直接、更基本的斗争，而是发生在阶级之间关于剩余财富分配的这种制度安排背景下的二次冲突。简而言之，阶级民主斗争的重点在于劳动力商品化的本质、程度与经济成果，这些都是我们现在所熟知的资本主义的基本特征。这显示出三个具体方面的冲突。在冲突中，成果是十分重要的，因为这既是个人奋斗的终点也是权力斗争中阶级利益进一步拓展的方式。本章的其余部分围绕这三个领域内关于劳动力和资本等永久利益的矛盾冲突展开：工会的由来；广泛福利制度国家的发展；公共政策政体的诞生。公共政策政体让需要的人得以监督经济活动，并保障了工人、消费者和广大公民的权益。

民主阶级斗争

在资本主义民主下，工人组建团体的核心原因很好理解，这是将固有阶级之间的经济矛盾延伸到民主政治最直接、最明显的途径。关于原因，我们不妨设想一个明显的事实：在工业国家中，绝大多数人属于工薪阶层，也就是主要依靠工作而非投资或者其他资产维持生计，并且依赖他人（资产阶级）提供工作机会；这个阶层，还包括依靠就业（而非依赖利息、股利、租金及其他）获取收入的人。因此，它不仅包含了工人和中层阶级，还囊括了许多中上层职业人士。由于包含了工业国家绝大多数的人口，我们可以把这一阶层称为"工薪阶层"或者"工人"。

商人，或者说资产阶级，维持了人们之间的平衡：为工人提供工作，但和投资者一样也只是在有利可图时这么做。这样，工人永远都面临工作的不确定性，短期经济形势的变化就可能减少劳动力需求。根据前面讨论过的原因，即使在经济相对繁荣时期，投资者也会想尽办法将工资占工人创造价值的比重最小化。阶级斗争，从始至终，都源于利益分歧。

进一步而言，所有者凭借的组织生产的资本所有权，除了用于支付工资，还将用于改善工作条件。由此形成的工作条件，经济学家冷静地称之为"指挥工作场所"。这些当然是为了工人的工作效率最大化而设计的，而不是为了舒适、宽敞甚至安全。只有在为了提高工作效率或者竞争激烈时可以招到更多的工人，他们才会在工作环境改善上做出让步。同样，投资者和工人之间也呈现不可避免的冲突，前者将工人当作谋利的工具，而后者自然更倾向于关注自身的福利。

对于上述的冲突，工人和雇主都希望达成协议。在与工人的斗争中，资本家明显处于主导地位——正如我们所见，资本主义体系之所以能够也只能如此就是因为这种权力的不对称——在斗争中，他们还拥有足以操控政府的结构性优势。一方面，资本家所占有的财富可以使其慷慨资助与其利益一致的党派和候选人；另一方面，资本家一个非常重要的优势来自他们对经济的掌控权，当政府行为损害商人利益时，他们就会通过资本运作惩罚政府。Lindblom（1977）将这种状况称为"商人的特权"，然而其他学者更明确地将国家对资本的依赖称为"结构依赖"。简而言之，那意味着：政府政策朝工人的利益倾斜势必损害商人的获利能力（如压榨工人剩余价值），而这些精明的个人投资者，对个人收益计算得清清楚楚，一旦他们的利益受损，资本将流出这个国家，造成经济衰退，转而给受政策保护的工人带来高昂的成本，主要表现形式就是失业、工作小时减少，以及工作效率下降。考虑到公民（无法追究投资者的责任）自然地趋向于问责理应对公众负责的政府这一权威机构，对于糟糕的经济发展表现，公民的反应自然是降低对政府的支持。而政府必须要么撤销困扰投资者（以"恢复信心"）的公共政策，要么将在下次选举中面临选民的愤怒。因为这一切不存在投资者群体的协调策略或者有意识的图谋,所以Lindblom将这种现象称为市场经济下资本家保护自身利益的"自动惩罚机制",即通过市场经济所有者的身份保护自己。在见证了市场是"怎样变成了对工人来说像监狱一样,为了生存,工人必须像商品一样表现"之后(Esping-Andersen 1990:36),我们发现,像Lindblom所说的那样,市场也往往趋向于通过这种自动惩罚机制来"囚禁公共政策"。

然而,商业地位被给予特权的这个事实,并不能说明它是不容置疑或总是占优势的。虽然资本必须处于统治地位,否则资本主义显然会不复存在,但是就像Lindblom自己很快承认的那样,商业利益使得工人处于从属地位的程度仍然存在一个可能的范围。这个结论为大量有关阶级动员(或力量源泉)的国家理论的理论和实证证据所支持(例如,Korpi,1983)。在未深究模型中比Lindblom直观的"撤资"模型更理论化和更复杂化的细节时,这种解释强调了工人阶级的能力。广义地解释,就是这种能力是当工人组成一个阶级时,部分地克服了资本在议会程序中所享有的固有优势。实际上,工人阶级有效地组织起来可以降低商人对工人的结构性优势,并由此增强工人在政治上的谈判能力。工会组织使得工人在与雇主特定斗争中的地位得以提升(更为生动的总结请参考Huber and Stephens,2001:337—345)。

劳工组织,同时在工作场所和政治层面上影响着工人与雇主之间的权力关系。组织的优势,乍看之下很容易被辨别。通过组建工会集体谈判,工人改变了工作的整个动态;通过组织,工人通常能够与雇主协商更高的薪水和更好的福利,增强了他们分享剩余价值的权力;工会组织还缓和了工作场所的"命令"性质,工会合同也保证了工人不会被随意解雇(或者受到其他形式的处罚);并且,至少有部分工人认为现行的工作是有组织的、是依照他们的安全和相对期冀的利益规定的。工会向工人提供更好的物质奖励和更多的安全感,更不用说给予他们十分有可能认可的尊重(即在合同中承认工人在企业中拥有话语权而不仅仅是获取报酬权),从而减少了商品化带来的一些直接的有害后果。

组织也为选举政策制定过程中的动员提供了基础。工会从成员中收集会费，会费的一部分用于政治活动。当聚集了一大部分成员的力量时，各自小小的贡献就可以汇聚成大量的货币资金，这种货币资金的作用抵消了系统中商业和富人"投资"的资金。工会因此能够向进步的候选人和党派提供慷慨的捐赠，或者像社会上其他的民主党和工党一样，建立一个属于他们自己的党派。不论哪种情况，他们对财政资源的精心管理都不可避免地增强了他们的政治影响力。反过来，这也许会启动一个良性循环：一旦组织了足够多的工人并确保他们被并入执政联盟，他们也许会利用其政治力量改变控制组织的法律结构，使组织架构更简单，并进一步增加成员数量、增强组织的权力。尤其考虑到大规模的工人运动不仅给他们带来了金钱，还会带来其意识形态上的对手不是很乐意提供的额外资源，工人加入工会组织而引致的一系列变化就更可能出现了。

其中一个变化是大量的潜在选民"军队"，可以依靠他们在投票选举时支持与工人利益相关的党派。与之紧密相联的第二个变化就是一大群具献身意识的积极分子，他们提供了一个理想的竞选活动的志愿者池。在不同的情形下，有组织的工人运动提供"大众的力量"，与商业和富人支持的金钱力量相抗衡。最后也是最重要的，一场强大的工人运动也许会为表面上市场"自然的"规则和市场暗含的工人—雇主关系提供意识形态或知识上的一个选择。所以，从各方面来说，有组织的工人体系总是被其支持者看作"支持社会上非富群体的广泛道义"的体现（Kuttner，1986），它不但维护特定行业中特定工人组织的利益，而且（至少当工人运动强且范围广时）维护普通工人或公民的一般利益。因此，代表了无论有组织与否的"社会非富群体"（或者像北欧国家一样，实际上将从服务工作者到大学教授的整个工薪阶层都组织起来了）工会可以被认为是不亚于人民自己的政治体现。于是，Margaret Levi（2003：45）很好地总结道，有组织的工人被阶级理论家看作"为了实现民主和社会平等最有效的一般工具"。

为此，遵循麦迪逊给出的如此明确表达的、保守又理智的传统，劳工团体的工人，正如任何形式的有组织的公民，当他们形成或代表大多数人时，就会被他们的诋毁者用尖刻无情的话语严厉批评。工会对麦迪逊式的政治手段更准确地说是深恶痛绝的，因为工会机构有可能成为最基础的、最根本的、对所有可能的派别都具有潜在改革能力的机构：大多数收入相对中等的派别，组织起来对抗富人中的少数派别。像所有的派别一样，特别是所有的主要的派别，有组织的工人在这种解释下是对"社会永恒利益"的一个易于察觉的危险，也因此是"专政"的一种形式。出于同样的原因，当代的进步人士和左翼人士，更愿意遵循潘恩而不是麦迪逊的传统，他们将工会明确地看作积极的力量，很可能通过有益于"尽可能使人类生活满足"目标实现的方式来改变世界。

原因很简单，在美国，加入工会的工人比没加入工会的工人明显要挣得多：根据就业部门统计的一系列典型的产业经济学数据，加入工会的工人比没加入工会的同伴多挣15%—28%（Kaplan，2009）。经济学家也领会到，给予加入工会的工人更高的薪水和丰厚的社会福利，最终会转化成给予其他没加入工会的工人更高的薪水。考虑到有工会工人的企业与没有工会工人的企业要为了相同的工人而竞争，一旦工会工人薪水目标达到一定水平（通常是25%—30%），不雇用工会会员的业主发放的薪水和福利就会朝着更高标准提升。因此，工会与最低工资法令一样，以相同的方式促成了更高的工资水准。于是，不只是对加入工会的工人而言，而是对所有人而言，强大的工会就意味着高工资和高福利。

进一步地，与英国和大多数西欧国家一样，在美国，工会运动在形成工作领域中许多我们早已认为理所当然的情景特征中起到了重要作用。例如，每周40小时工作制、禁止使用童工、最低工资制、负责制定并执行工作场所安全法的政府机关的创建，更不用说失业福利、给予工伤人员补偿保险及（尤其）养老金都是福利政府的主要政策。这些法规共同地合并为聘任合同的一般性条款，其中每个人都是通过法律而不是与雇主协商，由工会合同赋予平等代表。

经济学家James Galbraith（引自Kaplan，2009：14）很好地总结了工会化的影响：

> 历史上，工会化基本上创造了中产阶级。第一是源自它对加入工会的工人的薪水和福利的直接影响；第二是源自它对没加入工会的工人的工资的间接影响；第三则是通过工会，影响支持中产阶级的社会机构的创建，像社会保障制度、医疗保障制度、医疗补助制度等，这些都是美国新政和大社会的重要体系。

工会在美国资本主义民主政治中的中心性，显然是《雇员自主选择法案》争论的典型。法案的核心条款是通过成功地获得多数正式地表达拥护创建谈判单位的支持，允许工人获得工会证明，这样就可以将涵盖美国工会的法律向西欧国家甚至加拿大的现存法律靠近。提议的预期结果是，如果法律通过的话，普遍认为加入工会的美国工人的比例将急剧地、大幅度地增长。奥巴马政府执政第一年，就在外界认为法案前景不错的同时，商业群体发动了近三十年以来声势最浩大、最具攻击性的游行示威活动，以阻止法案的实施。如同美国商会代表所解释的，法案的通过将是商业的末日。[12]

根据前述的方式，这种风险是三重的。第一重，工会的激增会使美国经济中加入工会和没加入工会的工人的薪水、工钱及福利大幅地提升，这是以公司盈利为代价的。第二重，会发生一次政治转移。加入工会的工人数量的

---

[12] 同样的逻辑引发了最近在威斯康星州、印第安纳州、俄亥俄州和其他州的共和党治理者对组织工会权利的抨击。在这些努力中，最令人吃惊的是威斯康星州的共和党人不断地强调，他们移除公共部门工会的计划会保留单独对工资问题谈判的一部分剩余权利，仿佛那是现在主要或唯一的事情。工会及其捍卫者快速指出，工会的权利不仅与工资有关，也与来自工会影响日常工作场所运作的权利有关，尤其是与工人在政治斗争舞台继续共同地行动的能力有关。此时，争论的焦点就转为是否拒绝承认工人是一股影响他们日常生活和政治活动的权力资源。

增加意味着工会拥有更多的可分配政治资源，这会转化成对进步候选人更大的财政支持和积极因素，对民主党倾向于左翼形成巨大的系统化压力。共和党领导人毫不避讳地指明，民主党众多资源的联合意味着更好的选举前景，再加上至今不符合共和党意愿的党派运动，会给共和党及其代表的利益团体带来严重打击。最终可能也是最有力的，比其他多数事务都利害攸关的是，对于工作的规则和条件来说，工人与商业面对面的相对权力大小比对薪水和福利的关心还重要。加入工会的工人能够迫使雇主让工作场所更加与人方便（当然便少了一些威严，似乎也不再是纯粹追求"高效"的地方），然后就通过游说，尝试放宽经济的一般标准，将覆盖所有工人的保护条款包括进法律中，就像他们以前经常处理的其他问题那样。正是这种权力的问题促使沃尔玛的首席执行官（是美国本土也是世界上最大的私人雇主之一）告诉金融分析师，他的公司将积极地抗争《雇员自主选择法案》，因为"我们喜欢驾驶车辆，并且除了我们自己，我们不会把方向盘交给其他任何人"（引自Kaplan, 2009）。

工会的作用，总体来说，就是限制人类商品化的程度。正如我们所见的那样，它们的作用是十分直接的，但它们同样影响社会秩序。它们在资本主义民主政治的其他两个基本斗争舞台发挥着作用，制造了更大的非商品化。福利国家的规模或慷慨的行为，以及国家创建限制商业权威和自由裁量权的法规，同时保障着工人的健康和安全；并且更普遍的是，利用人们对工人持续的尊重和工人的尊严夯实常规与习惯。

福利国家

除了有组织自己的权利，没有议题能够分离资本与劳动、雇主与工人之间的利益关系，就如同福利国家的存在与慷慨一样绝对。关于为老人、病患和那些不能找到工作的人设置最低保障工资的冲突是根本的，不仅因为这种机制的存在深深地影响了工人对过上更安全生活的期待，也因为它改变了工人与雇主之间权力的平衡关系。这里既有对盈余部分分配的冲突（例如，工资和福利的设定），也有对国家控制的二阶冲突。

要想知道原因，我们只需回头想象商品化这一现实。工人为了生存，不得不向那些通过控制社会生产方式来掌控他们生存的人出卖劳动力。如我们所看到的那样，一是因为这种依赖性，工人愿意为了永远少于其创造价值的工资而工作，区别就是雇主以利润形式留存的剩余价值的多少；二是因为盈利企业几乎不会出于怜悯而雇用工人，就业是一种理性的行为。当亚当·斯密注意到一家企业只是为了经由工人的工作"创造利润"才雇用他们，而且"除非工人愿意分享他的劳动成果，否则企业没有兴趣雇用他"时，他强调了这种基本常识式的提议（2007：56）。

同样显著的是，理智的工人会同意这种交易只是因为他们必须同意。这里，我再一次引用亚当·斯密的话（2007：56），而他并不会因对资本主义逻辑学的敌意而受到指责。

> 绝大多数工人迫切需要一名指导者，以便改进他们工作的材料、提高他们的工资和加强他们对工作的维护，直到工作完成为止。他（例如，"指导者"或"雇主"）分享工人劳动的成果，分享在生产产品过程中增加的价值；然后，这种分享包含了他的利润。

于是，工人依赖向他们提供工作并从工人创造的价值中寻求利润的资本家。工人之所以同意将其劳动成果与资本家"分享"，是因为他们显然必须这样做（他缺少"资本"或"股份"），要不然他就可以获得其工作的所有成果（2007：56）。

> 的确，这种情形有时候会发生。一名独立的工人拥有足够的股份，既可以购买工作材料，又可以在工作完成之前自给自足。他同时是雇主和工人，而且掌握着自己劳动的整个果实，或者增加到所使用的材料的

价值。这包括两种通常有区别的收益,属于两个有分别的人:一种是股份的收益(例如,资本);另一种是劳动的工资。

这就是资本主义蓬勃发展的原因:如果工人拥有独立的谋生手段,他们就能保留其工作的所有价值;但是,考虑到这种方式的缺失,他们不得不接受较少的报酬。这便是雇主"与工人争议"力量的来源,而且他们通常"占上风"(Smith,2007:57)。如果工人能拥有雇主所享的资本,直接进入生产的两大优势,或者所有权提供的累积财富带来的自主性——工人和雇主之间权利的基础,那么资本主义的本质将发生根本性的改变。

福利国家向工人提供自主的假象,制造出这种动态的变化。假设失业人群,就如他们在美国福利最低的州大致所做的那样,被解雇后享受着至少几个月的保障性收入。甚至更进一步设想,如同其他几乎所有工业民主,一个人有医疗保险且并不严格地与就业绑在一起,失业并不表示失去医疗保险,那么在他或她的财务状况(甚至身体状况)不处于危险的情形下,这样的工人在就业上就不会那么依赖雇主了;至少在一段时间内,这样的工人拥有降低就业率到他认为适当的比率的自由。这样,在福利国家,他或她就不那么商品化了,这意味着对他或她无法控制的人或力量的依赖性减弱了。

这代表了劳动与资本之间权力相对平衡关系的重大转换。资本的力量,拒绝成为工人就业的能力,它们对社会形成较少的直接影响。失去了这样(一些)权力后,资本转过来失去了训练和控制劳动力的(一些)能力。例如,考虑失业保险的后果。首先,在他或她最终会挣得比他或她可能的薪水要多的情形下,我们假设工人不须接受任何薪水的工作,那么这就在不利于雇主而有利于所有工人的情形下支持了工资的一般水平。其次,体系给工人提供的实际利益倾向于将他们与拥护这种方案的工会和政治党派拉近,增强了工人的选举权基础。最后,因为工人在面对失业时会感到相对地安心,或者同样地感到担忧,所以与合作方式相比,他们选择竞争方式的动机较弱。于是,工会的创建就变得更简单,而且一旦成立就会更加团结。比如,工人不会因一定的财务胁迫而放弃罢工，同样，工人很少接受其他公司提供的、试图打击其他罢工工人的工作。

在这种方式下，福利国家不仅对个体工人及其家人来说是安全感的发源地，也是在他们与资本的政治斗争中可以依靠的力量的发源地。如 Esping Andersen（1990：11）所说的，一旦推行福利国家，"（阶级间）的权力平衡就会从根本上发生改变"。鉴于许多社会权利（像失业保险）"降低了工人对市场和雇主的依靠，转变成潜在的力量源"，所以福利国家是"可以渗透进资本主义和社会主义前沿的特洛伊木马"。以这样的方式，"非商品化巩固了工人的地位，削弱了雇主的绝对权威。也正是出于这个原因，雇主总是反对非商品化"（1990：22）。[13]

支持和反对非商品化作为人类幸福的原动力的争论在第 3 章具体讨论。赞成论据的概述已经很明显，即非商品化减弱了工薪人士（包含了绝对多数的公民）对拥有资本阶级提供并设置条件的工作的依赖，从而增强了个体工人（尤其是加入工会的工人）在工资和工作环境问题上的相对谈判能力。它给予了工人对现实的安全感，降低了对失业的担忧，或者预防了失业对一个人及其家庭福祉潜在的灾难性后果。正如 Rothstein（1998）提醒的那样，尽管通过消除一些市场竞争压力，可以增大人与人之间的信任，这十分鼓舞人

---

[13] 值得注意的是，虽然资本可以自然地分享社会保险项目的税收，但显而易见的是，应该不是税收负担增大了他们对福利国家的敌意。在美国和大多数国家，这种项目成本的资金其实是由工人通过工薪扣款和个人所得税来支付的；同时，解雇不会给抗税行动有时所推崇的公司创造巨大的意外收入。相反，正因为没有权力，资本主义的对立面——工人阶级才反对福利国家这一目标，发展中国家不时发生的暴力敌对活动到建立完全私人资助的自助组织、合作社、集体企业就是很好的证据。这也是企业对工会的敌意的主要动力。工会的存在（像我们看到的一样）类似地威胁着企业的权力，因此企业对工人不只作为个体，更作为一个阶级来对待。也就是说，资本有时候也许会默认福利国家项目的创立，特别是（在美国，提供医疗保险得到越来越多的赞同）当国家大部分征税项目的创立也许是他们利益所在的时候（例如，将健康福利作为雇员补助，成本会更少）。类似地，资本在某些情形下或许会同意福利国家的提议，在他们与加入工会的工人谈判地位时，或者被不完全要求市场强制负责的独权郡（如德国俾斯麦）强迫时。

心，但是福利国家也可能影响社会价值和常规。最终，它为工薪阶级提供了强大的资源，用于与资本进行政治斗争，在左翼看来，这为进一步提高普通人民生活质量的其他公共政策的实施开创了前景。政策的主要方面是政治权利的扩张，包括最终涉及的尝试针对公共利益的经济活动制定政治（民主）规章制度的社会权利。

社会权利和市场规范

市场经济的出现，毫无疑问是人类历史上最有利于解放的事件之一。显然，亚当·斯密是市场最初的主要信徒，我们在他对这个制度的欣赏清单中发现了市场经济有可能真正成为一场大变革的事实：不仅因为它自身创造了空前的财富，还因为它解放了禁锢于社会阶级枷锁的个人。对于亚当·斯密来说，市场不只有助于消灭贫穷，甚至更有利于真正意义上的人民解放。同时消灭束缚劳动力与交换的重商主义和封建主义，市场会创造一个更平等的社会，因为这些束缚只是用来维护阶级特权。类似地，建立市场的智慧基础——如我们所见，是依靠根据他们自己的兴趣做出选择的自由公民的想法——会创造出这样的个体：追求自己的兴趣，而不是要么为特权所命令，要么为一个腐败且强权的政府所驱使的自由公民。

这也是马克思的观点，他也认同资本主义对亚当·斯密精密猜想的发展做出了巨大的贡献。《共产党宣言》（Marx and Engels，2005：5）提出，"有产阶级"或拥有资本的阶级"起到了革命性的作用"……它终止了陷入困境的封建的、父权妄想的联系，无情地撕碎了将人类和"天生的上层"联系起来的混杂的封建纽带。再一次回顾亚当·斯密的话，从长远来看，资本主义也应该因结束了封建主义的"懒散怠惰"而被赞美：

> 它（资本主义）首次展示出人类活动所带来的结果。它实现的奇迹远远超过埃及金字塔、罗马水道和哥特大教堂的影响；它进行的探险让

所有移居国外的人和参加革命的人相形见绌……它创建了巨大的城市，与农村相比，城市人口大大地增加了，因此从农村愚昧的生活中解救了相当一部分人……（它）创造了比之前历代创造的总和更大规模和更多的生产力量。

因此，亚当·斯密、马克思、左翼和右翼当代理论家存在分歧的地方与市场的积极方面无关，他们都认同市场代表并推进了人类发展，他们的分歧在于：自由平等的进步和市场社会创造的生活水平是否应该被视作最终状态，还是仅仅被看作进一步推进的跳板。对于现代市场保守的捍卫者来说，它的优势等同于"历史的终结"（Fukuyama，1992）。对于左翼自由评论家来说，市场的确终结了一个特定阶级的特权，但这是以创造另一个阶级特权为代价。我们一直在考察的社会民主项目，是因工人的支持和福利政府的创建而形成的，被它的拥护者认为是通过提供给将在自由、平等和生活水平中处于相对不利地位的阶级中的个体来缓和市场的负面影响。总体上，与自由主义有关的权利制度是否足够的问题，或者权利的边界是否应该延伸到所谓的"公民权"或"社会权"的问题，都处于危险中。在后续章节，我们根据经验考证哪一种方法看起来更有利于"大多数人的最大幸福"这个问题。目前而言，我们只需解释这些权利的外延含义。

如 Marshall（1950）明确地表达的那样，社会权利的想法是基于个体有权受到社会保护这样的假设，因为他们是那个社会的成员——公民，而不是因为他们有能力将保护当作商品购买。举个例子来说，每个人都毫无争议地拥有"生活和自由的权利"，无论他们有没有能力购买。于是，警察在同意保护一个人前不会索要他们的银行卡号；同样，公立学校平等地将教育作为免费、通用的服务提供给公民。个人也有享受其他服务的权利，如医疗护理、住房供给；或者，当一个人不是因自己的过错而找不到工作时，获得一份足以维持生计的收入。社会民主主义者希望扩大权利概念以包含这些项目，然而自由主义者或现代保守主义者却并不这样希望。

从目的来说，我们也许会这样追问：假如认同我们拥有的不仅包括生活权和自由权，还包括"追求幸福权"的"不可剥夺的权利"，我们也许不会最终认为应包括医疗护理、教育、住房等权利，因为这假定了社会具备使所有人享有这些权利的资源。社会试图向所有人提供安全保障，这与警察机关不限于向那些有支付能力的人提供服务是同样的方式吗？在《人权论》中，潘恩号召政府将公民的安居乐业作为自己的目标，这也是麦迪逊在其有限范围内对政府的看法的对立面。对权利解释的区别如果被过度地简化，就提供了对当代左翼与右翼之间区别的便捷总结。

社会权利的思想正好把现代传统人士与左翼（或者革新政府派）人士之间的根本区别展示给我们。最根本地，其问题是政府能否在积极地提升社会价值和增强人类尊严方面起到作用；或不论出于怎样的善意的尝试，这些是否与那些善意的尝试产生了对立的结果。换句话说，我们也许可以自信地推断，所有怀抱善意的人不论是对左翼还是对右翼在意识形态上的倾向，都会把个人尊严视为重要的目标，都相信政府应该行动起来捍卫个人尊严；而且，他们有不同意见的地方正是实现目标的手段。对于右翼来说，个人尊严最好由有限政府实现，因为有限政府将收入和其他社会需求的提议交付给有效的私人经济和从属于非政府的企业活动者（比如，教堂和慈善组织）。这样看来，政府入侵是阻碍了而不是提高了人类尊严。相反，对于左翼来说，政府有责任拥有必要的潜在资源，以便可以通过明显地、精准地干预市场的手段来保证人类的尊严。因为从逻辑上来说，无论它具有多么值得赞扬的特征，市场都不会对尊严或福利发生任何兴趣。如 Robert Lane（1978）观察的那样，"市场对个人命运漠不关心"，所以在左翼眼中，终归是人类力量自身而不是盲目又无法控制的市场力量，确保向公民提供利益。

左翼计划如何做呢？比之前讨论的工会和福利政府更好的答案是：重点管制劳动力市场，大致管制经济市场。从这种意识形态的有利点来说，人类幸福最好通过个人对社会做出明确承诺而达到。也就是说，经由个人内在价值到社会认同价值的自觉提升达到。因此，对于左翼来说，不止具备市场

"效率"作为社会政策的指南针是很有必要的，而且冗余的中年工人、大多数底层人民和前途渺茫的年轻人更需要从社会中、而非从"有效地"分配给他们的边缘生活机遇与不值得羡慕的环境中得到半真半假的安慰。在小说家 Wendell Berry 的构想中，"老鼠和蟑螂在供需法则下为生存而竞争；在公正和仁慈法则下，生存是人类的荣幸"。在社会民主主义者眼里，他们不只需要物质帮助以改善环境、增加机会，还需要社会道德以保证不会被抛弃、不会受人蔑视。于是，人们生活和工作的经济舞台的规则便是，保证人被当作"人"来对待。最明显的方法，就是"带着公正与仁慈"，而不只是被当作匿名的、抽象的、在社会上没有道义主张的"市场参与者"。正是从这条观点中，左翼的目标变为让社会利益控制市场，而不是让市场控制社会。

右翼一般不愿意承认这种道德优势，右翼也的确有能力提出一个理论上一致的争议，特别是对亚当·斯密"看不见的手"和哈耶克（Hayek）"自生自发秩序"的引用，其中像公正和仁慈这种的概念，的确由"感觉"而不是管制市场提供最好。[14] 他们颠倒了争论的天平，认为社会最好通过解放市场来提供，这样就可以使个体自由。左翼认为经济法规和管理是经由"制服"市场共同地授权予公民，右翼却反对经济法规和管理这种手段。因为"制服"或"征服"市场意味着征服个体，不然这些个体就会在自由市场做出自由选择，所以在后续章节，我们尝试为解释这些看起来无法解决的哲学争论提供经验回答。但是在这样做之前，有必要简单回顾有关市场法规的性质。

对于工人来说，最直接、重要的性质涉及劳动力市场。工人所关心的事项的优秀经验总结可以在保守智囊团的著作中找到，如 Heritage 基金会（Heritage Foundation）或 Fraser 研究所（Fraser Institute），它们试图在全世界的范围内测量"经济自由度"。当然，它们从资本意识形态的优势定义"自由

---

[14] 尽管如此，但右翼的杰出领导人有时也的确会提出极端的观点。如 Margaret Thatcher 被多次引用的观点，实际上"没有社会这回事"。这似乎否认了公益这个概念的有效性，并嘲讽左翼"幼稚"地试图去追求它。她的反对者毫不避讳地指明，这不过是从现在到社会达尔文主义的一小步。

度",但是其工作议程缺少规则。如一位经济学家所观察到的,这些指数测量的是被政府政策、规则或实践相对地解开束缚的"私人企业和投资者"的多少(Stanford,1999)。因此,思考在劳动力市场规则下的商业议程是有启发性的,但阐明的却是工人利益的对立面。

在 Heritage 基金会设定的经济自由度指数(2008:53—55)中,研究者提出了关于一个国家法律体系的四个重要组成部分的建议:其一,假设一个国家有最低工资制度的话,最低工资的标准是多少;其二,规定雇员强制工作时间的法律与规定的"严格程度";其三,"裁减过多雇员的难度";其四,"裁减过多雇员的成本"。这些是有关工人与雇主的利益分歧的中心问题;而且在这层意义上,这些指数很好地展示了阶级斗争是怎样进行的,以及在决定是否和如何立法时政治党派可以利用的迥异的政策选择。[15]

逐一考察每一个因素,工会总是喜欢更高的最低工资标准,同时企业不断地反对它们。在 Heritage 基金会所设定指数的其他领域,相同的利益冲突更加明显。例如(作为侵犯自由的例子),在考虑工作时间的"严格程度"时,指数的构建者考虑了对夜晚和周末工作是否有法律限制,一周工作能否超过 40 个小时,每年大多数的工薪假期是否可以工作。有必要进一步了解左翼和右翼实现工人权利的方法的区别吗?希望这样做的怀疑者也许会从余下部分中得到满足,因为在思考"裁员的难度"时,我们就开始探讨,雇主是否拥有有效地解雇工人的合法权利,或者那种行为是否需要通过政府或第三方党派(如工会)认证。

在什么水平下,与保护工人不被随意解雇的法律的存在相比,工人与雇主的利益能够更接近?在考察雇主被这些法规解开束缚的程度之后,Heritage 基金会报告了转向解雇工人的成本,探究"法律委托的通知期限、强制的离

---

[15] 在选择清单中明显缺失的是,对于女性来说特别重要的工作场所法规(如家务假、性骚扰、合法规定同工同酬)。这些法规通常被工会(尽管必须承认,不是持续的)和左翼的/自由的政党支持,(持续地)被企业和保守者反对。

职费和雇主在裁员时必须支付的罚金"。在这其中，我们当然很容易理解，工人更喜欢什么，而企业为什么不喜欢。

同样，至少仅凭直觉，什么类型的法规最有可能有利于个人尊严，这是比较明显的。当雇主无意识地付给工人较低工资，让工人超时工作，否认工人的带薪假期，或者无缘无故、无通知、无补偿地解雇工人时，法律保护了他们。这时，工人最有可能感受到的是，他们获得所工作和生活的社会的尊重。从服务员、看门人到经理、行政人员，这些法规适用于大部分人，特别是当规定的好处（例如，根据法律，所有人有3—4周的带薪假期）较多时。当然，从长远来看，这些法规也完全有可能产生更多的负面结果，要么是阻碍了经济，要么甚至是无意识地使个体受到政府法规和官僚主义支配而减少了他们的自由。这是我们在后续章节要谈及的经验主义议题。

法规涉及对消费者的保护。企业天生地更喜欢不会为了消费者的利益而被管制；同样，企业更喜欢不会为了工人而被管制，因为这限制了企业的自由裁量权并增加了成本。于是自然地可以理解为，企业的偏好与之（或者更现实的，条款的增加或强制执行）相反，因为这样限制了逐利企业通过外部效应把成本（如污染）强加于社会的能力。企业也对致力于保证公众得到安全、质量有保障的商品和服务的法律怀有敌意，因为这些商品和服务反过来要求在对工人安全的场所生产。在消费者保护条款的强制要求下，我们还应该关注政府针对国家经济和金融体系的法规。Heritage基金会又一次向我们提供了所涉及的便利总结。在其研究的评价部分，在与"政府对金融体系管制的程度，政府干涉银行和其他金融服务的程度，开放和运营其他金融服务企业的难度，政府对信贷资源配置的影响"相反的领域，"经济自由度"更弱了。至少，2008年开始的世界经济危机是这些不足的法规促成的，特别是美国，强调了这些问题与普通人生活的关联。

小结

市场经济是人类最伟大的成就之一。同时,成也萧何,败也萧何,市场经济也给社会带来了大量的物质和心理成本,而这些成本就像市场所带来的收益一样,分布不均。正如本章所讨论的,市场社会也是一个阶级社会——经济系统赋予某一阶级的特权是通过压制其他阶级、使其商品化而实现的。作为激发代议制民主系统中实现传统政治的动力机制,阶级冲突基本的问题是——能否限制或在多大程度上限制商品化,也就是市场在多大程度上影响人们的生活机会。

组织工人加入工会,创建福利制度,以及意在保护工人健康、安全和普通人尊严的公共政策体系,都是民众能够限制市场对其生活影响程度的机制。这些政策干预是提高了民众福利,还是仅仅简单地影响了市场产生伤害的效率,这是本书意图回答的一个实验问题。

03

民众或市场参与者

在对左翼和右翼的经济与社会政策对人类幸福的影响进行实证研究之前，首先厘清意识形态两极之间的分歧是十分必要的；这一诉求反过来也要求对保守主义者与自由主义者的经由行政手段支配或取代市场的企图所产生的争论进行评价。显而易见，深层的矛盾围绕着统治权究竟应该存于何处：是自由个体自由选择的自我调节市场，还是通过自由政治竞争产生的权威性分配的民主进程。

市场理论的支持者

关于市场经济的大争论

市场经济是一个既成事实。在经济学领域，市场理论压倒性的地位使得普通民众往往用一种与市场原则一致的眼光去理解世界，由此导致了一种把我们身边的市场结果看作自然法则一部分的趋势。照此说来，作为某种自然法则，它值得受尊重，乃至被崇拜。我们习惯于把自由市场当作一种社会常态，以至于举证责任仿佛应该由那些倡导变革或"干预"市场所提供自然法则的人承当。于是，支持市场理论的论据通常采取质疑那些反对论据的方法，凭借无罪推定效应，让市场理论得以高枕无忧。目前，我们对种种此类的论据进行了研究；与此同时，我们也认为真正开始思考市场理论的理性论据也许会大有裨益。

大争论的基础建立在经济"效率"的观点上。"效率"一词的意思其实有几分灵活，在不同的语境中往往有不同的解释，但从其根本而言，它就是表示在没有其他的生产流程或方式能使用同样多的资源生产出更多产品的情形下，相同条件下产量最大的生产流程或方式就是有效率的。市场经济被广泛认为是最有效率的。也就是说，在同样的人力、物力条件下，市场经济可以创造最大可能的经济产出。这也是支持市场理论的最主要论据，即相比其他方式而言，市场可以使效益最大化，能使所有人的可能利益更多。

对于效率，还有另一个更具体的解释，更常见于将市场当作一个经济组织的一般方法的学术讨论中，即帕累托效率，又称帕累托最优。例如，当考虑社会如何分配"商品"——这里指一切能够提供实用的东西（比如收入或医疗保障）时在一系列对个体的分配——包括"一整套谁生产了什么和谁消费了什么的详细说明"（简单易懂而严谨专业的论述请参考 Dasgupta，1997：82）中，我们把任何使至少一个人的处境更好的同时不会使其他人的处境（根据他们的自身偏好）更糟的变化称为帕累托改进，把无法进一步提升（最优）的整体配置称为帕累托效率。

在一系列限制性极强的理论假设下，经济学家口中的福利经济学第一基本定理，一个竞争（自由）市场产生帕累托效率的产出可以从数学上得到严格证明（Lange，1942）。这一结论反过来又被看作亚当·斯密所说的"看不见的手"理论严密的证据：别干扰市场，它自己就能产生帕累托效率；无论多好的市场干预，都只会导致市场"扭曲"，从而使社会失去效率均衡。于是，市场又一次受到赞颂，因为它使人们的富裕程度最大化，而且其条件是这一行为不能够使任何其他人的利益受到损害。然而，市场的缺陷在于它不能保证分配公平。我们会发现，效率最大化的结果并不一定是多数人所认为的公正结果。

弗里德里希·冯·哈耶克（Friedrich von Hayek）高调公开表明要保护高效率的自由市场，反对经由"社会干预"影响市场的同时又兼顾公平问题的经济学家。撒切尔夫人曾在一次政治活动上愤怒地挥舞着他的《自由秩序原理》（*The Constitution of Liberty*）（1960），说道："这才是我们的信仰。"这一被后世视为传奇的故事使他成为市场原教旨主义者的最佳代言人。在经济理论层面，尽管哈耶克认为计划经济是注定要失败的，但他仍然强调再分配的必要性，因为我们无法获取能够有助于取得成功的全部必要信息。哈耶克没有深究那些晦涩的理论问题（有关经济核算）的细节，他坚信只有非集权化的市场才可以将市场参与者日复一日做出的数不清的决策聚集起来，从而提供有助于达到资源有效配置的必要信息。任何试图控制市场的尝试（比如，以重税赋养活福利国家的行为），都会像《通往奴役之路》（*The Road to Serfdom*）（1944）里所说的那样，导致国家机器利用这些资源控制而非服务社会。因此，即便是最乐观的估计，试图对市场进行政治控制的尝试也会导致并只会导致无效率产出，因为掌权者希望通过控制来达成目标，而这种控制缺乏足够的信息支持。在最坏的情形下，当那些掌权者利用手中的权力去征服社会时，这种尝试有可能孕育出一个"极权主义者"。我们唯一希望的就是能够避免《致命的自负》（*The Fatal Conceit*）（1988）里出现的那种情境，即在这些企图让全人类付出巨大代价的行为之后，公众成功地经由"社会干预"将集体意志强加于经济（继而是整个世界）之上，而这一结果只有依赖于市场的自发秩序才能达成。

综上所述，我们在哈耶克的理论中看到了支持市场理论、反对福利国家和其他社会民主主义体系的标准论点的中心线索。从广泛意义上说，市场干预将不可避免地导致社会无效率。也就是说，在同样的资源条件下，它将降低社会产能。从可能产生的损害来看，经济增长也许会由此停滞；按照狭义的帕累托最优理论来说，这些"反市场"的干预同时也阻止了效率的增长。按照这些说法，自由主义者期盼的再分配显然只能从他人那里巧取豪夺才能够实现。尽管哈耶克会拒绝这种对比，但它或许是我们目前已经遭遇的提取盈余政策的等价物，即强制性地没收他人财富。目前这一政策的受害者只是拥有资本的阶级，然而市场在另一方面已给予他们优待。由此可见，福利国家本身就是一种披着不同形式外衣的"盗贼统治"。

按照这种观点，自由主义者吹捧国家力量，但国家不可能拥有足够的运用这一力量的知识，而且无论如何也不能相信国家会使用这些知识。如此便会导致"意外后果"的出现，而这样的后果（例如，通货膨胀率和失业率上升）是政府监管很难预见或控制的。这些后果对国民幸福感的负面影响远远超过对劳动者的正面影响。当政府的权力变大时，越来越多的社会活动就会进入政府的管辖范围，人们的生活将逐渐被国家官僚机构入侵和奴役，我们的生活被这个机构监管的程度将越来越深。企业家在企业管理和员工薪酬方面的私人决策，也就是商业自由，也将遭到政府监管的威胁。更具威胁性的是自由主义者所倡导的工会，因为这些组织的本质就是强制性，既是对组织声称代表的工人的强制，也是对组织期望经由集体谈判来勒索的雇主（企业家）的强制（协议加价）。

反对福利国家的争论

其他支持市场理论的争论，无非是诸如老一套的对质疑市场观点的申斥和苛责，在这些声音中，对福利国家理论的攻击往往是最频繁的。现在，我们深入了解什么是前文提到的经济产生的"意外后果"。

福利国家，与其他任何一种需要大量公共支出的国家政策一样，对经济增长是不利的。对于新自由主义经济学家以及那些对他们亦步亦趋的公共知识分子来说，由于政府不能像市场那样有效率地消费，因此大量公共开支对经济只会有害而无利并且损害所有人的财富。这一观点，如同他们的信仰一般重要。然而，这一观点的问题在于，实证研究中几乎没有找到任何可以支持它的证据（更多论述与研究请参考 Atkinson，1999；Lindert，2004）。在最近一本很有影响力的著作中，诺贝尔奖得主道格拉斯·诺斯（Douglass North，合著者为 John Wallis 和 Barry Weingast）证明了高税收和大量公共开支并不会影响经济表现（North，Wallis，and Weingast，2009）。因为公共开支会同时产生公共财产，尽管这些公共财产有助于市场经济的有效运行，但是市场本身并不能产生它。正如诺斯等人所言，公共开支不仅包括基础设施建设，更重要的是，它还包括了社会保险计划和类似的公共服务。这些公共服务既有益于消费者，也有益于生产者的健康、生产效率和幸福感。确实，我们有足够的理由认为社会民主模式对经济繁荣是利大于弊的，因为它减少了分配不均，从而减轻了分配不均可能引发的社会病态（Pontusson，2005）。这一观点可以由一个简单的事实反映出来，瑞典政治学家Rothstein（2010）挖苦般地指出："当世界经济论坛（最重要的国际商业组织）对全世界的国家进行经济竞争力排名时，那些高公共开支的北欧国家总是名列前茅。"这一绝对的事实至少证明了，对所有人慷慨且一视同仁的福利国家与繁荣而有活力的市场经济是互不矛盾的。

福利国家直接损害的其实是那些它想要帮助的人。这个看法是由查尔斯·穆雷（Charles Murray）在他那本宣扬里根主义的典型著作 *Losing Ground*（1984）中提出并得到普及的；阿尔伯特·赫希曼（Albert Hirchman）在他的著作《反动的修辞》（*The Rhetoric of Reaction*，1991）中把福利国家当作一种源于19世纪的普遍"观念"现象进行分析。这个看法也被广泛地称为"反常论点"，即为了减轻市场带来的问题，福利国家创造了某种"激励倒错"，从而导致个体做出有自毁倾向及不道德的举动。因此，穆雷认为，尽管比起大多数工业国家，美国的福利制度已经足够保守了，但仍然导致人们不愿通过工作来改善生活质量，也不愿负起责任，以至于给他们自己、他们的家庭和社会带来巨大损失。

福利制度也阻碍了贫困人群的婚姻。因为当制度鼓励未婚母亲多生孩子以争取更多的福利金时，婚姻则成为一桩不划算的买卖。穆雷还提出，收入补贴计划本身就是导致贫穷的一大原因，因为它摧毁了勤奋工作和自力更生的道德原则，人们因之而变得好逸恶劳、不负责任。这些政策的问题，他认为不只是因为它们过于慷慨，而是因为它们并没有给救济对象带来足够的"羞耻感"。这种制度鼓励其救济对象把自己看作无可责备且无能为力的受害者，把一切都归咎于命运不幸。这种情况被穆雷称为"依赖文化"，其害处不仅在于它带来的物质损失，更在于它会从道德上腐蚀身处其中的个体。因此，福利国家制度会带来极大的危害，对那些辛勤工作却要背负该制度形成的沉重税赋的中产阶级来说是如此，对穷人和失业者来说也是如此。[1]

Somers and Block（2005）记录了对社会政策这个议题长久以来的争论史。他们把记录的重心放在英美世界中对福利公共供应最成功的两次攻击上，即美国1996年《个人责任与工作机会和解法案》的实施和英国臭名昭著的《1834年新济贫法》的通过。前者实现了穆雷终止美国当时最主要的反贫困项目（抚育未成年儿童家庭援助项目）的一大心愿；后者与前者一样，改变了之前（相对）慷慨的方式，更替为一种远为苛刻的济贫系统。赫希曼所提到、穆雷所例证的那种动力，在这两件典型案例中得到了发挥。正如Somers and Block（2005：260）所说，贫困和失业是市场体系副作用的老一套说法已经被淘汰，因为"真正的问题在于福利的激励倒错对贫困阶级自身的腐化，导致他们行为不检点、拒绝承担责任并养成长期依赖的习惯"。这样看来，目前人们所说的福利国家制度给社会带来的三大弊病为：懒惰、私生子及堕落。由此可见，公共福利项目遭到反对不只是因为它对宏观经济的不利影响，或者实施它所导致的官僚政治对公众生活的入侵，而是因为它本质上损害了那些它希望帮助的人的利益。[2]

---

[1] 这一论点还有一个在经济学理论中更根深蒂固的详细版本。它的主要关注点是失业救济金，并认为失业救济金会给求职者带来激励倒错，导致他们宁愿失业在家。总体上，这一政策只会恶化失业状况。Pollmann-Schult and Büchel（2005）对这个问题进行了全面的研究。

[2] 这些论述的真实性很难予以衡量，他们的某些主张（比如，福利国家制度会导致"腐化堕落"的这一观点）因过于模糊而缺乏可证伪性。然而，经过同行审阅的众多文献一致认为穆雷的许多观点（Murray，1984）空洞而贫乏，而且社会福利项目要么加剧贫穷（根据倒错理论）、要么无法减轻贫穷（出于种种原因）的理论同样也没有得到文献支持，其实在某种意义上肯定了福利项目可以减轻贫穷程度的常识性看法。更重要的是，根据造成贫困的国际可比较标准抑或某个国家的消耗定额的相对标准，这一看法得到数据的支持。

福利国家制度使其他对人类福祉至关重要的机构失效了。至今为止，我们研究过的针对传统自由主义政治纲领的论点都建立在去商品化这个核心概念上，即便人们减轻对市场的依赖。这其中的一个原因是，市场对经济和人的自由都有负面影响，或者说市场会促进不道德行为。还有一种对于福利国家制度更有趣、在理论上更具挑战性的批评论调。它避免了争论削减人类劳动（乃至人类本身）的纯粹商品化程度的内在价值与合理性，拒绝与因给予老年人、病患和失业者最低收入而减少对这些人产生的损害这一观点进行争论，从而回避了否定诸如穆雷和撒切尔夫人的那些过分简化且逻辑不清的观点。在这种论证思维下，我们不在去商品化的有利之处上争论，而仅仅围绕使国家成为福利的主要提供者这一观点说事。而且，对于非政府提供者较为理想这一观点的争论，不是归因于国家的某些不明动机，或者指责社会不能够承受帮助弱势群体的代价，而是宣称由政府管理和投资的社会福利项目倾向于削弱去商品化的传统非政府发起者（家族和教会）的重要性。

在现代福利国家制度之前，去商品化是由家族和教会开展的，它们竭尽其有限的能力帮助弱势群体。诚然，这些机构提供的社会支持不稳定且水平较低，但它们为社会提供了情感上与精神上的支持，这显然超过了只是物质供应所带来的好处。由于提供社会支持并不是这些机构存在的原本目的——我们并没有强迫家族或者教会照顾那些需要帮助的人，它们出于慈善之心自觉地承担了这一责任，因此尽管这种动机十分高尚，但是这种方式并不能完全满足人们的需求，于是催生了一种专为帮助弱势群体的机制的出现。这种机制并不是把这一事业当作慈善，而是把它当作社会权利，这就是福利国家制度。随着福利国家制度的发展，它代替了家族和教会，成为去商品化的核心提供者，并随之降低了那些机构的社会关联度。可以认为，这些机构与人们生活关联度的减弱对社会有着不利影响，这体现在人们突然间很难找到生活意义之所在。

此逻辑链并不复杂。如果把家族和教会理解为社会控制机构，那么这种逻辑关系将更加清晰：收留穷亲戚的家族长者通过此举巩固了他的家长地位，那些在他羽翼下受到保护的人不仅要做到感激涕零，还要臣服于他的权威；出于同样的动机，教会通过为弱势群体提供照顾来巩固乃至提升自身的社会地位是完全合乎理性的选择。尽管家族和教会的慈善动机都是不纯正的——它既蕴含着纯粹的助困济贫之心也存在着同样可敬的世俗追求，但认为它们所提供的福利救济包含某种由冷酷无情的国家官僚施舍的冷冰冰的铜板所不具有的特性这种看法也不是大错特错的。因此，这种观点认为，福利国家制度诚然给贫困阶层提供了更大的经济支持，并且这种支持是通过更公平、更稳定且更易预测的方式分配的，但是这种支持的质量与传统提供者所提供的支持相比，显得如此不同且质量较低。正如 Ruut Veenhoven（2000）对这个问题所进行的论述：福利国家制度的净效应是相互抵消的，它实现的去商品化的总量越大，去商品化的质量就越低。

由于过于简单，这个论点显得不那么有说服力。它建立在承认国家在满足人们需求方面确实比家族和教会做得更好这一前提下，但这一前提几乎是毫无争议的，因为国家拥有的财政和管理资源远远超出其竞争者的能力。理性的主体更倾向于根据法律，要求获得持续提供的、更多的福利，而不是作为慈善而给予的较少的利益，尤其是这类慈善机构还可能会使受救济者觉得对救济者有所亏欠。出于这些原因，福利国家制度可能会彻底"封杀"家族和教会扮演物质福利提供者的角色。因此，假如我们接受了这个观点——决定幸福的最重要因素是一个人的客观条件（在第4章详细讨论），那么按理说福利国家制度应该能够给人类带来更多的幸福。

然而，由于是建立在义务问题的基础上，这一逻辑推理中存在一个更大的争论。它的重点不在于家族和教会如何在数量上提供更多的支持，而在于当它们之前所提供的福利被国家取代时，这些机构会面临怎样的后果。这些后果并不难想象：由于家族和教会对个体的心理与情感的统治地位是通过成为普通人唯一可能的资金保障提供者而得来的，因此在这一地位被剥夺时，它们就不再显得那么重要了。当人们不再需要为物质需求而依赖家族和教会时，它们之间在其他方面的联系也不再那么紧密了。[3] 但是，我们有充分的证据证明，家族和教会所提供的那种社会联系是与幸福紧密相关的（Lane，2000；Putnam and Campbell，2010），所以这些机构的社会重要性下降很可能导致社会总体幸福水平的下降。这可能是基于福利国家制度可能带来有害"意外后果"的说法中，关于这一论点最重要、理论上最可信的论据。[4]

当然，问题在于这些过程所带来的影响之间的平衡。尽管福利国家提高了生活水准、降低了不安全感，但这是以削弱社会连结度的重要性和有效性为代价的。福利国家最终能否对人类幸福产生正面影响，取决于它带来的好处和弊端各自占全部影响的大小。[5]

社会民主的捍卫者

要证明社会民主比纯粹市场方式更能使人类财富最大化，首先要做的就是依据效率理论的论点提出批判，因为效率正是市场主义的根基。

对市场效率的批判

认为市场是有效率的而把市场捧为人类未来的应许之地的行为是非常不

---

[3] 关于宗教信仰和福利国家制度之间的关系，以及福利国家制度确实减少了宗教活动的充分实证研究，可以参考 Gill and Lundsgaarde（2004）。

[4] 同样的论点也适用于工会。工会是个体工作（工作消耗了个体大部分的生命能量）和财富保障的中心点，因此它也成为个体的情感中心点。工会成功地成为一个共济会式的慈善互助会，就这一点来说，它也被看作给成员提供来自市场的保护和情感支持的来源，因此必然会减少其成员对家族和教会的贡献。换句话说，工会可能使社会关联从大家族和教会转移到工友之间。其实，很难界定究竟哪一方对心理健康更有益，但由于家族和教会能够更好地提供心理健康，因此工会会减少幸福，如同福利国家制度。

[5] 值得一提的是市场本身在很大程度上也削弱了大家族和教会的重要性。亚当·斯密认为，正是市场催生了利己主义者——理性的效用最大化者，对他们来说，家族和宗教很可能不过是一种感情用事的行为。对此，马克思提出了著名的观点：资本主义使"人与人之间只剩下赤裸裸的利害关系和冷酷无情的现金交易，除此以外别无一物"。因此，呼吁保护家族和教会的地位以支持市场制度明显是很古怪的行径。

明智的。我们认为以下两个条件都站不住脚：其一，事实上，市场并不总是有效率的；其二，效率并不是一个合适的评判标准。

经济学中关于市场失灵（市场无法提供有效的帕雷托最优安排）的研究由来已久。这类文献太长且繁杂，我们无意在此进行系统的综述；但是，以公共物品、不完全竞争、外部效应、名副其实的海量信息和理性问题为形式的概述，却又为人所熟知（请参考 Dutt and Wilber，2010）。这项工作大部分集中于为这些"失灵"——一般指政府（政治上）对经济的干预——提供"解决方案"。当然原则上，对人类福祉而言，左翼自由主义方法正是建立在政府干预的基础上。如果认为有效市场充斥着市场失灵，需要政府干预进行操控，那么除了对干预主体的争论，再没有什么能够区别左翼和右翼。

在这种理论下，如果我们承认必须对经济进行干预以纠正它的"失灵"，那么剩下的就是有关失灵构成的争论。例如，假设我们必须通过干预来挽救金融市场（经济大衰退开始，整个工业民主国家经常做的一些事和巨大的公共支出），那么在不同的情形下，是否也可以通过干预来缓解失业？这究竟是道德原因还是纯粹的经济问题（刺激增长）？显而易见，这个观点不需要过多的阐释，因为它显然没有被美国、希腊、爱尔兰、西班牙、葡萄牙和其他国家的人们遗忘，这些国家的政府已经动用公共财政向私人银行提供了巨大的紧急财政援助，然而同时也使失业猛增。

在相关的例子中，"市场失灵"的程度是惊人的。2008 年年初，仅仅对美国 TARP 银行的紧急财政援助就花费了 7 000 亿美元，这个数额等价于荷兰的国民生产总值。但是，例外论不应该掩盖在更加正常的经济状况下更加传统的市场失灵的普遍性。这当然是植根于当代学术界对市场的理解，它指出了一个事实：市场经济一般难以达到甚至接近它们的保护者所坚持的正当理由的效率标准。不论在什么情形下，我们都不能忽视具有巨大影响力的格林沃尔德—斯蒂格利茨定理（Greenwald and Stiglitz，1986），这个定理证实无论市场是不完善的抑或信息是不完美的（在几乎所有的经济学定理中都成立），市场都是不完全帕累托有效的。大量的后续研究也验证了这种看法，并且大多数经济学家已经广泛接受这个观点。正是因为完成了体现在 *Whither Socialism*？（1994）中的研究项目，斯蒂格利茨获得了2001年诺贝尔经济学奖。其成果的核心内涵是与效率标准相对的市场失灵也是标准，因此政府对经济的干预才会成为被需要的朋友，而不是无情的敌人。

不论这些发现对于社会科学学术来说有多么重要，它们却并没有在一定程度上产生适当的影响，右翼（尤其在美国，它以最狠毒的反智形式而存在）继续以论证效率作为信仰的虚拟物品（市场原教旨主义），因此不受从经济科学角度对其缺点详细解释的影响。例如，仅仅因为经济学家评判哈耶克为错误的，更少倾向于撒切尔夫人的美国企业研究所的成员，是不可能将《自由秩序原理》替换为《社会主义向何处去》(*Whither Socialism*？)。正如斯蒂格利茨在2007年的一次采访中所提出的"自由市场往往不仅无助于社会公正，甚至不会产生什么效果"主张并没有引起经济学领域的强烈争议。引用一句在该采访中的原话："有趣的是，没有理智的挑战反驳亚当·斯密'看不见的手'：在一般情况下，个人和企业，在追求其各自的利益时，都好像被一只看不见的手引导着走向经济效率。"尽管这只"看不见的手"已经在严肃的学术争论方面失去了吸引力，但"在政治话语中，简单的市场原教旨主义继续发挥着巨大的影响力"。因此，我们以他们的术语检验那些与效率有关的观点，而不是继续剖析这方面的经济学理论。

两条简短的评论就可以体现出，效率最初广泛地用于最大化经济产量，而不是更为正式的帕累托最优。第一条评论对我而言没有什么新意，市场总是经常或明显失效。就拿一个惨痛的当代例子来说吧。商业萧条时期，这被高失业及由此形成的巨大的、未使用的人力和工业资源描述为一个经济产值严重低于其可能产值的时期。一个通过预算政策来防止和平滑商业周期的稳定经济和一个将需求下降、失业上升的通货紧缩螺旋式上升最小化的福利政府，将超越自我调节繁荣与萧条的纯市场经济。对于凯恩斯强调的以上这些和其他原因，纯市场能否像管理左倾自由主义替代品一样有效就不得而知了。例如宏观协调问题，就需要哈耶克强调的更多"本地"价格信号信息和斯蒂格利茨强调的超越那些问题的其他信息。

同样，第二条评论则显而易见：简单地最大化总体经济产量的数量，而不关心生产了什么或者更重要的如何分配，在转变为更美好的人类福祉中是否需要。显然，社会将做出好的决策。如果民主授权做出这样的决定——逆向市场自发秩序（考虑更公平的分配和理性的计划经济），只要这样有助于更加正面的幸福水平，那么接受一个相应较低的产量水平是更可取的。在这种情形下，尽管违背了效率原则，但是社会整体幸福水平将有所提升。

很明显，由于我们感兴趣的是使人类生活尽可能地得到满足，因此社会利益可能会违反帕累托最优。在这种意义上，依赖效率仅仅意味着不会再有其他的、让所有人赞同的物品分配，这又一次验证了帕累托效率所表明的观点：在没有使任何人情况变坏的前提下，使得至少一个人变得更好。因此，效率可能使一个人变得稍微不那么糟糕（例如，年收入超过100万美元的人要缴纳10%的所得税），目的是让一百个人变得更好一点（例如，税收可以提供给他们获得卫生保健的途径）。这就是以度量评判效率的基本弱点：缺乏任何公正的原则。存在很多帕累托效率结果，但大多数公民好像并没有考虑这些。请注意，像其他更现实却仍然严重不公平的分配一样，帕累托最优是将社会的全部产出物给予一个人的分配。效率标准对这些问题保持沉默。这仅仅是一个呼吁：我们不能只考虑公平或正义的问题，但也不能只客观地最大化人类福祉。[6]

我们已经认识到资本主义和民主主义内在的对立，这种矛盾在我们呼吁效率有效地将市场和民主隔离开时也同样有所体现。即便人们在不同分配方式间选择维持帕累托效率，大多数也是无意义的；相反，我们需要一致地赞

---

[6] 总结这个观点的另一种方法是，将效率作为标准的正当理由恰恰在于它忽视了正义的概念。正如在之前例子中所理解的，这样做，为嵌入再分配中的人际效用比较问题提供了解决方案。呼吁将经济学作为一门科学通常是正确的。它虽然没有为正义做出有价值的评价，但是随着学科的发展（正如经常观察到的），它对效率的价值判断却是有意义的。

同，对于那些可能把构成公共物品的供应成本强加在他们身上的任何政策，社会上的每一个个体都拥有否决权。本质上，效率标准提供了麦迪逊在《联邦党人文集10》中所主张的"做出一个关于财富（和源自拥有财富的所有一切）分配固有的政治决定的标准"，即"客观的"且"非政治性的"。再分配，作为政治观点的问题，也因此不再是"邪恶的和不当的"，这从经济法也可以推断出来。

民主使我们感受到哈耶克的困惑：通过福利国家、经济法规、工会，由自由本身构成的威胁。他直觉地认为任何（非市场）权力结构，包括那些我们可能归类为民主的、强制性的机构，凭借声称的服务费用维持它们自己。本质上，使哈耶克及其崇拜者从社会民主中分离的是前者不相信民主的可能性，或者确实不相信民主的可取性，"民主"仅仅是个名词……

更重要的是，这一整套辩论中存在一个内部矛盾：我们反对组织掌控权力，因为作为组织成员的我们无法控制它的权力；但与此同时，我们并不希望公民有能力去行使这种控制权，因为作为理性主体的他们会利用这种权力谋取私利。正如麦迪逊所言，如果民众（也就是"多数派"）掌控了国家，他们就会变得更加危险，因为他们会利用国家权力谋取私利，这将导致进一步的市场混乱。总而言之，由于无法为其成员所控制，组织的存在已不是善意的；但是一旦为其成员所控制，组织会陷入更糟糕的境地。

这样说来，被反对的就是政治观念本身，因为这是哈耶克所提出的"集体主义"的表现。他认为对个体而言，追求私利是自然且合理的，但是采取集体行动实现同样的目标却是不自然的，并且对市场的自发秩序具有毁灭性的影响。然而，这样的逻辑是自相矛盾的，因为作为一位优秀的古典自由主义者（或自由论者），哈耶克不得不承认理性主体拥有成立这种团体的自然权利。所以，要想实现人性所向的自发秩序，我们就得"构建"一个抑制或者削弱追求集体目标的、人类组织的秩序。

从哈耶克身上获得灵感的新右翼思想至少在另一方面是妥协的。它无法考虑到那些看起来自由平等的市场参与者做出的、表面上自由的决策，事实上是受到高于市场参与条件的极大影响。正如前面章节所讨论的，没有人比亚当·斯密更加强调工人和雇主在劳动力市场上的根本差异。对于哈耶克而言，问题在于自由，他认为工人永远有权根据所提供的薪酬接受或者拒绝出卖他们的劳动力。对于亚当·斯密当然还有马克思而言，工人和雇主的基本关系是不对称与对抗的，这使得市场选择所受到的拘束远多于哈耶克所描绘的。这一点尤为重要，因为它直接证明了哈耶克对于强制手段的担心。对于这种强制手段，他原则上反对并且不遗余力想找到，以便改变市场结果。从亚当·斯密和马克思的观点来看，哈耶克既然无视自然发生于劳动力市场的强制手段，当然也无视这样一个事实：这些强制手段是他所强烈拥护的资本主义企业的所有根基。

这样，问题就变成了个体更喜欢的是市场的强制还是福利制度与工会的强制。一种设想是：一个普通人面对来自政府、监管机构和工会的潜在强制，而这三者至少在表面上是致力于该个体的福祉的，并且在这一目标不能实现时至少在表面上是负责的。而另一种设想是：公民面对一个把他们视为商品的营利性公司，该公司对他们的福祉毫无兴趣，而把他们当作盈利的工具，并且只对享受这些利润的股东负责。哪一种情形会是一个理性主体的选择呢？如果工人不能成功地依据民主宪章所赋予的法律效力管理工会，工会就可能会剥削工人；但是，公司同样剥削工人，而且是通过劳资协议的部分条款，同时雇员对公司的运营和管理没有发言权。举一个具体的现实例子。就福利制度而言，英国典型的公众是更喜欢提供国民健康服务项目的政府机构还是更喜欢自己购买医疗护理呢？在美国，那些享受养老金的老年人希望取消老年保健医疗计划吗？就像共和党实际上因其提供的服务并不完善且伴随限制医生与病患的规章制度而提议的那样？还是说他们或者英国国民健康服务项目的救济对象，更希望由无名无姓的保险公司员工替代政府官员来决定他们应该享受的照顾？基本上，一个理性主体会认为政府官员是更好的选择，原因至少有两个：（1）他们并没有否定医疗的商业动机，因为他们并不通过最小化公民的渠道来攫取利润；（2）他们承受着巨大的政治压力，这种压力是公民施加于政府以确保其负责任地资助和执行医疗保障,由被选举的代表所监管,而这些代表的政治生涯又取决于公众支持。相比之下,保险公司的职员的做法则是:(1)积极地提供最小化的医疗服务收费,以最大化企业利益;(2)对除纯粹私人化、由利益驱动的公司以外的任何个体都不负责。

支持社会民主的有力论据

想象一个市场原教旨主义者的理想世界是很容易的,因为它削弱了西方世界在形成政治过程中的资本主义限制。这个世界的大概情况以英国工业革命时期的形式为我们所熟悉,通过"休克方法"过渡到资本主义并伴随东欧、苏联的共产主义的终结。相反,至少是对于美国盎格鲁读者,社会民主世界只能够通过一种方式才能够想象,即对这种完全未知的、早已被抛弃的或者说仅少量存在的制度和实践进行大量的增强或者激进的扩张。对于它的拥护者来说,一个关于为何社会民主如此能增进幸福感的讨论的可能性开始,也许只是我们短暂的沉溺性的想象。

回忆上下文中有关经济生活出现的地方,普通公民或者工人依靠公司或者其他通过雇用劳动力获利的企业家提供的工作谋生,雇佣双方由此牵扯进一个平凡微观但依旧真实的、围绕工人所创造的价值被保留或者被夺走程度的斗争。在这场斗争中,工人当然处于受支配的地位,正如他们对劳动力市场的依赖性;而企业雇佣者往往利用其自然优势地位最小化赔偿,并且控制工作场所以最大化生产率。

对工人来说最明显的资源是组织。经由工会,他们能够集体就薪酬和工作环境问题与雇佣者谈判,以增强议价能力。此外,如果仍然被差待,他们还可以通过工会在企业内部建立一个受认可的、可选的权力和权威机构。根据集体谈判而达成的协议,工人能够建立限制雇佣者滥用职权、任意解雇或者惩罚他们的规则。这份协议还创立了抱怨程序,设立了个体劳动者可以借以挑战雇佣者权威的条款,由此提供给工人一种"发言"感——对利益和原则事项表达抱怨的能力,而不是要么温顺地接受显而易见的不公平与不公正，要么放弃现有的工作、寄希望于在别处的工作岗位获得更好的待遇。这些条件有三个重要的好处：其一，它们通过提高薪水和福利，提升了工人的生活水平；其二，它们满足了一定程度的工作稳定带来的心理需求，这对于那些财务清偿能力取决于保持雇佣关系的人来说是至关重要的；其三，它们使得工人不再是无权、无声的"生物机器"。

工会一旦成立，就会成为工人的政治资源，尤其在工人通过联盟协调活动的时候。这些工会运用它们的财力资源和人力资源，促进致力于其利益的政党的成立和选举。这些政党只要加入执政联盟，它们就会带着两个主要目的推行公共政策：第一，它们尽力使工人的组织工作更加容易，以便最大化他们的选举潜力；第二，它们试图建立适用于全部或者大多数工人的全国性劳工标准，而这些标准往往能够反映工会所追求的全体工人的一致利益。例如，更高的薪水（以各种各样的方式实现，如建立最低工资制），更多的职业安全感（强加更高的解雇工人的货币成本和法律费用），更高的安全标准以及对工伤者的补偿方案，法定的病假时间和休假时间等。它们也迫切寻求建立一个正式的制度安排，使工人能够通过共同决策制方案对企业管理施加一定的影响（比如，工人提名代表成为公司董事会成员）。不管采取何种方式，目的都是给整个工人群体提供相同的物质、精神和情感上的利益，而不只是给参与工会的工人本身。

工会的政治力量也会在其他方面表现出来。正如我们在第 2 章所讨论的，最重要的是捍卫一种福利制度。这个福利制度会为失业者提供收入补贴，为老年人提供养老金，以及在理想条件下提供大量的、社会中每一个成员都有权享受的非薪金福利，如医疗保险。这些公共机构减弱了工人被商品化的程度，再一次提高了工人面对企业的谈判地位（为了提高工资和改良工作环境），为劳动力在市场变化中提供保护，并且有助于工人的自尊和自治感的形成。

所有为了人类幸福的行为，其价值并不要求精心设计。人们如果经常享受更高层次的生活，在更加令人愉快的环境里工作，更有安全感并感受到作为个体的自身受到了尊重，那么与那些欠缺这些条件的人相比，他们更乐意回馈他人。但是他们真正的价值，只有在考虑到其工作成果或者市场相关后果对我们生活中与市场和工作无关部分的影响时才会体现，正如罗伯特·雷恩（Robert Lane，2000）所言，这可能是人类幸福最重要的来源。生活水平和工作满意度当然是至关重要的，但是更加重要的仍然是任何数额的金钱或者某类工作或职业所不能提供的事物：亲密且令人满意的人际关系。这样说来，幸福最容易在亲近的朋友与满意的私人生活和家庭生活中找到，而不是在一个人的工作或者工资中。

这种不必以经济为中心的想法是很诱人的，但这样就忽视了经济与个人的联系。毫无疑问，虽然金钱既买不到友谊也买不到浪漫的爱情，而且把工作或者职业作为友谊与爱情替代品的行为往往没有好的结果，但是财务安全和令人满意的职业生涯能让人更容易找到友谊与爱情并维持下去。当然，相对富裕尤其是经济来源稳定的个体，相比在贫困边缘过着朝不保夕生活的人，更容易成为益友或者优秀的伴侣，他们往往也由此收获对等的感情。其理由非常明显：经济贫困或者对贫困的强烈恐惧会给人以心理负担，导致心理学家所认为的抑制幸福感的情绪。比如，焦虑和压力，以及没那么明显的内向性、悲观、神经过敏与自尊心丧失（Diener et al., 1999）。虽然上述性格特点很容易被认为是个体的个性特征，但毫无疑问的是，它们随着个人的生活经历而消长。因此，正如 Lane（2000）所说，这些都是人类性格里具有可塑性的地方，是物质生活状况的结果，也是影响物质生活状况的社会政治结构的结果。

举个典型的例子。毫无疑问，大学终身教授比起蓝领或者粉领，一般不太可能表现出刚才讨论的消极人格倾向，因为大学教授的报酬是优厚的，职业是稳定的，享有空闲时间、自主权和其职业带来的社会地位。相比之下，蓝领和粉领的生命力被日复一日、靠着少量工资和趋近于无的福利维持收支平衡的挣扎完全消磨，他们甚至没有自己或者孩子的医疗保险，并且每日耗费八个小时甚至更多的时间，沦为无法带来成就感、薪酬过低、价值被低估的工作中一个无权和无声的齿轮。一个粉领对工作与回报不成正比的极度不满，除了使她更难以分配时间和关注（无论是数量上还是质量上）给朋友与家庭，别无他用；相反，她应该享受其工作带来的经济特权或职业特权，因为她如此多的情感资源和心理资源消耗在了工作与财务清偿上。正如这个例子所阐述的，财务安全与社会地位或许买不来幸福，但是毫无疑问，它们为逃避压力、内向性和消极主义提供了更好的情感空间，让幸福的获取变得更加容易。[7]

经济结构与个体私人关系质量和私生活之间关系的重要性是阿尔伯特·爱因斯坦（Albert Einstein，1949，2002）在"how to structure society so as to make human life as satisfying as possible"一文中反复强调的，也是本书起笔的地方。众所周知，爱因斯坦提出人类有两股主要的"内驱力"：其一是"私人化"或者自我本位，它鼓励一个人"保护自己的存在"和"满足私欲"；其二是"社会化"，它鼓励"从（一个人的）同伴中获得认同感，分享欢乐，排解忧伤"。两者显然都是存在且必要的，而且"它们具体的结合方式决定了个体能够实现内在平衡的程度"。在这种平衡下，一个人才能过上最充实的生活。至关重要的是，对于绝大多数人来说，这两股内驱力的"相对强度"反过来为人们生活的"社会结构"所支配，而不是为遗传特性所支配。一些制度安排会导致两股内驱力的任一个以一种不利于人体健康的方式处于支配地位。因此，"主宰社会的组织类型"对人们找到正确的、有益于良好生活的"内在平衡"

---

[7] 社会民主制度对平等化（两种概括化群体所享受的生活质量）的作用是很明显的：它们会提供给工人阶层公民某些职业人士所享有的好处。如果有工会作为代表，我们设想工人的工资和福利就会得到提高，从而降低了压力和焦虑水平，更不用说只是供养自己和家人了，那么工人就会更少地恐惧于那些没有任何解雇费的临时通知失业。如果居住在一个公共政策为工会所拥护的国家，工人就会进一步受法律保护从而免遭解职，而且在寻找一份新工作的同时还可以享受合理范围内最大化的失业补偿金。无论就业状况如何，他们还能享受针对自身及其抚养人的有保证的医疗保险，以及国家资助的日托甚至现金支付（家庭津贴）以帮助抚养孩子。如果通过法律和工会，他们感觉自己被正确代表、在工作场所被合理对待，那么其工作至少是更有回报性的。如果能够供养孩子、有职业安全感、在工作中被合理对待，同时（通过劳动法和福利制度）感受到所居住社会赋予的尊严和尊重，那么他们就会感知财务状况的改良带来社会平等。与此同时，在不同地方由市场确立的等级制度中，个体生存机会的平等化被认为是体现博爱的民主理想，这也意味着全体公民作为一个真实社区有价值成员的统一。

程度具有巨大的影响。

于是，我们来到了爱因斯坦所认为的资本主义的核心问题：无论有多少值得赞扬的地方，作为一种社会体制，资本主义鼓励人们把社会看作是一种对自身天生权利的威胁，而不是一种正面资产、有机联系或者保护性力量，以至于个体的自我性内驱力不断提升但天生微弱的社会性内驱力逐渐泯灭。这就是爱因斯坦对当代社会"真正的罪恶的根源"的看法：市场经济导致人们成为"自我的囚徒"，所以"他们感到不安全、孤独，以及被剥夺了朴素而简单的生活享受"。这也正是马克斯·韦伯（Max Weber，1958）得出的结论："资本主义精神"的终极象征是一个灵魂空虚的唯物主义的铁笼，人们困囿其中，变得一无是处。

因此，导致人们不幸福的因素便是孤独与物质主义，这些都是因资本主义鼓励人们成为以自我为中心、自私自利的效用最大化者而滋生的。爱因斯坦（1949，2002）和雷恩一样，都认为幸福更容易在追求另一条道路的过程中找到："一个人只有通过奉献社会才能找到生命的真谛。"借此，他简单地强调了"社会性内驱力"可以建立与他人的联系，从而防止一个人成为"自我的囚徒"。

绕了一圈，我们又回到"如同监狱的市场"的比喻，我们当然已经身处这个"监狱"中。这个比喻揭示了爱因斯坦强烈支持的一种新型经济类型，这种经济类型是前文反复提及的社会民主制度所特有的、也是唯一有效的限制市场把人类商品化的制度。这种制度对资本主义减弱人际互动的倾向性进行审查，马克思给这种倾向性起了一个著名的名称——"现金交易关系"，而这种倾向性恰好也是诸如熊彼特和哈耶克等保守派经济学家所认为的决定性的良性发展。就福利制度与工会有助于限制市场针对人际关系的霸权方面来说，它们给爱因斯坦的"唯我主义监狱"开启了一扇希望之门，使得一个更加富足与满意的生活成为可能。

总而言之，我所称的社会民主制度——工会、福利制度和保护工人的劳动力市场规则，都可以积极地影响个体生活的整体质量，因为它们提供了更高水平的生活标准，减弱了不安全感，提升了工作满意度，促进了自尊感的养成及人际平等。从人们的工作到生活，这些制度都能有助于培养积极的感性幸福和心理幸福，促进满意生活中亲密人际关系的形成与维持。

支持社会民主的其他观点

市场削弱民主。在民主原则和资本主义或市场社会原则之间存在不可避免的紧张关系，我们已经在许多情形中观察到这种关系。这种紧张关系以多种形式呈现，其中两种尤为重要。第一种也是最明显的，体现在"特权阶级"与工人（和消费者）的政治竞争中，存在其中的紧张关系也是这两个政治群体之间根本权力差异的结果。资本家拥有（也就是垄断）社会的生产资料，使得公民和名义上民主的国家依赖于他们。一旦资产阶级认为投资或者生产有利可图，国家经济就会开始运转，人们找得到工作，政府进行征税，公民在选举时支持现有的政党；而一旦资产阶级的既得利益得不到满足，经济发展就会停滞，失业率猛升，工资下降，选民则转向支持反对党，因为这些反对党承诺会废除执政党导致经济衰退的政策，努力使经济恢复繁荣。由于社会生活的进行都基于这种收益性，因此国家不得不同意保护实现收益性的条件，从而名义上民主的国家不得不满足资产阶级经济利益才能得以运转。

从民主的观点来看，市场带来的一个更基本的问题就是市场形态会以进一步特权化富人的方式决定并限制其政治形式，这也是波兰尼的主要见解之一。他在《大转型》（1944）一书中描绘了这种方式：资本被移交给私人，而非作为整个经济中最重要与核心部分的公共或政治领域。如他所说的，劳动力的商品化最终会以工资—劳动力关系的形式演变成人本身的商品化。这种形式的特点我们也探讨过了。这其中，含有把"人们从他们对自身经济控制权中"分离出来（Polanyi，1944：225）的影响，这种影响是资产阶级所希望得到的。换句话说，市场形态可以导致工人（作为政治主体）与雇主进行的斗争无效。这两个阶级之间不可避免的利益冲突被否认，工人可以自由地签署合同，因此正如亚当·斯密清晰观察到的那样，这种关系的剥削本性被模糊化了。对决定人们生活质量至关重要的工作体验不再被当作政治问题，公民对其日常生活中最重要的部分进行控制或者施加影响的能力被剥夺。这种民主范围的缩减对公民生活满意度产生直接与间接的消极影响：在直接方面，它降低了个体对生活可控性的感觉；在间接方面，由于工作合同条款及违约责任是被雇主否定的，而不是工人本身放弃权利，因此这对后者的不利是不言而喻的。

从民主理论的观点来看，至关重要的当然是权力：资本主义经济使得部分人拥有高于他人的权利。选举民主表面上是基于每个人、每张选票，但是其内含的经济体制并不赋予每个人相同的平等。这个领域应该是不被政治干涉的"自治的"和"自发的"秩序，因此波兰尼总结了哈耶克或者弗里德曼所依据的论点：在社会中，"只有这样的手段和政策井然有序才能维持市场成为唯一的组织力量"（Polanyi，1944：68—69）。换句话说，按照麦迪逊的说法，国家扮演的角色就是使用其强制力确保"多数派"不能组织起挑战市场的秩序。诸如哈耶克之类的准自由论者也含蓄地肯定了这一观点：以"自由"为最终目标的"自发的"社会秩序，事实上依赖于国家对工人阶级和中产阶级可能做出的、可预测的"妨害基于人力的市场"（Polanyi，1944：226）行为的强制，如此才得以维持市场的不可侵犯性（或者按照麦迪逊的说法，财产的不可侵犯性）。

因此，麦迪逊对于国家必须提供这种功能的认识恰好符合波兰尼的预期，即社会必须对抗某种形式的世界。在这个世界里，市场试图控制社会的行为会导致支持社会保护的辩证反应，反对市场化和商品化人类生活。在波兰尼看来，至关重要的并不仅仅是民主本身的观点，当然这种民主只会在与人发生了超越市场的实际联系时才有意义；还有我们称为"社会结构"的事物，它要求生活内容不仅包括生产和交易，还包含个体之间超越私利的联系。这种观点恰好与撒切尔夫人的观点对峙，她认为社会的存在取决于对市场独自支配人类生活的程度的限制。这种设想只有在市场从属于民主原则时才能实现；反之则行不通。

绕了一圈我们又回到麦迪逊和哈耶克所提倡的社会类型的替代看法，这也是潘恩在市场社会鼎盛时期首次系统性提出的观点：当两者冲突时，民主必须优于市场。就民主会带来更高质量的生活这一方面来说，公民民主化规制或者控制市场的能力会随着生活质量的提高而提升。换句话说，民主过程本身就是权力的一种替代形式，其原则上独立于市场。因此，这种社会类型有充分的理由反对右翼政治权力的世界观：它会建立另一种高于市场的组织力量。当我们考虑某种毫无疑问会成为工人独立权力来源的具体制度（福利制度和工会）时，这种反对就变得特别明显。

市场减损社会资本。社会学家特别迷恋"社会资本"的观点，是因为个体对社会网络融合所带来的人际信任和互惠主义的常态化。大量证据显示，这种社会"联结性"与更高层次的精神幸福和物质幸福有关（Putnam，2000a；Helliwell and Putnam，2004）。换句话说，生活于富足社会网络中的个体比他人过着更加健康和满意的生活，因为他们更富有信任感、更乐意合作。社会民主反过来以两种方式激励社会资本。第一种如 Putnam（2000a）所强调的经由工会，这是一种理想的制度类型，它通过帮助建立社会联系和常态化的信任互惠来构建社会资本。Putnam（2000a）甚至以实证手段把劳工组织的范围作为社会资本在一个社区中存在的测度。就此而言，这种工人的联合程度是我们度量纯粹社区或者联盟的存在程度的度量标准之一的说法是较为精准的。类似地，正如我们之前讨论的，许多社会保护项目一般会减弱内向性，以及一个人对现时与财务的忧虑，并为一个人的利他行为提供空间。Putnam（2000a）有一个著名的发现：人们越来越多地放弃在工作场所或者社区的集体（在他看来，这是更有情感回报的）保龄球练习，转而更喜欢"独自打保龄球"，或者直接宅在家里。如果福利制度提供的安全网络，尤其是那种与社会民主相联而不是诸如美国那种具有负面导向的形式，减轻了劳动力市场不安全职位所带来的压力与焦虑，那么它也可以减弱个体对外界漠不关心的社会性退缩，也就是内向性。所以，慷慨的福利制度会保证社会联系的维持，也会维持这种联系带来的社会性态度和行为的常态化，并由此提升社会资本以及与之相随的人类幸福。[8]

市场造成社会反常状态并使其承担由此产生的损耗

一个我们熟悉的资本主义弊端就是外部性问题，最典型的表现形式就是工业污染现象。生产者并不希望以生产过程产生的废弃品污染空气或水源，但是除非被规则强制，否则也没有激励会促使他们承担相应的责任，以防止或者控制污染。市场体系本身还存在其他实质上更为重要的外部性现象，最为广泛和重大的表现形式在于社会反常状态的观念。简而言之，社会反常状态是指个体从社会隔离的状态，通过个体对社会性行为规范限制的忽视而体现出来。换言之，就是个体不"按规则办事"，由此形成反社会行为倾向。

在考虑到市场社会的竞争本性时，这种倾向尤为显著。工人不仅与雇主产生冲突，工人相互之间也会为职位而竞争，就像资本家之间的相互竞争。如 Heilbroner（1985：57—59）所说，资本主义"鼓励甚至要求所有市场参与者针对其他（所有）参与者的敌对立场"，这会导致一种"社会斗争的形式，社会斗争也给我所称的人类本性的基础行为中对幸福的追求带来新的紧张性"。于是我们就获知一种保守观点——纯粹的市场经济会减损约束行为规范的力量。该观点认为这种减损行为会导致暴力横行的人们把异己视为私利工具的霍布斯世界。

我们已经讨论了爱因斯坦(1949，2002)针对"社会性"内驱力和"自我性"内驱力冲突的观点，当然，这种讨论还包括不同种类经济布局鼓励相互压迫的方式。从爱因斯坦的观点来看，如果市场不被其他制度约束，那么它会鼓

---

[8] 关于普遍性福利制度在提升社会资本水平（并且从某方面来讲，也降低了腐败水平）方面的作用已有详尽且深度的讨论，请参考 Rothstein（1998，2010）。关于对福利制度"排挤"志愿性和类似非国家参与形式的保守观点的实证分析，请参照经合组织关于社会资本的报道，其指出（2001：51）这种现象的证据是"没有说服力的"，同时具有全面福利制度的国家比起那些只有一般公共福利制度的国家，其公民的"自愿性、非正式型社会参与以及对社区项目的参与度相对较高"。

励市场参与者对本我加以过多的关注，这就决定了个体的内在感情生活。即使我们不同意 Heilbroner（1985）的这个过程等同于影响"人类本性"的观点，我们也必须承认它可能影响人类人格中"可塑的"方面。当代关于"制度性社会反常态化"思考这些对人格的影响是怎么影响个体行为的，然后反过来又如何作用于其他人。正如 Messner and Rosenfeld（1997：1396）所解释的：

> 市场以市场参与者的唯物目标定向作为先决条件……当这些定向发展到一种极端程度的时候，社会反常状态……就可能出现……在这样一个反常态的环境中，市场参与者着迷于市场结果……同时，手段的效率而非合法性主宰了他们的行为。由此导致的标准化控制的减弱，很有可能导致更高层次的异常行为，包括犯罪。

正如之前所讨论的，决定社会反常态化的程度是 Polanyi（1944）提出的市场与社会之间的"权力的制度性平衡"。在长期支撑我的论点中，问题是那些促进及抑制个体商品化的力量的相对强度。从抑制个体商品化的力量可以带来充实生活的角度来看，它可以降低社会性反常态的压力，也就是市场经济可以相对平稳地运行。当个体商品化不受约束时，社会反常状态会激增，同时带来犯罪及其他形式的反社会行为。这也是 Messner and Rosenfeld（1997，2006）在研究全世界去商品化和"故意杀人"犯罪率的关系时发现的现象："在不考虑国家其他特征的情况下，商品化的程度与谋杀率呈负相关关系。"

因此，在更少的暴力犯罪使得人们更加满意自己生活的情形下，去商品化有利于更高层次的幸福。此外，如果去商品化有减弱暴力犯罪程度的迹象，那么它似乎也可以减少其他与社会反常状态相伴的社会病态问题，如滥用毒品和家庭暴力。高犯罪率可能会降低整体社会的幸福指数，而不只是降低受害者的即时幸福感，所以其他的社会"病态问题"也可能带来类似的结果：它们迫使全社会承担代价，由此降低整体幸福水平。

哪种论点是实证正确的？

本章的讨论，尝试阐明自市场社会开端就存在的两种政治经济学方法或支持或反对的演绎论证的本质。我有意避免做出哪一种更可能有利于个体实现幸福美满生活的明确的总结评判，而只是以两方的反对者都易于理解的方式具体说明这些竞争性理论观点的逻辑。原因不言而喻：本书的目的是，基于研究人类思想和行为的其他方面的、同类可复制的公共证据，提供有关这些事物的实证分析。如果我们局限在究竟市场化和社会民主战略哪个可以最大化人类幸福的抽象辩论的相对真实里面，理性个体就会并且一直都会产生分歧。究竟哪一条道路给绝大多数人提供最大可能的幸福，实证就是"客观的"答案。我们也许能够避开无意义、无休止的学术辩论，当然这是在以一种科学严谨的态度衡量和研究幸福的条件下。下一章即开始这种调查。

04

幸福的科学研究

在开始就政治产出对人类幸福的影响进行实证评价前,我们先熟悉社科类文献对主观幸福感的研究。本章采用研究人类学领域常见主题所采用的方法,致力于找到一套能够获取幸福感的学术基础结构。我从幸福感的测度这个最为表象的问题着手,考量像幸福这种看起来复杂且多层次的问题能否使用调查数据进行研究。但正如我们所见,当今学术界广泛地认为使用这些方法确实可以实现对幸福感的测度。

既然主观幸福感是能够被测度的,那么在采用个人层面和国家层面的因素作为解释变量的情境下,我们就可以提出关于其本质和来源的理论并进行检验。在提供能够支持当前分析的演绎推理之前,我们回顾两种理论:第一种理论认为,幸福主要是一种内在心理过程的功能,取决于遗传基因、一般人格结构、环境适应性和社会比较等综合因素;第二种理论持相反观点,认为幸福主要取决于作为人类生物的需要被满足的程度。尽管这两种理论有时是激烈对立的(Veenhoven,2009),但从本书的目的来看,我认为它们是互补的。

接下来,我们着手本章最后也是最实用的任务:以提供一个决定幸福水平的因素清单为目的，回顾现有的有关幸福来源和相关性的实证研究。我列举其他已知的幸福来源和幸福预期，是为了便于在之后的统计分析中对它们进行解释和控制。经由包含了在可观测世界中典型存在的可测性假设的"变量语言"，生活满意度就成了因变量，即我们要解释的现象；代表左、右两派竞争性公共政策的政治变量就成了影响满意度的自变量。

本研究确定的控制变量是我们必须同时考虑的关键非政治因素，这些控制变量是我们在后续章节中寻求建立引导关系具最大限度可信性的前提。

幸福的内涵

在考虑怎么测度幸福感之前，思考幸福的内涵具有很大的启发性。不管哲学家和诗人认为幸福的概念是多么地难以理解、琢磨不透，对于社会学家来说，它的概念直接得令人愉快：它就是指人们享受生活的程度。当我们来到相互冲突的幸福理论和幸福诠释的迷宫时，有必要牢记这个定义。我们期望测度并最终解释的是（也只是）人们享受生活的程度。

我们可以将一般的生活满意度与"领域"测度区分，"领域"测度聚焦于生活的某个特定方面，如工作满意度。生活满意度应与个人内心世界里其他同等局部因素（比如，时刻变化的情绪）分开，因此我们将生活满意度设想为包含了个人对生活的一种一般而持久的态度。心理学家常常把生活整体的测度作为对幸福的"整体"测度，因为他们关注个人整体且全面的生活质量，而不是生活中某一特定领域。通常，相比暂时的心绪，这也是不易因时间流逝而发生变化的。

虽然生活满意度和幸福之间常常存在微妙的差别，前者提供一种生活认知性评估而后者则提供正面的情感评估，但这两个词语也常常被交换使用。这有两个原因：其一，在评估一个人怎样评价自己的生活时，认知和情感之间的理论性差别无论怎样都是不确定的；其二，两者（以及在随后会提到的其他幸福测度）之间存在高度的相关性，在先进的工业化民主中尤其如此（这也是我关心的焦点），即它们测度的是同样的潜在概念。一般来说，幸福、满意度及类似的指标都抓住了同样的主观幸福感的基准尺寸。虽然幸福和满意的差别可能引起了心理学家的兴趣，毕竟从语法上分析内在精神的表达对他们有着天然的吸引力，但我仍然采用大多数社会学者和政治学者的惯用研究手法——将这些词语当作同义词。不管我们称它为生活满意度、幸福还是一些人偏爱的主观幸福感（SWB），我们都在谈论同一个理论和实证实体：个体享受生活的程度。

幸福的测度

在如何收集个人怎样评估其生活质量的数据方面，有一个简单、有效且容易理解的方法：调查研究。这种方法可以使我们轻松地从代表性样本中收集到充足的个人数据，从而得出哪些人是幸福的，以及关于其原因是否有价值的统计学结论。

最近几十年，这类调查数据激增，其中最让人熟悉的就是"世界价值观调查"所提供的数据——它在过去三十多年里为十几个国家提供了高质量的数据。这份调查集包含了大量关于主观幸福感的题项，包括已成为该领域标准的一个问题："考虑所有的事情，近来你对你的整体生活有多满意？"受访者被要求用量表回答，该量表选项包括了从1（非常不满）到10（非常满意）的不同层级。其他类似的调查如"一般社会调查"（美国）和"欧洲晴雨表"（欧盟），虽然在措辞和回答种类的数目方面有细微的变化，但是它们的共同点和本质意义都是征集人们对生活质量普遍性的主观评价。

主观方面是非常关键的，因为最终个人的内心体验只是一个内心的、主观的经历，而不是可以在个体间转移分配的、基于收入或其他假定生活目标的事物。我们的研究内容是人们享受其生活的程度，所以我们必须进行主观测度。测度主观幸福感是为了避免一种没有存在意义的、武断的且经常是完全错误的假定，即通过推断我们认为人们应有的满意度来认定他们到底对生活有多满意。为了理解人们普遍的幸福程度,我们有必要使用之前提到的调查题项测度该概念本身。[1]

不论依赖于调查数据是多么地有利,它们的使用也有显而易见的缺陷。但是,这与幸福的特质本身没有太大联系,因为和其他的个人"态度"相比,幸福作为一项原则,不应该出现特别的测度问题,而只要求在使用调查指标时注意恰当性。为了使调查题项满足科学效用的需求,它必须满足两个基本条件:第一,它必须"有效",即它确实能够测度它想要测度的东西;第二,它必须"可靠",即它确实能够从问题中得到一致、有意义的答案。当应用于跨国间(跨文化和跨语言)同样的调查问题时,在不同背景下也要有与之相关的相似问题。针对每一个问题,我都回过头重新检查了一遍。

有效性

对于主观幸福的测度,有效性即效度,是指它纯粹地提取受访者对于幸福真正的内心感受。人们可能会质疑设定的问题,出现各种各样的无效应对方式而导致调查失败。最明显的就是人们没有理解问题,莫名其妙地误解了问题的含义,或者不了解自己到底有多幸福。有一个很简单的办法可以检测调查时人们是否出现了这些问题:将自我评估与外在标准相比较。这样,如果幸福自我报告是有效的,我们就能准确地找到所希望找到的东西。报告中幸福感高于平均水平的人们一般会有以下表现:在社会交际时比其他人笑得更多,在未来更少地尝试自杀或者变得抑郁,更倾向于回想起快乐的往事而不是消极的人生经历,更少的内向性和害羞,对未来更加乐观。还有一点至关重要,那就是自我评价也与来自朋友、家庭成员及临床评价等外部评价高度相关(Myers and Diener, 1995; Veenhoven, 1996; Frank, 1997; Diener et al.,

---

[1] 除了各种普通调查数据已经提到的一些构念,Kahneman尝试让受访者列出每天的"情感经历"清单,据此计算个体的"幸福经历"分数(Kahneman et al., 2004)。在后来对这种开创性活动的评价中,Kahneman承认,虽然这种活动是"有趣和有用的",但它不能产生所希望的方法学上的进步。

1999；Frey and Stutzer，2002），由于人们不知道从而无法记录下自己幸福感的担忧就此消散。正如 Veenhoven（1996：3）的准确总结："大多数人相当清楚自己是否享受生活。"最后，调查数据的效用取决于这一共识性部分的精确性。

幸福自我报告的有效性的一个更潜在的问题是，它取决于人们实际愿意完全诚实地作答的程度，这是由社会期望偏误造成的。人们按照他们应该做的那样回答问题，而不是他们的实际感受。因此，受访者会感受到承认不幸福的社会压力，从而夸大报告他们的幸福感。不过，大量文献给出了强有力的理由论证，这在研究生活满意度中并不是一个特别麻烦的问题。其中，最为强有力的证据或许是 Veenhoven（1996）所提供的。首先，他回顾了一些研究的证据，这些研究比较要求个体对自己幸福指数进行评价的直接问题的答案和对个人职业和临床表现进行评价（使用"深度访谈和投射性试验"），尝试找出社会期望偏误在幸福感测度中的表现。由于两种方法都得到了相似的结果，因此这种偏见不太可能出现。就像一个人在深度访谈与临床心理分析中被发现有同性恋恐惧症和种族歧视，但在评估对这些目标的看法的问卷中却做出否定答案一样，也可以运用临床方法，以探查个人在一份简单的询问个体幸福感的调查问卷上可能不愿承认的不幸。

Veenhoven 还提供了原始统计数据证据，反对社会期望效应会干扰人们对幸福问题的回答。他发现，人们自认为的幸福的重要性与他们实际报告的幸福指数之间没有太大的关联。当然，如果针对幸福问题的回答受到这种重要性的影响，我们也会以这种方式找到支持它的证据。综合来说，我们期待社会中的人们相信，变得快乐比拥有更高水平的幸福自我报告更重要（因而产生社会期望）。而 Veenhoven（1996，1997a）没有发现这种事项的事实则是一个强有力的证据，它足以证明在评估幸福自我报告时，社会期望偏见不是一个需要关心的问题。

我们在调查研究者寻找回答的技巧特征中也找到了证据，支持了自我报告的有效性。当回复时间短、拒答率（受访者拒绝回答问题的百分比）低和选择"不知道"的人数很少时，有效性就可以得到确认。这是主观幸福感问题的一个案例（Veenhoven，1996：4）。

自我报告有效性的最后检测是暂时稳定的。生活满意度被定义为：它既不是每周或者每天都会戏剧性地变化的一种暂时性心境，也不是一种完全固定不变、不会被生活事务影响的特征。对于应该有多么满意的问题的答案，个人应该具备随时间流逝保持合理稳定性的能力，但同时也会因生活环境的改变而变化，如疾病、离婚或失业。这些是我们再一次精确观察到的模式（Veenhoven，1996）。[2]

可靠性

严格意义上，可靠性即信度，意味着如果重复问同样的问题，都能得到相同的答案。信度较低的调查是这样的：人们回答得很随意，这是由于问题的表达不到位（以至于受访者不能理解），或者试探其实并不存在的潜在态度和观点。举一个公共意见研究的经典例子。询问市民一些关于公共政策细节方面晦涩难懂的问题，他们根本不了解，结果对此没有任何看法。他们或许会精确地回答问题，但他们的答案受大量因素的影响。例如，之前问题延续下来的影响，采访者的性格特点，或者仅仅是他们自己一闪而过的念头。更普遍的是，信度意味着受采访者发现向他们提出的这些问题是有意义的，他们有实际的观点，并可以通过调查的答题项表达这些观点。

我们已经接触了评估信度的一种方式：不同时间点作答的稳定性。对于幸福问题，被测度的潜在态度假定是相对稳定的，因为信度和效度都需要这种稳定性。另一种方式是：不考虑跨时间的稳定性，而考虑相近问题之间的稳定性。因此，如果我们用实质上不同的方式提出同样基本的问题，并得到

---

[2] 当然，过去的文献（短期存在）就这样的改变是否是暂时的（伴随个体回归"原点"的自然状态）有过激烈的辩论。虽然这个观点最热烈的拥护者已经承认这种说法并非总是完整的（Diener et al.，2006），但不管怎样，作为测度的问题，调查题项会以它本应如此的方式得到作答，因此我们没有必要担心。

相同的结果，那么我们就可以认为指标是可靠的。采用不同的方式询问一个人的主观幸福感，这种方法可以轻松地在当下的环境中应用。例如世界价值观调查包括了大量不同的调查题项，而我们假定它们都是测度相同的潜在性格。其中最普遍的三个问题，如之前介绍的满意度问题，类似明确地询问有关"幸福"而不是"满意"的问题，以及邀请受访者比较他们的生活和设想中"最好"与"可能最坏"的生活。对于这三个题项的回答（按次序在每个相互问题间故意隔开了一定距离），显示了很高的相关性（Veenhoven，1996；Diener et al.，2010）。所有方法的集合（Schyns，1998）表明，他们确实需要测度同一个事物：人们对他们享受生活的程度的评估。如果是这样，我们就可以自信地说"调查题项是可靠的"。如果人们是随意回答的，或者在调查中人为地伪造了问题的方式和地点，我们就不可能发现这种相关性。

虽然幸福题项被广泛认为是普遍可靠的，但理解并非完全可靠的意义以及这个问题没有效度的重要原因是很关键的。如果我们的测度是无效的，我们从中得到的结论就可能是完全错的，因为所测的数据不是他们想测的。另外，在数据里，最常见的不可靠性就是不精确或者"噪声"。举一个简单的例子。一类受访者不确定他们是"很满意"还是仅仅"还算满意"，他们可能由此会在不同的时间选择不同的答案（或者，在他们只是"还算满意"时报告"很满意"）。所谓的他们至少"还算"满意并不是问题，但问题是他们能否达到"很满意"的程度，所以测度并没有真正区分这些不同说法的区别。正如无效数据一样，其结果不会导致我们得出错误结论，但会增大我们找到正确答案的不确定性。用统计术语来说，幸福和其他因素的相关性趋向于减弱（幸福和其他因素的关联，没有应该达到的程度强）；这反过来致使它们更难达到统计上的显著性（例如，我们更不能确定关联是否存在）。然后，不可靠性产生数据分析中一个与众不同的"威胁"：它使我们的分析更难了。当我们发现其他令人叹服的统计学结果（当然也是理论上的）面临潜在低信度问题时，我们仍然对结果保持自信。在这个意义上，低信度仅仅是数据分析上的阻碍，而不是不能克服的抽象问题。

不同国家的可比性

在跨国比较幸福调查数据时，主要存在两个潜在的问题。Veenhoven 在一系列文献中对此逐个加以考量，并汇集为综述（Veenhoven，1996）。第一个问题是关于双语的障碍。像满意和幸福这样的词，不同语言有细微的不同和暗示含义的不同，这样我们就必须考虑到这些差异是否妨碍比较。Veenhoven 认为无须担心，因为当带着之前有关"幸福"和"可能的最好和最差的生活"的备选问题、考虑使用本土化方式调查"生活满意度"问题时，这些国家的排名顺序几乎是一样的。Veenhoven and Inglehart（1990）还发现在使用多种语言的国家，平均满意度水平在不同的语言群体中并没有差别。举一个最能说明问题的例子：说德语、法语、意大利语的瑞士人之间没有大幅度的差异；进一步地，在德国、法国和意大利的双语者之间却有区别。这强有力地说明，不论是仅仅构想出的语言群体还是发展到能代表实际文化的语言群体，都不会歪曲调查里对于幸福问题的回答。

第二个问题则回到社会期望：在不同国家里，如果社会压力夸大（或者低估）了幸福，这将使有意义的比较变得困难。考虑到一些文化，这种担忧似乎是很有意义的。例如，日本人实际上可能不鼓励表达幸福，因为这违反了谦虚的规范。在一些其他的测验中，Veenhoven 比较平均满意度——调查显示价值观层次较高国家的幸福排名高于其他国家，以便寻找这种倾向的证据。他没有发现差异，这就支持了我们的数据在一定程度上不受跨国差异和社会期望偏见的影响。

测度问题评估总结

可用证据表明，我们可以既用科学严格的方式测度生活满意度，也可以在不同国家间比较生活满意度水平而不必耗费太多的精力（对于一般的总结和评估，请参考 Bok，2010）。确切地说，这一结论是两位学者就测度幸福的自我报告所提供的最相关的评价。Veenhoven（1996：4）在大量文献中详细地检验了针对满意度自我报告科学效用的问题,最后认为大多数怀疑是"可以被抛弃"的。正如他所说,"这些研究的文献可以总结为简单的、针对幸福和生活满意度的问题,可以很有效地测度主观生活满意度"(Veenhoven,1997b:157)。同样,Diener et al.(1999:4)总结了对"整体的"(意味着整体生活)自我报告的学术共识,代表了常见的生活满意度和幸福问题:"这些测度有充分的心理测量学属性,建立了良好的内部一致性……稳定性,以及对变动的生活环境恰当的敏感性。"然后,我们得到了关键的组成部分——有效、可靠、可比较的数据,有必要对问题进行严密的调查。如爱因斯坦提出的:"怎样构建社会,使人类的生活尽可能满意。"这一路径的下一步,就是要求分析之前学者提出的理论性方法,以便更好地理解社会政治状况是如何影响幸福度的。

幸福的理论

在不同的国家和人们之间,解释幸福变化有两个主要方法。可以将这两个方法推至极致,以便最大限度地说明逻辑的有用性。一个是依靠心理学家所称的"自下而上"的方式,认为幸福感主要取决于外部的事件和状况对个人内心精神的干涉。根据这种观点,人们的幸福感受到个人的、可观测到的特征的影响,如健康;受到个人生活的社交和物质状况的影响,如是否有人生伴侣,是否享受工作及收入;受到类似于个人特征的行为特点的影响,如担心、遭遇长期焦虑的程度(本身至少部分被外部环境影响的活动);受到社会政治环境方面的影响,如犯罪率和政策自由度。这一观点认为,大众需要获得满足的程度决定了幸福感,更多的需要获得满足将产生更多的幸福感。

相反,"自上而下"理论持相反观点:幸福感是人们内部精神的加工,而不是外部世界的产物。正如自下而上的比喻所说,特别的生活事件汇集或综合起来就产生特定的幸福水平,自上而下理论认为,人们早已预设了内部幸福水平，这反过来几乎完全影响了人们每天的经历。有很多这样的理论，其中一个以这种观点为基础，认为人们的基因或经验决定了"定点"，不论外部环境给他们带来什么，人们习惯并自动地使自己适应诸如眼睛的颜色或身高这样的生理特征。也就是说，通过"适应"的过程，在幸福感和生活状况的"设定点之间产生了几乎相同的欠缺一致性"。另一个很有影响力的是社会比较理论，其基础是假定幸福感相对地取决于个人自己的生活状况与他人的生活状况的比较（Easterlin，1974，1995）。

首先，我们有必要考虑什么是利害攸关的。自下而上的解释是通过明白的、常识性的方式去理解幸福感，特别是在理解对不同国家的幸福差异的解释时。当人们的需求得到更大程度的满足时，他们会更幸福，因此需要发展社会政治结构以最大限度地满足人们的需求，从而形成最高水平的幸福感。之前章节回顾的反对政策规制市场的论点都基于这一假定，囊括了几乎所有的当代有关政策和经济的流行的（非学术）论述。我们对于能使生活更好的观点可能不同，但有一个共同的机制：当我们创造出能使人类繁荣发展的背景条件时，生活就会变得更好。

与之相比，自上而下的解释认为：如果我们能够运用极端的逻辑，并且详尽地解释幸福的决定因素，那么这就表明幸福感不是外部世界的一个功能，因此试图提高生活状况以使得世界更好，不论通过"左翼"还是"右翼"的政治计划都注定失败。在这种情形下，幸福感不能得到有意义的提升，是由于它不是取决于人们需求的满足程度。正如 Veenhoven（2009）所说，这明显地表明人们"在天堂和在地狱是同等快乐的"。如果是这样，我们是否追随撒切尔夫人或者挪威社会民主党派那些人的政策就不太重要了。

幸运的是，我们不需要在这些解释中做出选择，因为我们对生活的评估可能同时部分地被"自上而下"和"自下而上"决定。我们应该承认人们在确定的幸福水平上都具有某些性格特征。正如定点设置理论所说，人们使用一些方式对比他人，评价自己生活的位置，同时仍然保持社会结构——人类生活和努力满足需要的环境。这一重要性是一种常识性的认知。根据相关理论，进一步地逻辑检验这一观点的可能性，将有助于我们更好地理解这些联系。

幸福取决于人类需求的满足

这一观点最突出的代表，就是 Veenhoven 提出的生存理论："对生活的主观感受首先取决于客观的生活质量"，比如"这个国家的生活条件更好，居民会更快乐"（Veenhoven，1995：3）。这一解释的基础就是直观地吸引一个人在物质、心理和社交上的"人类普遍的需求"，它可以出现在我们的生理构成中。反过来，人类社会可以被理解为"通过集体分配满足这些需求"。实际中，不同国家生活质量的差异，反映了在这方面一致的差异（Veenhoven，1995：4）。总而言之，人们的需求越被满足，他们越快乐。

Veenhoven（2009）最近对"生存理论"给出了一个更正式的解决方法，即采用取自进化生物学更抽象的理论性语言，使它更加稳健。他以一个中心前提开始："一般来说，幸福是我们对感觉有多好的反映。"出于这一点，他给这个理论标上"情感"。也就是基于人的情绪感觉。他引用 Wessman and Ricks（1966：240—241）的话，大意是"幸福就是一个人在处理自己的关键性事务时，对个人经历的整体质量评估。同样，幸福代表了从情感生活变化中得出的一个概念，表明了在较长一段时间内一种明显的平衡或者一种积极情感"。继续用传统方式定义的幸福：整体上，人们享受生活的程度。这也是相对稳定的、持续的精神状态或态度。Veenhoven 认为，这种状态是积极体验和消极体验的连续总和。尽管他没有使用这样的语言，但他的观点是"我们将幸福感设想为像银行存款余额一样，积极的情感经历存入，而消极的情感经历取出"。那么，我们在任意既定时间里的幸福程度，不仅是对现在或最近情感反应疾驰而过的情绪（或者我们个人固定不变的某些方面），还可以是我们当下的、考虑了现在和以前境况的一种平衡。如果是这样，在了解情感经历的本质和演变的目的时，理解幸福的核心就很容易找到了。[3]

Veenhoven 问："为什么我们会感觉很好或很坏？"答案是："情绪是我们适应过程中不可或缺的一个部分，并且与人们需求的满足有关。"他继续说道，必需的和想要的不会混淆，因为必须是那些对于生存和繁荣很"关键"的东西。我们对生活中的事物有情感上的回应，是因为在寻求生存和发展时，这些情感线索会给我们提供指引。"天性用情感信号（如渴望、爱和热情）保障需求得到满足。"因此，我们有需求，而这些需求的达成或挫折会提供情感信号，反过来指引我们的行为。[4]"在这种观点下，消极的和积极的情绪功能正如机器上的红灯与绿灯，既指示了对的事物也指示了错的事物。"这很可能产生行为上的后果，负面消极的情绪令人们谨慎行事，而正面积极的情绪鼓励人们勇敢地大步向前。

从进化的角度看，这反过来指出了为什么幸福是一种值得我们追寻的状态，为什么幸福是人类天生就会追寻的：因为它教会我们怎样最好地满足自己的需求，那些使我们生存下去并繁荣兴旺的需求。正如 Veenhoven 所写的，"对比抽烟与不抽烟的人"，大量的证据表明幸福的人实际上活得更长久、更健康，因此我们有足够的理由相信幸福和健康之间存在因果关系。这种观点值得详述，因为互相矛盾的定点理论在根本上将幸福看作人的另一方面——正如 Veenhoven 所说，仿佛幸福或者不幸福仅仅是一种中立的、不可改变的特性，就像人们拥有蓝色或棕色的眼睛一样。

---

[3] 引用 Veenhoven（2009：60—61）的话，"这个理论从进化角度来看也是有意义的"。进化很可能发展了需求满足的监控方式，特别是在可以选择的生物体之中。理性思考可能不是主要的方式，因为它在进化中的发展较晚。适应性可能首先为情感信号所指引，所有的高级动物或多或少可以感觉到，人类也不太可能排除在这一规律之外。思考能力附加地存在于情感系统中，但不能取代情感。人类大脑构造可以体现这一点，情感系统位于我们和其他动物共有的、更古老的位置上……

[4] Veenhoven 出于很多原因强调了超越认知的情感的重要性，过于详细的不在此证明。简短来说，他依赖于一个长久以来建立的心理学观点——情感或情绪评价领先于认知，在进行选择或形成印象时情感变得更加基础，更多地影响了对生活认知的判断。

这个模型最初是以生存理论的核心观点表达出来的：人类的需求得到满足是人们获得幸福的一个很重要的决定性因素，以至于为了"创造更多幸福"而设计的社会模式，在某个明显决定了哪种社会、经济和政治条件下人们的需求最大化的方向上，仍然是易于理解的。如果我们认可幸福能因人的需求得到最大满足而达到最大限度，那么就会出现两个问题：第一个问题可以很准确地提出来，那就是什么是人们最重要的需求，我们一会儿再探讨这个问题；第二个问题很显然就是我们在之前章节中构想的，即最大限度满足人们需要从而最大限度贡献幸福的，是人类社会中两种基础的意识形态方法中的哪一种，这是本书余下内容将要阐述的问题。

为了更好地理解他所定义的人类需求，Veenhoven（2009）提供了一些指导原则，明确地指出了提升幸福的两条途径："提高社会适应性和提高个人生活能力。"前者的意思很明显，它指出应创造最能使人们实现需求的客观生存条件，譬如涉及低犯罪率、高薪水和自由的条件。后者意味着促进人类的发展，目的是使居民具备最大限度地利用资源的能力，以满足高生存率下的需求；或者更准确地说，提供一些可以通过集体行为来提高生存率所必需的技能。因此，生活能力在功能上等同于 Sen（1992）所说的人类"能力"，即在选择一个人的生活条件上有着正面的能力。Sen 认为贫穷和不平等是对能力的剥夺，它们与其他社会问题（比如，教育机会的缺失、政府施压、经济上或政治上被强加的思维或意识）压迫人的模式一样，限制了个人发展的能力。有很多途径可以剥夺一部分人的这些能力，比如忽视（缺乏教育或训练）、政府施压、经济来源匮乏；或者用一种更好的表达方式来说，一种错误的、限制个人追求的意识，或者不相信他们具有获得成功的能力［Pierre Bourdieu（1986）曾证明是"文化剥夺"］。

显然，Veenhoven 从总体上考虑了人类的需求，并直接认同了马斯洛（1970）的观点。马斯洛证明了五种人类需求，并按等级对其进行了排列，人只有在低层次的需求被全部满足后，才会追求更高的需求。安全需求、社交需求、尊重需求和自我实现需求都是心理上的需求，最令人感到幸福的社会是能够最大限度地允许个人实现自己需求的。只要我们更仔细地探寻马斯洛对每一层需求的分析,就能发现其中真正的含义。

心理需求和食物、衣服、住所一样,是人类生存所必需的。当基本需求被满足后,人们就可以将焦点放在"安全需求"上,或者说拥有"安全感"更合适:稳定的工作和收入,没有事故或疾病(对一个人的家庭,安全感就意味着没有死亡),对于个人和财产来说没有暴力或抢劫等诸如此类的事项。安全感可能还包括公平——一种全方位提供的社会承诺。社交需求不仅包括浪漫的爱情,还包括友谊和参加能够给人们以归属感的社交网络(比如,一起运动的团队、行政组织、劳动联盟、宗教团体,等等)。亲密关系的缺乏导致孤独感和孤立感的出现,这反过来引起了某些疾病,譬如内向和神经过敏症。尊重需求涉及人们要求得到他人或自己(自尊心)的尊重和肯定。他们渴望被他人尊重对待,并坚信这是人本身的价值取向。当这些需求被满足后,这个人就会感到自信和有价值感。自我实现需求是发展个人潜力的需求,也是实现人们选择的生活目标,总之,就是感觉能掌控自己的生活。

记录下需求清单与当下讨论的、已观察和与幸福联系紧密的对应关系,对于预见可期性事物或许是有帮助的,更不用说这些需求与之前讨论的支持或反对福利制度、劳动联盟及类似市场干涉的关系。

定点理论

我们有必要分辨两种人类特性:性格特征是一个人最本质的方面,而状态则适用于每个人的情况。举几个极端的例子。高度是一个特征,而贫穷就是一种状态。区别两者对于研究幸福是非常重要的,如果幸福是一个固有的特征,那么为了最大化地实现目标而尝试改变社会与政治的条件是没有意义的;而如果幸福是一种状态,那么它的水平就能被显而易见的方式影响,即公共政策能改善人们的生活条件和实现期望。

有些心理学理论表明,幸福实际上是人的一种特性,至少是某种与人物特征相联系、与人物特征十分相似的东西,是人的一种内在状态。这些争论的焦点在于幸福是否"内部起因"的产物，即某种由人的思维而非生活环境决定的东西。有些观点认为，一些人比其他人更幸福，他们天生就能吸引"定点"。这些定点代表他们正常、长期的幸福均衡水平，外界事物或条件只能略微或暂时影响它们。有些论点则认为，每个人都被预先设定好要去经历几种既定的幸福水平，这些幸福等级最终并不取决于个人生活的客观外界条件。

这个结论能从几种不同的途径得到证明，最直接的途径便是主张幸福是由遗传密码决定的，也就是幸福是遗传的。[5] 对于这个观点，最令人信服的证据是从分析双胞胎得到的。我们发现，生活在不同环境中的双胞胎拥有非常相似的心理状态（比如，Tellegen et al.，1988；Lykken and Tellegen，1996）。在这些分析（包括其他类似的研究）的基础上，我们能证明在心理方面的差异几乎有50%可以用遗传基因解释。这一遗传决定的确切数字比例引起了非常大的争议，一些人认为遗传影响的程度应该更高，另一些人则认为50%这个数据已经被高估了。无论如何，虽然人们一致认为幸福只是部分被基因影响，但至少是一个十分重要的（或者说占主导地位的）、由人们选择的生活所决定的部分（比如，Inglehart and Klingemann，2000）。[6]

---

[5] 另一种可能性是在基因证据提出来很久之前就有的，聚焦点不是幸福来自生物因素这个领域，而是推测这是一种人们早已具有的性格，在人的未成年生活中已经深深根植于内心深处。据说，一些人比其他人培养了更积极的生活态度，并不是因为他们是谁（遗传论的论据），而是因为在他们身上发生的事情决定了他们是怎样的人。这种性格的塑造很容易发生在青年时期，在青春期结束时能够完整地形成。因此，正如 Lieberman（1970：74）在四十多年前所说："在生活中的某个时期，甚至在8岁之前，个体已经完全形成了一个确定而稳定的满意度水平，并在一个广泛的环境范围内一生都保持着这种水平。"

[6] 一些心理学家着重强调了适应的过程，以一种与基因影响很相似的方式。在这种观点下，人们倾向于一些已经确定的幸福等级，当然这是不需要详述的——它只能由城镇人群（或其他可供参考的团体）对满意度水平定位的平均趋势反映。当积极或消极的事情发生时，人们可能只是被短暂影响，最终会恢复到平均水平。在这方面的研究中贡献最大的是 Brickman et al.（1976），他们试图发现不管是通过彩票赢得财富还是遭受恐怖事故而使受害者成为截瘫患者，都不会对人们的幸福感产生持久的影响。其他的一些研究支持适应的影响发生在适度的环境中，一些研究结果表明，人们通常在一些诸如离婚或加薪等事件后，又回到他们前几个月的幸福水平（Diener et al, 1999）。

幸运的是，我们要建立的就是这些了。在这种说法下，虽然幸福有50%的差异是由基因决定的，但这意味着另外50%不是。我们仍然使用擅长的数据方法证明到底是什么因素决定了余下的部分。一些人很肯定地说，美国的福利制度惠及原来的两倍会使人们感到加倍幸福，但我们仅研究50%的幸福感差异这个事实，其结论不会因福利制度的影响而发生任何改变。在这个例子里，国家的幸福感仍然会加倍。如果遗传论不介入减少不相干因素的影响的过程，那么在我们希望提升幸福感的范围里它就可能达到四倍，我们试图在这个范围内提升幸福感。

在已经检验的幸福等级中，减少的差异如同生活满意度的测量信度，只是在发现更有力的结论上存在操作性困难，并不是不赞同已经发现的任何统计上有意义的结论。这样看来，需要明确的是，对遗传学或其他任何一种固定的人格特征形式的探索，与个人对生活的满意度是不相关的，除非我们发现了推翻非遗传因素影响这个观点的证据。定点理论没有充分的理由使人们相信，我们不应该指望公共政策提高人们目前的生活质量，无论是干涉市场运行，还是保护市场不受到干涉。[7] 即便如此，定点理论文献还是有突出的成就，因此偏离主题分析它的逻辑对我们会有所启发，也就是运用与生存理论完全一致的方式去理解人格特征如何影响幸福是有意义的。[8]

---

[7] 当然，即使已经完全接受了定点理论或适应理论，可能还是会有人对这种期望提出疑问。正如Carol Graham（2005：48）所记录的那样："在定点理论的解释下，幸福水平会因发生诸如疾病或失业等事情而显著下降。即使水平最终回升至一个更加长期的均衡水平，但是在此期间，减轻或阻止不幸福、避免一个人数月甚至数年的经历被磨灭，这对于政治来说似乎是一件值得去做的事情。"

[8] 这或许是一件值得记录下来的事。定点理论表明，许多实证证据可以反驳幸福是人的一种特性或者类似特性的某种特征这个观点。Veenhoven（1994，2009）对这个问题进行了详细的调查。他考虑了关于特性理论争论的实证预测核心：幸福水平一直以来都是稳定的，它不会因"幸运或不幸"而受到持续影响。他也对"生活质量是由'内部'心理特征而不是由'外部'生活条件所决定"这个理论问题进行了分析调查。在他的实证分析和对现有文献的评述中，Veenhoven（1994）推断特性这种解释是错误的。"调查结果显示：（1）幸福在短时间内是稳定的，但在长期中不是，既不是相对的也不是绝对的；（2）幸福与幸运和不幸是不完全没有关联的；（3）幸福不全是事先设定好的，遗传基础充其量只是较小的一部分，心理因素也仅仅解释了一小部分差异。"

个人特性与主观幸福感

十多年前，Diener et al.（1999）准确地注意到，"心理学领域研究者的工作模式"取决于定位点的概念。而近期的一份相关文献调查指出，很多工作在逐渐积累与其效用"相悖证据"的同时，也引起了人们对这种观点的强烈"质疑"。即使这样，它在心理学上还是维持了"主要的或得到广泛认可的理论……在主观幸福的调查上"（Headey, 2008）的观点。而且，Diener et al.（1999）也承认在这种解释下，定点理论不再被认为是唯一的决定因素，"主观幸福"被认为包含性状与状态两种特性。

在这种解释下，人们赞同幸福在本质上不是一种特性这种观点，但是对于幸福能否被其他与特性联系紧密的个性因素影响这一点还存在很大的争议。某些特性不是遗传的或者在个体成长过程中获得的，但人们认为，无论发生什么事，这些特性始终能影响我们对周遭事件在情感上的反应（实际上，我们依据认知进行理解和分类）。也就是说，幸福间接受到个人特性的影响，而我们可以透过这些特性诠释这个世界。我们在第 3 章已经知道，个人特性通常被认为是能够影响生活满意度的：外向、神经质、乐观、自尊、效率（对自己生活的控制感）。最后的三个特性能影响个人对幸福的感受，这个过程不言而喻：那些对未来充满自信的人、尊重自己的人、能控制自己生活的人，能够以一种更加积极的心态面对每天发生的事情。其他几个特性对幸福产生的影响更加复杂（Diener et al., 1999），但最终还是与幸福有着直观的联系。外向的人更不愿意做对他们无益的事，而更享受人际交往过程；神经过敏的人总是乐于担忧和焦虑，当他们发现不需要进一步苦心经营后，生活便不那么吸引人了。

这场争论的观点很明确：人们认为幸福只是部分地被相关的个人"特性"影响，所以幸福本身是类似于特性的；与此同时，大家也承认幸福是部分受外界条件影响的。但这里出现了一种更深入的观点，该观点不是特性论支持者表面上赞同的那样，而是遵循这样一个事实：在个人思想方面，影响幸福本身的并不是那些固定不变的特性。它们也许是固有的性格，但并不是完全不可改变的。随着时间的流逝，人们可以在一段时间内变得更乐观或更悲观、更外向或更内向，等等。他们不只是改变自己的行为，还改变自己内在的性格。我们自身和周围朋友的这些改变是很正常的。不难想象，个性会逐渐发展，特别是在生活条件鼓励这种成长的时候。例如，上大学就是一种非常可能影响人格特性的方式，我们常常将其与成长和发展联系起来。[9]

我们可以对这种逻辑思维进行延伸，思考以下这种现象：当外界条件改变时，一个人可能变得更乐观或更悲观、更敏感或更不敏感。例如，当人们面临世界经济危机时，新政计划的出台给人们带来了希望，毫无疑问，这在减轻极度恐慌和担忧的同时，也增大了人们的乐观程度（即神经过敏症）。这样说来，人们在观念上的改变不只是情绪上的转瞬即逝，更是有关更美好未来前景的人生观产生了持久的改变，我们可以设想，这些改变在功能上等同于影响幸福的个人特性。一些重大事件能使人改变，比如在经济萧条状况下生存；同样，人一生当中的平凡小事，逐渐累积也会改变一个人。

由此我们可以推断，这些个性会随着个人生活条件的改变而改变，"天生的"性状——比如幸福，至少与个人外部因素有所呼应。如果是这样，我们或许可以承认幸福只是部分地被特性的某些方面影响，但我们同样要承认这些相同的特性是容易改变的。所以，被设计用以提升幸福感的公共政策，可能用于指导人们培养潜在的、有助于提升幸福感的个性。当然，这类常识性观点在心理学文献中是很明确的。举个例子，Emmons et al.（1986）在很久以前就提出，环境和个性相互影响，这从很多之前描述的方法中可以得出类似

---

[9] 给学习民主理论的学生举一个熟悉的政治例子。被鼓励（或被要求）参与集体运动或民众组织的公民，参与活动的过程使他们增强了自尊、自信和办事效率（Radcliff and Wingenbach, 2000）。因此，创造更多的民众参与的机会（比如，工会提供工作的机会），可以借此培养群众积极的品格。

的结论。最近，Boyce et al.（2012）提供了有力证据证明：长期以来，个人特性实际上与幸福有着相当大的联系，并且特性的改变与幸福的预测改变方向一致。从目前的状态到完全等同于特性，这只是一小步，如 Sen（1992）认为的人类能力的功能或乐观性显然受到诸如贫穷之类的强大外部条件的影响。我认为，这实际上是最有意义的方式，Sen（1992）在提出这些因素时强调，对于人格特性问题的构思，反过来应指引我们制定相应的政策、改善客观的生存条件。

人格特性能够改变的观点与激发全部"积极心理"的相关文献具有相同的意义，两者都试图给予在获得更多幸福上的实践性策略，而不论人们的定位点或人格特性是什么。为了"学习"成为一个快乐的人，人们可以插手自己的生活，在某种程度上改变他们本身的特征以教会自己在现实中少一些担忧、少一丝害羞、多一些乐观，没有人会对这项建议提出异议。他们应该学会培养自己的行为，对那些提升乐观度和自尊的特性有一个认知。如果人们自身可以做出这些改变，显然，我们就可以认为社会对生活环境的改变具有同样的效果：为了提升最有利于人们幸福的心理状态，我们可以改变社会政治的安排。[10]

不那么严格地看，这个观点与 Kahneman 及其同事近期的研究结论是一致的。他认为，虽然幸福确实受到性格的影响，但也同样受到"人们分配时间所进行的活动带来的愉悦感"的影响。当然，正如 Kahneman（2008）所强调的，Sen（1992）也提到，一个人一生当中所有"活动"的"愉悦感"相当大地受到个人财富和地位的影响，更不用说个人所处的更为广泛的社会和经济环境。换言之，"人们分配时间所进行的活动"受到生活环境的强烈影响。那些挣扎在温饱线上的人在"时间分配"方面与富裕阶

---

[10] 幸福心理倾向的可塑性从移民的经历可以很明显地看出来。文献显示，移民倾向于不断调整他们的主观幸福感，以便与他们目前所生活的社会的一般水平持平，而不是保持着其出生国度的水平（Veenhoven，1997a）以及个人的定点水平。

层具有根本性的不同,其原因是不言而喻的。我们更加准确地验证了先前关于幸福的猜想:毫无疑问,幸福部分地取决于性格,但也由人的客观生活质量决定;反过来,幸福在某种程度上也反映出我们生活的社会客观环境。

由此,幸福最正确的解释不再是某种固有的人格特性,而是一种结合生活环境、经历和特定性格相互作用的产物。这阐明了一个一般性结论:在确认引起不同时间、不同地点下幸福平均水平变化的因素时,定点研究法或特质研究法实际上与"生活力"理论的常识性观点相差无几。因此,特质研究法最大的贡献不是引导我们放弃提升全人类幸福感的想法,而是强调了我们可以努力通过其他方式达到这个目的。促进和加强某些方面的人类性格特征,也就是那些能最大限度地让人们发现他们天生就想追寻幸福的个性。

总而言之,比较幸福与肥胖的概念或保持对健康这种特质的偏好或许是有用的。这些个人层面的特质在不同的人群、不同的国家之间都是有所差异的:在任何一个国家,都会有一些人比其他人更健康,就像在不同国家里,其健康水平也是不同的。每一种概念都被认为存在遗传因素和人格因素的成分,但没有一种是完全由某种特质决定的。不能说某人完全是肥胖,更不能说他们的主要特质是肥胖,因为那仅仅是他们的样子。与之相反,他们对健康水平的潜在认知与其饮食和生活方式有关,并受到它们的深刻影响。与之相似,我们从各国不同的肥胖水平中发现,这种变化并未反映出由这些国家典型的饮食习惯所产生的人民共有的基因遗传。例如,美国的高度肥胖被广泛认为是由美国的饮食习惯所导致的,而不是某种盛行的"肥胖基因"不知如何支配了美国的基因库。尽管一些变异确实要归因于基因结构,但大部分其实还是美国国民饮食习惯形成的"客观状况"的作用。那么对幸福来说,这可能是一样的:个体的基因和(或)与基因相似的不可改变的特性可能起到了一些作用。但我们仍能发现,个体外部的、对于个体来说易于改变的因素也起到了作用。对幸福的研究者来说,目标是识别像饮食或锻炼那些对于肥胖起作用的因素，进而建议公共政策鼓励相应的行为。[11]

社会比较理论

1974 年，经济学家 Richard Easterlin 围绕一个问题发表了至今都十分经典的文章"Does Economic Growth Improve the Human Lot?"。此后，许多研究对 Richard 于这个问题所做出的回答进行了阐述和辩护，而他的答案既令人惊奇，又令人不安。一个国家一旦达到最低水准的富裕，更大的经济增长就不能产生更多的幸福。这种经验之谈的证据基础是：国家的人均 GNP（国民生产总值）和人均幸福水平之间缺乏明确的关系——随着一个国家逐渐富裕，幸福感却不会因此而提升。Easterlin 提出一种理论解释：主观幸福感是社会比较的产物，在任何特定时间点，人们将他们的经济状况（"消费"水平）与平均状况进行比较。因此，美国人在 2010 年感到快乐，是因为他们的消费水准高于"平均消费水准"；而当他们的消费水准低于"平均消费水准"时，他们就会感到失落。举个例子，所谓的 2010 年全部或者几乎全部的美国人的消费水准超过了平均水平（指 1950 年的消费水准中值）的结论是文不对题的，因为重要的是个人水平和他人水平的比较。因此，我们通常认为，就像 Easterlin 指出的那样，在任何特定的时间点，高收入人群确实得到了更大的幸福，但这仅仅是因为他们在当时获得了更大的财务成功。中值收入随着时间而增加（GNP 增加可能产生如此结果），但并没有改变人均幸福值，因为根据定义，低于中值收入的人和高于中值收入的人是一样多的。

---

[11] 如果 A 国家的人比 B 国家的人瘦，而这一结论在某种程度上与哪类饮食习惯会更加导致肥胖的理论预测是一致的，那么解除这种关联性的唯一方式就是假定有第三种因素既影响了肥胖也影响了饮食习惯，从而形成了饮食习惯很重要的错觉。然而这似乎是不可能的，无论如何，没有人会真的相信美国人肥胖仅仅是缘自他们的遗传背景，而与他们的饮食习惯无关。因此，这个有关肥胖的比喻为这个道理提供了一个直观且强有力的例证：即使基因很重要，但它们也并不是唯一重要的。就像没有人真的支持"我们对肥胖无能为力，因为肥胖完全取决于人类的基因"的观点。同理，"幸福并未受到人们在社会中的生活质量的影响，我们不必在意我们如何能活得更好"的想法是同样荒谬的。

现在，指出社会比较理论的一些问题是至关重要的。似乎 Easterlin 自己也相信，社会比较理论经常被认为最重视或只重视消费，并不关注能够提升幸福感的其他因素，比如健康或家庭生活质量。如果是这样，这个显著的结论，在某种程度上也是社会比较理论的唯一可取之处就是：作为一个社会，我们应该鼓励渴望幸福生活的人们减少对财务收入的关注，这样他们就会从其他领域看到更多的回报，而这些回报并不像财务收入那般严重地受到社会比较的影响。[12] 政府更应该专注于价值观念而非（或者至少优于）经济增长，比如安全、健康、稳定且令人满意的人际关系、工作满意度、社会资本，等等。

这个推断由两部分组成：第一，更多财富只会使一个人变得更贪得无厌，以便在等级社会中保持或提升个人地位，它使人处在"享乐跑步机"上而不能持久地提升幸福感；第二，人们在财富比赛中的相互追逐，实际上使生活对其他人来说变得更糟糕，他们向其他人提供了一种向上的推力从而向社会施加一种消极的外部效应，以保持他们相对其他人较高的地位。具体来说，在精神层面，英国经济学家 Richard Layard（2005）认为这种对更高收入和更大职业成功（谚语所说的"你死我活的竞争"）的狭隘追求是一种"污染"，就像工业废料一样影响社会。他认为，社会政策（例如，对收入的特殊征税）应该帮助人们在工作和生活的其他方面保持更好的平衡。从更普遍的角度，他提出了完全合理且值得称赞的建议——我们应该减少对收入（和经济增长本身）的关注而考虑使幸福更易产生的事情，这涉及我们已经提过

---

[12] 关于这个方法，Veenhoven（1991，2009）的评论是最犀利的，他倾向于解释社会比较理论的逻辑：假设这一理论确实可以应用于一切可以提升幸福感的方法，那就意味着"实际的生活质量对幸福的影响并不大"。由于这个理论显而易见是错误的，因此我们必须放弃社会比较理论或者缩小它涉及的应用范围。Veenhoven 基于需求获得幸福的方法与社会比较理论的分歧，仅仅取决于社会比较理论可以应用于生活中的哪些领域。只要我们限制社会比较理论的应用范围（只限于消费），它就能与 Veenhoven 提倡的获得幸福的方法兼容。

的那类因素。[13]

社会比较理论仍存在争议（更综合的评价请参阅 Dutt，2009；Graham，2009；Frank，2009），更多的关注自然就放在了"Easterlin 悖论"本身。[14] 为了我们的最终目的，Kahneman（2008）有关全球模式的总结包含了至关重要的一点："从挪威到塞拉利昂，人类无处不在，显然他们对生活的评价是基于共同的物质繁荣标准，这一标准随着 GDP（国内生产总值）的增长而改变。"幸运的是，针对相对消费假说作为一般现象的说法，我们仍保持着不可知论的自由。在这一范围内，相对收入对于相关性实证分析的任何影响，相比于绝对收入对于幸福评价的影响，是最容易控制的。这一经济实证文献倾向于关注绝对的而非相对的收入，从而无须担心这一策略使最终模型被错定。[15] 不过，一个直观的方法会减轻我们对于相对收入影响结果的担忧。在接下来的章节，我采用了这一方法：将个人对满意收入的主观水平和他们的实际收入作为控制变量。如果对人们来说相对收入是比较重要的，那么它就会影响人们的满意收入水平，因此把这些包含在模型中将涵盖任何潜在的、人们基于这一方法评价生活标准的影响。

---

[13] Layard 主张，如同这个领域的许多学者，生活的五个核心领域导致幸福的产生：家庭关系、财务状况、工作质量、社区和友谊，以及健康。因此，社会和经济政策应该被更明确地导向这些目标，而不是狭隘、过分简单地关注收入——经济增长。这些优先项与能使生活更令人满意的高度福利制度、强有力的工会、经济管制之间的理论联系无须赘述，Layard 域和马斯洛需求层次理论之间的联系也是如此。

[14] 例如，Oswald（1997）。有关 Easterlin 及其批评者更详细的观点交流，请参阅 Hagerty and Veenhoven（2003），Easterlin（2005），Veenhoven and Hagerty（2006）和 Easterlin et al.（2011）。

[15] 举一个著名的例子，Frey and Stutzer（2002）在他们重要著作中回顾了收入对幸福的影响的相关文献，他们主张"绝对收入水平并不是最重要的，人的相对地位才是更重要的"。然而，他们针对收入本身的影响和其他幸福决定因素的实证分析表明，对于这些因素来说，收入仅是一个控制变量，从而可以利用绝对收入进行传统测度。如果是相对收入更重要，他们该怎么办呢？显而易见的答案是：一个人可以忽视相对收入（即使有人相信它是最重要的），在以经验为主（部分是因为两种共变以一种明显的形式呈现）的幸福上，绝对收入是可以完全体现收入（绝对或相对）的真正影响的。

幸福的决定因素

我们现在把注意力转向关于详细说明实证建立个体层面的幸福决定因素和之前研究已确定的国家层面的幸福决定因素的问题。我的核心目的是回溯我们知道的那些关于国家和市场之外的因素与幸福之间的关联。为了更好地掌控这些实证模型中的因素,接下来的章节展开更详细的阐述。

我们必须先停下来思考最初的问题,以此开始我们有关人类需求满意水平相对于定点的讨论。实证研究描述了这个基本问题:外部条件和人们内心的情感过程是否与幸福感的成因有关联(给定一个有力的理论依据预期这样的联系)?这种情况是否幸福的特质论和适应论之间的核心区别?答案提供了一种区分它们的方式。

幸福有关联性吗?

从字面上看,定点理论和特质论都认为在外部条件不重要的情形下,或者至少没有持续的重要性时,所有事从根本上都不与幸福发生联系,不管它是带来了幸福还是造成了不幸。在大样本中,生活事件的暂时效应会相互抵消,特别是衰退作用消除了这些事件在短期内对满足感的影响。平均来说,人们应该正处于或接近他们的定点,或者他们已经极好地适应了所面临的任何生活状况。不难看出,个人的生活事件和外部条件之间的联系很少,或者可以说没有联系。个人层面的因素(比如收入或婚姻状况)或者国家层面的状况(就像是经济发展的水平)都是不重要的。

当然,在现实中,这些自上而下理论的支持者通常不会声称对人们来说外部力量是完全无关紧要的,只是对于幸福而言,它们的影响是微弱的或无实效的。这一论据基于一项多次被提及的主张,即外部变量仅解释了很小一部分的主观幸福差异(Diener et al., 1999)。尽管这一有影响的论点为那些自上而下的模型提供了原动力,但它在一些重要的方向上是有问题的。它夸大其词了,相较于从前的研究,现在的研究认为外部力量和幸福有更强的联系。例如，Kahneman（2008）指出，生活满意度和一个国家 GDP 之间的相关性"超过 0.40，这在社会科学中是一个异常高的量值"。他引用的数据显示，在社会科学中，对于调查数据的一般偏好是以相对稳健的相关性替代被研究的现象，而不采用冒险的统计数据。这样的做法，是缘于数据的不可靠性。之前已经讨论，这是一个技术上的问题，也就是调查方式本身带来的问题，这表明它自身就是一个测量误差，趋向于削弱数据的联系。但它不引起偏见，仅仅产生干扰，倾向于削弱关系，使得它们相比可能的状况显得更弱。研究者曾经使用这些解释力较弱的差异进行调查但极少受其影响，就是这个原因。无论如何，还有一个权宜之计可以用来判断低相关性是由于随机的测量错误还是真的缺乏与外部事物的联系：合计单项数据获得总水平，也就是将分析的单位从个体自我报告变为国家级别。如果随机的测量错误是一个问题，那么当大量的调查对象被平均后，这个问题就会自我解决。实际上，这就是许多关于幸福的社会政治决定因素的研究基于国家级别而非个体层面数据的原因。

这些研究的结果证实了一项建议——外部因素确实解释了幸福感的很多差异。仅举三例。Veenhoven（2004）解释道，75% 的关于多个国家平均幸福感差异的研究使用了代表经济富足、经济自由和民主的变量；Pacek and Radcliff（2008）解释道，从经济和政治的变量上看，欧盟成员国的社会满意度（1975—2002 年）有不少于 94% 的差异；Helliwell and Huang（2008）的报告称，结构化社会条件模型说明，在超过 70 个国家的样本中，平均满意度有 70% 的差异。其他的一些关于总体满意度的研究也产生了相似的结果。总而言之，个体外部因素和幸福感之间的低关联性，似乎是之前我们提及的数据不可靠带来的"麻烦"。在国家层面上进行平均，可以极大地排除这些不可靠因素，这恰好证实了自上而下的定点式理论否认存在的强关系。

对于个体层面的低关联性（幸福必须由人的内在因素决定），通常的解释并没有遵循另一种已有的、更为基础的说法：关联度不是简单地用以判断线性关系强度的数据统计结果，或者说收入和幸福的高关联度很显然并不意味着那些可变因素之间存在必然的紧密联系，适当的收入变化会使幸福感产生很大的改变。正如 Achen（1982：61）所说，在这种情境下，关联性"不能衡量任何事物的重要性"。反过来，重要的是收入和幸福感之间连线的倾斜度（回归系数），它准确地提供给我们想知道的情况——收入改变与幸福感变化的联系。关于这个问题，除了方向（是正还是负），关联性在任何事物上都是无用的，它并没有表明这种关系的强度。一个高的关联性能够很容易地与一个微小的倾斜产生联系，事实上，这说明收入和幸福感的关系是很不稳定的；相反，可能存在低关联性但十分陡峭的倾斜，这暗示幸福感相对收入是有弹性的。当然，这个论点被定点理论否定了。

以文献发现的一个普遍特征为例。这是 Blanchflow and Oswald（2002）提出的，他们在英国发现（证实了之前的许多研究），失业对生活满意度具有广泛的和高度的消极影响，而这与自上而下的理论是不一致的。他们报告在美国也有类似的发现，生活满意度和其他变量（比如婚姻破裂）之间存在很强的联系。与此同时，他们的模型大约有 5% 的微小可解释方差。值得一提的是，富有计量经济学经验的研究者完全只关注它们之间斜率的大小和意义而非可解释方差，从而正确地判断出失业对社会满意度具有巨大的影响。这个低的决定系数不值一提，因为在使用个体层面的调查数据时它总是出现，可解释方差被测量方式与响应误差（不可靠性）人为地减弱了。高可解释方差对模型而言通常是好的结果，但并不总是必要的。相反，我们关注对独立变量的估计，因为这些变量会告诉我们哪些因素在统计上（有意义的）和实践中（通过影响独立变量的程度来显示，如系数的大小）是重要的。

以上讨论可以得出两个结论：第一，我们能够自信地说，支持从自下而上理论到自上而下理论的转变的重要证据与它们之间的争论几乎是无关的；第二，使用更合适的统计数据（斜率而非相关性）和国家层面数据的均值，可以提供证据支持自下而上理论而非自上而下理论。现在，我们的任务只剩下回顾个体层面和国家层面的因素，之前的研究已经确定了它们是幸福的重要决定因素。

幸福的个体层面决定因素

一系列的扩充文献列举了决定人们幸福程度的相关因素,接下来的讨论大多放在它的架构上,并借助 Frey and Stutzer(2002)提供的文献回顾,以及最近该领域的其他调查(Layard,2005;Di Tella and McCullough,2006;Graham,2009;Diener et al.,2010)。

社会人口统计学因素。关于幸福,以年龄为变量呈现出 U 形模式,表明小孩和老人比位于中间年龄段的人更快乐,幸福的最低点(控制其他因素)大概在 40 岁出头。对这个结论有着不同的解释,最显而易见的是年轻就代表着快乐,但是对生活的失望和妥协会抑制快乐,直到一个人学会以更为复杂的方式享受生活。

性别。尽管总的来说,收集的数据似乎表明女性比男性稍微快乐一些,但性别对幸福感的影响仍较不清晰。这很容易被一些事实验证,女性比男性更常受到焦虑和其他情绪失控的折磨,因为女性可能经历过极端积极的情绪和极端消极的情绪(关于女性情感健康的详细回顾,请参阅 Nolen-Hoeksema and Rusting,1999)。普遍说来,既不是生理差异也不是社会指定的性别角色鼓励了这种倾向,只是平均来说女性的情绪化程度更高,因此只要在长期内保持情绪趋向积极的相对平衡(就像数据建议的那样),女性就感受到比总体平均幸福值更大的幸福。

人种。在美国,人种这一变量在幸福感上有着可预见的作用:有色人种的主观幸福水平低于白人。但在一些研究中,这一区别的大小可能低于预想,因为人种的某些影响可能会被其他变量抵消。例如,收入或者诸如自尊这样的心理因素,然而,我们发现两者在传统上受到歧视的群体中的影响低于白人。人种之间存在区别的现象,至少在美国,随着时间的流逝而减少。正如人们所期望的那样,歧视的程度在最近几十年间有所下降。在跨国度层次上,人种因素很少被研究(某种程度上是缘自世界价值观研究学会的限制,它提供国家间比较的大部分数据),不过与美国相比,其数据似乎呈现出相同的模式。以南非为例，报道称黑人比白人更不幸福，但当控制了一些表明黑人在社会中处于相对较低地位的因素（如收入）后，人种间的差距变小了。从统计的角度看，当控制了适当的相关统计变量时，人种影响的这一现象就几乎消失了。因此，当数据没有考虑人种的影响时，估计模型允许忽略将人种作为控制变量。

教育。教育对幸福的影响是不持续的，因模型设定的不同而不同，在某种程度上是因为教育所产生的影响与收入之类的其他变量有所交叉。公平地说，更高的教育可能不会带来更大的幸福，因为教育也提升了人们渴望达到的幸福层次，这使幸福变得更困难。教育也可能鼓励人们过分追求工作上的成就，使其变得更像一种职业，反而减少了人们在生活其他层面（例如，朋友和家庭）上的精力投入，这不利于幸福感的产生。

收入。收入是被研究和讨论得最多的影响幸福的因素之一。书中有一句充满传统智慧、熟悉的劝诫——钱不能买到幸福，意味着收入对幸福感的影响相对较小。然而，有人发现更大的幸福与更多的收入相关，但是可解释方差的数值趋于微小。正如我们在之前的讨论中所见，仅仅考虑可解释方差，不是判断给定变量对其他变量价值的相对贡献的最好方式。Frey and Stuzer（2002：82）提供了一些简单的证据，表明收入扮演的角色可能比其他心理因素更重要。他们指出，以美国的状况为例（采用1994年的数据），"在收入水平低于10 000美元和收入水平高于75 000美元的两个人群中，分别有16%和44%的人认为自己'非常快乐'；而在收入相同的人群中，认为自己'不很快乐'的比例从23%降至6%。"这些差异是戏剧性的，尽管与常规认知类似，但是同样的数据显示幸福感和收入之间的关联性仅20%。如之前所说的，对这种关联性的依赖使得它们之间的关系与实际相比变得不显著。

一个值得关注的证据显示，收入对幸福的影响呈现递减效应。尚不明确两者的关系在多长时间内会变得平缓，此时额外收入开始提供极少的额外利润。Frey and Stuzer（2002：83）提供的主观幸福相对收入变化的图表显示，在最高年收入100 000美元及以上的人群中，其幸福感即使达到上限也只在一个适中的水平。在这项研究没有包括的高收入（收入介于 200 000 美元和 300 000 美元）人群中，这种关系曲线可能变得非常平坦。但这种模式对于处于合理收入水平的多数人群——大约 95% 或更多的美国人而言，表现出极小的线性差异。这对我们理解收入对利润的递减关系是十分重要的，但是他们仅基于高收入水平人群展开研究，这取决于我们如何构建收入影响的统计模型。收入层次之中存在的微弱线性差异实际上包括了这项典型的调查，由此我们推测幸福实际上与收入存在线性关系。

就如我们所见，经济学家有时主张测量相对收入而不是绝对收入（Frey and Stutzer，2002）。当收入高于他人时，人们表现出更高的生活满足感。这表明一个简单的方法可以控制统计模型中的可能性：将个人的主观满意收入和实际报告收入都作为控制变量。如果相对收入对人们来说是很重要的，它就会影响人们的收入满足水平，通过这一机制，模型将捕捉到人们对生活评估的任何潜在影响。就本章节讨论的所有"控制变量"来说，目的不是明确地评估它们是否影响了满意度，而仅仅是将它们作为潜在的可选择解释。我们会将它们集中起来，确保我们的统计结果不会因没有考虑其他可能存在的偶然因素而被视为落后的。

就业因素。引用 Frey and Stutzer（2002：10）的总结是很方便的。他们汇总了公认的影响幸福感的这类工作问题："就业和工作状况、职场压力、与同事的人际交往。"大部分文献（例如，Lane，1991；Hochschild，1997）宣称，在大多数人的生活中，工作的重要程度很高且还在提升。实际上，几乎不需要权威的学术著作，人们就能意识到工作在生活中的中心地位：人们对生活的普遍认知会受到工作关系的影响，这是毋庸置疑的。所以，不必惊讶于与工作相关的事项会影响幸福感。在之前的章节中，我们恰好关注了这类事项，以及它们与人们的生活质量的相关性。现存的文献倾向于将这些问题结合起来，形成工作满意度这样一个简单构成。尽管这并不简单，但这种方式很有建设性。这些研究显示，工作满意度（即便使用我曾经极力批判的简单标准）对综合幸福感是一个有力的指标。更有趣的结论为，学生对工作的满意度识别出工作中的哪几个方面决定了这种满意度。不仅包括支出和收益，还有之前章节讨论过的一些明确事物都直接影响了幸福感：不仅有工作保障性、工作中的人身安全性、工作提供的社会地位、工作中自我引导的机会、积极使用个人技能和能力的可能性，还有收获友谊的机会，以及与同事的个人关系（Frey and Stutzer，2002：104—105）。

比工作满意度的多个层面更重要的是拥有工作，就是说没有失业。假设一个人的（或者可能是一个家庭的）财务安全依赖于工作，那么很少有比一个劳动者拥有工作将带来愉快生活这件事更明确的了。正如我们所见，假设在市场化社会中，劳动者依赖于将其劳动力作为商品出售以谋生，那么劳动者无法找到买家购买劳动力这件事必将带来不幸。我们在本书中能清楚地看到：失业是不幸的最大关联事物之一，它通常成为确定幸福级别的最重要因素。

婚姻和其他社会关系。如果还有其他主观幸福的决定因素能作为失业的竞争者，那就是亲密的人际关系。婚姻或生活中类似的伙伴关系，被广泛认为是最重要的人际关系。因此我们发现，无论何时何地，婚姻都能提升幸福感。由男性和女性共同维持的这种关系在面对其他控制变量（包括失业、收入、年龄等）时是十分稳定的。[16] 婚姻的重要性无须赘述：至少成功的婚姻在对抗孤独（它确实降低了幸福感）时提供了强有力的保护，它通过提供"逃离生活其他压力的场所"而成为自我尊重的重要来源（Frey and Stuzter，2002，57—58）。在这种情形下，婚姻提供了巨大的情感效益，证据表明"婚姻在死亡率、发病率和情感问题上具有显著的作用"（Lee et al., 1991，Frey and Stuzter，2001：57）。

与情感的亲密性所产生的效果大致相同，其他类型的人际联系也产生了更高水平的幸福感。与朋友和家人之间的亲密关系仅次于婚姻关系，接下来

---

[16] 婚姻在包括有关"个人家庭生活"质量的控制变量时，它的统计价值减弱了，这表明普遍所认可的、广泛的、更具包含性的限制能够减弱更为特殊或狭小变量的显著效果。但是，这并不总是意味着，如同婚姻一般明确的因素从本质上来说是不重要的。

是普通朋友、邻居、同事关系等。所有这些积极的人际关系显然对个人的生活质量是有益的。

因此，我们将普遍意义的社会联系看作幸福感的一个来源。成为互助人际网络群体支持的"社会资本"型相关团体（比如，社会和公民社团、邻里互助会和其他志愿者团体）的一分子，人们表现出高层次的幸福。Putnam（2000a）证实，融入这类社交网络的人（志愿加入这类组织的人）展现出更高层次的快乐。尚不明确在哪个方面存在相关性，人们变得开心是因为他们参与还是因为他们本身就很快乐呢？同样，其他重要的益处是可以使个人"社会关系"提升到一个较高的水平；"信任互惠准则"的发展（一个调查项目通过征询人们对他人的信任倾向进行了相关测度）也表现出与幸福（还有其他从身体和心理上对幸福感的度量）的正相关关系。[17]

健康。就像就业（失业）或婚姻，健康是任何幸福决定因素列表中显著的相关对象。数据证实，自我报告的健康是幸福的另一个持续且有力的预测因子。虽然医生的健康评估起到的影响变得越来越小是事实，但这无法改变一个基本的推断，那就是自认为健康的人比自认为不健康的人更快乐。

宗教。在有关幸福的文献中，研究了参加礼拜这一宗教原则方面的事项，它普遍表现出与幸福之间积极的联系，但问题是很难从精神上解决参与宗教（增强了社会联系）所产生的社会效果。Inglehart（2010）或 Norris and Inglehart，2004）解释道，宗教可以通过许多途径提升社会联系所产生的幸福效果（比如，提供在不确定或危险世界中生存的意图或目的，或者不太恰当地说，为了在地球上生存而"抑制内心的欲望"），即便他说的这些联系很可能随着福利制度的发展而有所降低（从之前的章节中可以观察到）。在关于这一课题制度做得最好的工作中，Putnam and Campbell（2010）使用面

---

[17] 这也有一些证据，主要是 Helliwell（2003）发现的。它们证实了我们所期望的，与志愿组织中的成员单位平均数量一样，一个国家内的人际信任平均水平对幸福整体水平具有积极的效果，产生的净结果是提高了人们之间的信任度和志愿服务水平。

板数据，比通常使用的横截面数据更好地剖析了宗教与幸福之间的因果关系；同时提供了强有力的证据，证实宗教信仰和幸福之间之所以存在联系，是因为信教人群是通过社会联系起来的。也就是说，他们发现没有证据表明宗教信仰能解释幸福。巧合的是，在我们仅将宗教作为控制变量时，我们仍对参与宗教服务所带来的天然益处持有争议，在我们的经济模型中仅包含这一个变量。[18]

认知倾向和情感倾向。正如我们刚刚指出的，现有文献提出了许多与幸福相关的个体特性：外向、神经质、乐观、效率（换言之，控制生活的意识），以及自我尊重。这些特性为什么会提升幸福感是不言而喻的（Diener et al., 1999）。性格外向的人比性格内向的人更幸福，因为后者更多的是向内看，惰于参与社交，并且很少寻求或享受友情；与内向者的过度自我关注不同，外向的人能更多地在他人身上投入情感，并且拥有有价值的婚姻和其他人际关系。神经质的人很少会快乐，因为焦虑和其他情绪失控给他们的幸福感施加了消极的影响，并且干扰了建立和持续培养一段关系的能力；神经质的人倾向于关注消极的生活事件，并深受其有害影响。乐观主义者面对的是一个他们期望获得最多积极体验的世界，因此他们体验到的可能正是如此；在追逐目标时，他们比消极主义者受到更少的阻碍，因为总是想着失败的人不会坚持，更易失败。高效率的人更加快乐，因为他们不自认为是超出自己控制力量的受害者，反而会将挫折和失望转化为通向积极的行动而非一味顺服；实际上，这类人认为他们拥有自主权并能引导（因此满足）自己的生活。最后，高度自尊的人不仅认为自己和自身能力不错，还显著地提升了自我认知的技能，从而在面对生活中的挫折和失败时维护了自我形象；此外，一个人拥有自尊说明他受到了社会的尊重和看重。

---

[18] 其他的调查问题有时会用于衡量宗教信仰的意义。世界价值观调查询问受访者有关在他们的生活中"上帝有多么重要？"这个问题的难度在于"上帝"的含义是模糊的，即使有着确定的宗教传统，它在跨文化上也很难得到理解。

幸福的国家层面决定因素

针对个人所在国家的特征如何影响其幸福级别这件事得到的关注相对较少。

涉及这个话题的相关文献较少，大多数研究聚焦于个人层面，这使得我们对于国家层面的幸福决定因素了解甚少。一种趋势使这种状况变得更加糟糕：不同的学者使用不同的控制变量，运用不同和不相称的方式操纵概念，依赖大量的不同国家样本而没有充分考虑到后果（例如，把发展中国家和工业化国家混为一谈），使得各种类型的国家样本堆积在一起。也就是说，现有文献识别出很多因素，而这些因素广泛地影响了跨国幸福水平（Pacek，2009；Graham，2009）。

经济发展。在研究过的所有变量中，国家经济发展水平或现代化被看作是最重要的。考虑到富裕的国家相较贫穷的国家拥有更多的优势，这丝毫不令人意外。最明显的是生活标准，相较于发展中国家，尽管它的分布不均且仍维持在相对较高的水平，但是对弱势群体而言则是较平均的。因此，对于美国或英国的城市贫民来说，无论生活是多么艰难，他们也比洛杉矶和伦敦周边的贫民区居民要好。与之同等重要的是经济发展的附加效应，它也影响了生活质量。西方人认为在制度和实践中清楚地体现生活质量是理所当然的，但在世界上的贫困地方，它并没有被完备地建立起来。正如 Inglehart and Welzel（2005）所指出的，这是经常被标记为"现代化"的更大范围的质量，它将导致更多主观幸福：公民和政治自由，法律条文，政治稳定，相对低的暴力犯罪率，相对较少的腐败，相对低的经济不平等率，相对可获得、相对高质量的医疗护理，相对开放的教育机会；并且，经济（即使在面对本书撰写之时所发生的全球经济危机）相对稳定（在资源和政治结构能够保障的情况之下）。[19] 总的来说，富裕的国家是良好的生活地区。如 Frey and Stuzter

---

[19] 为了对这些因素和幸福之间的联系有更易理解、更具启发的讨论与回顾，可参考 Graham（2009）。

（2002：76）所说，"这个观念已经形成，那就是在国家的收入更高的时候，本质上，所有的社会指征会变得积极：更富裕的国家享有更多和更高质量的食物、干净的饮用水、更好的和更广泛覆盖的教育、更好的健康服务、更长的寿命、两性间更平等，以及对人权的更大尊重"。

Veenhoven（1997a，1997b）和 Schyns（1998）认为，这是因为有关社会状况许多明确的、个体测量方式之间的联系，在控制人均 GDP（或者分别考虑富裕国家和贫穷国家）后逐渐就消失了，说明那些更精确的指征被简单地当作社会发展的一个更普遍的维度。[20] 如果是这样，推进研究的最有利方式是考虑这些国家的特征，它们在控制社会发展后对幸福具有独立且可分离的作用。下面围绕这些因素展开讨论。[21]

民主。之前指出，民主和经济发展倾向于共同变化，也就是更大的发展

---

[20] 在另外一篇缜密且细致的文章中，Helliwell（2003）或 Helliwell and Huang（2008）强调了一种测量的解释力。这种测量被它的支持者称为"好政府"，是世界银行（Kaufmann et al.，2005）开发出来的，其影响深远，被认为"支配"了经济发展。这并不令人意外，基于其给出的指标，我们能从25个不同变量的平均值中构建任一指定的国家。这些变量不仅与发展（如它的创造者所指出的）紧密相关，还包含了经济发展的相关性，反过来解释了发展和社会满意度之间的联系。这个指标集包括了诸如国家内部的民主（包括"政治、公民权和人权"）、政治稳定性、警察和法院的职业水准、实际"犯罪和暴力的可能性"，以及对腐败的控制程度等的测量。解读这个指标集是困难的，它涵盖了如此大范围的关系。作为25个变量的集合，它包含了从政治结构到社会，再到经济产出中的所有事项。因此，除非我们对它进行解释，否则将它主要作为经济发展的另一个衡量物代表了什么是不明确的。然而，这种方法是无效的，因为指标中还隐含了思想前提，这进一步限制了它的效用，特别是仅使用六个维度（占有相同的权重）中的一个时。这六个维度对"测度不友好市场政策的发生率"（Heritage Foundation 定义）都有所贡献。首先，将遵循市场作为"好"政府的证明；其次，将它与部分其他变量结合。如果它们都代表了相同的内在构成将产生方法论错误，就如同意味着低水平的福利开销等同于低暴力犯罪率。这种思想上的偏见使"好政府"变量变得不合适且不可理解。为了更好地对这些指标进行评估和评判，请参考 Kurtz and Schrank（2007）。

[21] 和个人收入水平一样，一些证据表明富裕（发展）整体水平会减少收益，某个特定点之上的收入增加提升的幸福感极少，这个特定水平通常被近似认为是贫穷的西欧国家，如葡萄牙或希腊。尽管这个观点得到许多赞同，因为它同时考虑了所有的国家，但是仅仅在富有的 OECD 国家中，人均 GDP 与幸福显示出统计上显著的线性关系。举例来说，Radcliff（2001）在仅考虑有15个这样的国家时发现了这种模式，而 Inglehart（1990）在24个国家（几乎所有的发达国家）中也发现了这种模式。

意味着更好的民主。民主的制度和实践有利于增大规模,民主规则受到其他因素的极大影响,对幸福而言是相当重要的。民主成就相对于之前提到的经济发展来说,它有着某种分离效应。因此,很多文献证实了民主和幸福之间的联系。Inglehart(2010:354)在评论中简单地提到"幸福与民主紧密相关"这一话题,但这种关系的重要性仍存在异议。这种关系是否人们通常认为的简单线性,最重要的是,它是否导向因果关系?换言之,是民主更多地促进满意还是满意更多地促进民主呢(Lane,2000,265—266;Inglehart,2009)?幸运的是,对于当下的目的,我们不需要在这些问题上有所偏向,甚至考虑将民主水平的差异作为一项统计控制问题。

后续章节的关注点将放在经济合作与贸易发展组织(OECD)的成员国家上。这些国家的民主形成得如此牢固而统一,以至于对民主的实证测度不会随着检验时间窗口而发生有意义的变化。因此,我们的分析不再加入此变量(实际上,从计量的角度看,将此背景下的民主作为常量引入方程也不可能)。[22]

文化。关于文化对主观幸福的影响存在两类典型的争议。有关第一类争议的最好案例是 Inglehart(1990)提出的,国家间生活满意度水平差异的构想,反映了累积的国家经历,未融入未成人社会化,形成了对客观生活状况变化免疫(尽管不被完全承认)的"国家特征"。在这种观点下,文化变成了相对固定个性的国家等价物。影响了一国整体水平的满意度,这是个人确定适合的幸福水平的起点。在这种观点下,国家文化是幸福作为个体特性这一观点的延伸,国家文化在这种情况下是集体的而不是个体的产物。Veenhoven(1994)

---

[22] 民主对主观幸福感的潜在影响可能将我们在"更小"民主制度和实践上的注意力转移到允许个体通过政治参与来试图支配自己的生活上。因此,我们会发现低于国家水平的其他共享制度提升了幸福感。Frey and Stuzter(2002)发现,瑞士各州的幸福随着参与数量、直接民主现状而不同。其他研究指出,以工作为重点的实践会增加日常工作决策的参与人数(Layard,2005;Radcliff,2005)。当然,在工作场所的民主中,最重要和最制度化的形式是工会,我们在后续章节中将其作为变量予以考虑。

极力主张并极具说服力地反对以下观点：超越所有个人，国家有着严格且包罗万象的起点。Radcliff（2001）指出，Inglehart 和 Veenhoven 的不同只是强调点的不同，前者没有否认观察到的情况的确影响了满意度，只是比 Veenhoven 更少地认可这种关系的重要性。

其他人已经试图不再将满意度的国际差异与思想层面的国家文化差异联系起来，而是与更特别的文化特质联系起来。到目前为止，最成功的尝试就是，它努力展示出与幸福感相关的基本文化范围是"个人主义"不同于"集体主义"的价值取向（例如，Diener et al., 1995; Veenhoven, 1996, 1997b; Pacek and Radcliff, 2008）。文化标准鼓励公民要么将自己看作拥有自主权的个体，要么将自己看作嵌入顶级阶层（例如，家庭、宗教、种族、地区、国家等）的一员。[23] 在集体文化中，个人自由服从于习俗、惯例及相关群体的可能需要，这样的结果是更加强调对权威的符合和服从，因此更少的个人自由就能使得生活最大化个人的满意度。

根据统计学模型，我采用 Pacek and Radcliff（2008）的方法，避免了任何对每种方法效用的最终判断，但尝试涵盖恰当的统计控制以考虑到每种可能性，直到数据允许的程度。[24]

国家失业率。正如我们所见，失业率是在个人层面上对幸福最强的决定因素之一。失业率不仅代表了失业者的经历，也是社会焦虑水平的晴雨表；它既是对人们自身工作保障的预期，也代表普遍的短期经济表现。扣除

---

[23] 比较政治学有一个久远的传统，那就是赋予学者所构想的特定的"天主教文化"特殊的重要性。这暗示着社会规范的延伸伦理，以及被天主教传统的历史遗产所塑造的生活模式，通过关注自我认同为天主教的人口百分比，可以从比较性研究中粗略但完全地获得（一个对于主观幸福感的文献请参照 Bjφrnskov Dreher and Fischer, 2008）。因此，后续章节考虑了这个文化维度。

[24] 测度文化的第一种方法是对每一个国家各自的截距进行拟合。这种方法只有在使用混合时间序列数据时（例如不同时间段的国家）才普遍可行。第二种方法包含控制变量，这可以很容易地解释个人主义文化的测度，请参考 Veenhoven（1996）。这些计量经济学的细节将在下一章进行必需且详细的讨论。

个人失业的直接影响，国家失业率水平常常被认为会影响幸福感（Frey and Stutzer，2002：100—102）。[25]

小结

本章致力于概括关于幸福的科学研究，有三个具体的目标。

首先，我们回顾了使得我们可以测度幸福的文献基础结构，由此才可以运用类似的调查方法进行研究；我们还回顾了被怀疑者和倡导者仔细检查过的标准测度，并推断其展示了研究者所要求的本质特征（效度、信度、跨国可比性）。

其次，本章试着揭示和评价理解幸福的主要理论方法。常识观点认为，幸福最终取决于人类需求被满足的程度；与之相反的另一方法则认为，幸福有效地取决于个人的内部心理过程而非其客观生活条件。我认为这些视角并不是互斥的，如此我们才可以接受幸福部分取决于人们的基因、个性或定点，也很可能被社会比较过程影响；我还认为主观幸福感的跨国差异很大一部分取决于社会满足居民物质、社交和心理需求的成功程度。

最后，我回顾了个人层面和国家层面文献中有关生活满意度的决定因素，它们将作为对自由主义与保守主义（左翼和右翼）公共政策影响人类幸福感的实证评估的背景，相关内容请参考下一章。

---

[25] 当然，对于生活满意度，另一个不会为经济发展所简化的可能决定因素是公共暴力、州际或内战，或者类似的暴力或动乱事件（近几十年，富裕国家经历这类冲突确实很少）。我们对这一问题少有关注，部分是因为这类冲突的消极影响显而易见，不需要文字证明 [参考 Veenhoven（1984）关于内乱产生低水平满意度的常识性预期的一些证据]。然而，排除这些因素对那些尝试涵盖所有国家的全球性研究是一个问题，可能因未考虑这些因素而导致错误的模型设定。

05

国家规模

> 对于我们中的很多人来说，生活不再自由，自由不再真实，人们再也不能追随追求幸福的权利。就像反对经济专制，美国公民只能呼吁政府的组织力量。
>
> ——富兰克林·罗斯福（1936年）

> 政府不是我们解决问题的途径，政府本身就是一个问题。
>
> ——罗纳德·里根（1981年）

在本章，我们从左翼和右翼之间的经典辩论，也是他们最明显和最重要的话题——"大政府"究竟是改善了人们的生活还是使人们的生活更加贫困——着手，对决定幸福的政治因素进行实证分析。以生活满意度指标评估生活质量，把本身看似无法计算的复杂哲学问题简化为相对简单的实证问题，用我们的方式来理解就是：一个大的、积极的政府是提高了还是降低了公民对生活的满意度？这一方程式的频繁使用在美国又激起另一问题：政府到底是解决问题的途径，还是政府本身就是一个问题？

反过来，三个因素会影响政府的规模。第一个因素是福利国家的范围，它直接把收入从先天的、按市场分配转化为按政治决定分配。福利国家按需分配失业和疾病津贴、家庭津贴、养老金和其他类型的收入。众所周知，通过将人去商品化，市场从根本上改变了工人和雇主的基本关系。无论是拥护者还是反对者，都认同这个变化给个人和社会带来了深远的影响，但我们依然要考虑福利国家的变化对人类幸福感是否有影响，以及怎样的影响。

第二个因素是除简单再分配活动外的其他许多国家行为，涉及国家作为一个经济活动参与者并由此操控经济成果的能力。与其他大多数参与者不同，政府并不是由市场得失计量所直接或立即驱动。社会民主党和自由党能想到的是，经济份额的分配被公开地掌控在国家手中——"民主"地分配份额，而非留给私人分配；但是，私人或公共，到底哪个更能带来满意的生活呢？接近这一概念的另一种提法就是人们通常所说的"政府消费"：国有部门在经济份额中的"消耗"，即花费在解决问题而非转移问题上的金钱数额。因此，考虑到政府如何积极地重新分配收入（例如，通过失业救济金和养老退休金等），我们也考虑它在其他活动上的花费。在这里，我们考虑所有政府支付的总价值（管理费、控制费），从公共教育、卫生保健、道路维护、工作场所安全执法到消费者保护法案等。这些花费在经济中的占比越大，政府作为经济参与者的参与度就越高。

第三个因素是国家强加于社会的税收。这种方法很有直观吸引力且易于理解：政府征收的税收（税收负担）是经济总和的一部分。从这个角度来看，我们可以把社会想象成一个维度，维度的一端是一个意味着百分之一百税收的纯粹"社会主义"经济，而维度的另一端则是一个零税收的纯粹自由主义经济。这个维度捕获了政府的最终经济规模，一个更大的政府规模暗含着一个更加活跃并潜在地更需要被"控制"的政府。

至此，我们可以看到三种衡量政府角色的方式。最好的方式当然是寄望于福利国家的慷慨程度，它最直接且有形地影响到公民。我们找到的最直接证据是国家满足人们需求的努力程度，这通过政府提供给个人和家庭的现金供给就可以看出。正如我们所了解的，实证检验总是在可能的情境下试图捕捉人们得到的实际好处，而不是仅仅依靠简单的税收收支金额报告一个国家承担（或享受）"大政府"的程度。本章旨在确定"大政府"的不同维度如何影响公民的实际生活质量。

本章按以下步骤阐述：首先，回顾之前讨论的人类需求和政府活动的联系，形成一个基础的理论预期——更慷慨的福利国家或规模更大的国有部门，在一般情境下会创造更高层次的幸福；其次，介绍我们在政治经济中所关心的、用于实施经济干预的标准措施；最后，说明实证分析的统计方法。

公共政策和人类需求

阐明人类需求和福利国家的联系，从其他方面拓展国家规模并不是我们要长期坚持的任务。之前的章节已经讨论了一些关于赞成和反对政治干预经济、旨在提高人类需求的细节。这里聚焦于支撑相关论点，有必要提供简要的回顾和总结。根据福利国家支持者的观点，一些机制提升了人们需求的满足水平和公平分配。

福利国家减少了贫困，并且普遍提高了生活水平

尽管有关福利国家带来的最终结果仍然存在很大的争议，但争议的存在正是撰写本书的部分动机，目标之一就是确定福利国家最终能否使人们对生活更加满意。毫无疑问，福利国家成功的原因就在于它的直接目标是改善生活的物质条件。尽管偶尔有人试图在大众媒体上诋毁一个国家对社会保障承诺的反贫穷后果，如著名和有影响力的 Charles Murray（1984），但实际上同行评议的文献普遍承认福利国家实现了减少贫穷和不平等的直接目标（广泛的讨论和回顾，参阅 Kenworthy，1999；Bradley et al.，2003；Scruggs and Allan，2006）。

福利国家对于降低个人和家庭的贫困程度、提升个人和家庭的幸福感

具有重大的意义。学术文献记载了大量的关于贫困的破坏性和有害影响的事例，比如广为人知的贫困与较弱的自尊心、低效率、抑郁症高发率及其他有害的心理状态相关（参阅 Brenner, 1977; Galea et al., 2007; Simmons et al., 2010）。显而易见，贫困与身体健康状况不佳（Porter, 1999）、较高的酗酒率（Valdez et al., 2007）、家庭暴力（Gonzales de Olarte and Gavilano Losa, 1999; Heise, 1998）、离婚率（Buckingham, 2000）等也是高度相关的。如果还需要进一步的事实证明贫困对人类生活的负面影响，那就是寿命更短（Haan et al, 1987）。

贫穷的幽灵或与之相似的那么多困扰如此多上班族的金融危机等极端形式，都会消耗人们的生理和心理；反过来，这种消耗又会进一步降低人们的生活质量。因此，人们生活在"商品化"固有的持续性和结构性的不安全金融环境中，滋生（可能不是现在）持续的和完全理性的金融灾难的恐惧——无力支付房租、信用卡账单，甚至是维持日常饱腹的需要——威胁总是出现在下一步。这一永久和真实的不安全感不仅在情绪上的代价是高昂的，也是阴险的，在某种意义上，它往往会影响财务以外的生活领域。如我们在早先章节里讨论的，贫困导致的压力和焦虑倾向于逐步收缩个人的世界，使人变得自我、缺乏安全感，为培育人际关系留下了更小的空间，而这种空间是人类的本质需求。这不仅会导致一个人感情关系的质量或生存率下降——以最极端的形式表现出来并通过离婚的方式说明机制所存在的问题，还会损害其他不那么亲密但同样需要维持的各种关系。不难发现，Putnam（2000a）将保龄球联盟的减弱作为人们退出公共生活或者社会生活，即人际联系显著减弱的一个标志（在 Putnam 短小而生动的例子里，不再邀请朋友来家里，象征着用较少的时间和精力建立或维持利益关系）。因此，贫困是众所周知的减弱志愿组织成员关系和降低社会信任程度的因素（Kawchi et al., 1997）。

失业（或对失业的恐惧）对个人影响的趋势同样被记录在广泛的文献中。一般的影响是导致一个封闭的个人世界，即个人把所有的注意力与精力集中在"保持身体和灵魂一起"。毫无疑问，失业者更容易患上抑郁症及焦虑症和其他精神疾病，各种严重的身体疾病就更是不言而喻了（参阅 Linn et al., 1985；Warr，1987；Blake，1995；Mossakowski，2009）。

福利国家减轻了市场体系中固有的不安全性

贫困、失业、就业不足及其他形式的金融安全问题降低了人类的幸福感，就像已经提到的慢性焦虑，任何时候都可能出现这种情况。富兰克林·罗斯福对于人类从需求和对需求的恐惧中解放出来的诉求的表述举世皆知。他阐述了 Maslow（1970）需求理论中最基本、最重要的元素——其成果是满足其他需求的必要条件。罗斯福提到的恐惧不仅是一段时间的特殊情况，更是资本主义的一种特性：对自身而言，它是在市场经济下、以商品化为特征，在特定地方流行的不良经济后果的理性预期。因为人们的生存依赖于把自己的劳动力作为商品出售，然而市场超出了他们的控制能力，所以人们自然是不安全的。在大多数人缺乏财富积累的情境下，市场参与者就会生活在担心失业或就业不足的忧虑中。这种不安全性是市场经济一种持续的结构性情形。它将以一种温和的形式，作为贫困或失业的实际影响体现在个体的心理上，形成一种类似的、似乎不太明显的心理问题。因此，市场带来了不安全感，并使其仿佛变成了生活中一个自然的部分。根据支持者的观点，福利国家减轻或限制了这种普遍的不安全感，从而有助于更大地提升人类福祉。

福利国家减少了伴随贫困和不安全感而产生的社会病症

经济剥夺伴随着无数的社会病症，普遍增加了社会成本，而且不只是针对贫困的公民，这在犯罪率研究中表现得最为明显。当社会中的部分人生活在贫困或贫穷边缘却无望获得更好的生活时，我们不需要很强的洞察力就能预见到这种社会带来的后果：遭受剥夺的社区，容易为产生一种所谓理性的、无视法律或漠视社会规范的行为创造条件，使得城市居民缺乏安全感。事实上，福利国家减轻了贫困和因贫困而产生的社会失望，由此减少其带来的犯罪和反社会行为。有充分的证据可以说明这是可信的，仅举一例：犯罪学研究文献表明，当去商品化总量上升时，犯罪率下降了。正如 Messner and Rosenfeld（1997）对有关世界凶杀率的计量分析的总结："凶杀与劳动力去商品化的程度成反比……在控制了国家的其他特征后，去商品化程度与凶杀率呈负相关关系。"总的说来，福利国家减少了犯罪、减弱了对犯罪的恐惧感，从而普遍地提高了社会生活质量。

可以看出，这不过是一个从狭义到广义的社会问题，Durkheim（1893）称之为"社会混乱"，即个人对社会规范的遵从程度的下降。遭遇社会反常状态的个体倾向于疏远社会，认为自己是独立的，或者是与社会分离的，因此不可避免地倾向于那些在缺失道德"准则"的社会里他们所依赖的行为。他们容易发生"越轨"行为，因为他们缺乏社会道德指南。自由市场往往会引发社会混乱，其中原因不难理解。没有人会否认市场鼓励理性地追求自身利益。市场经济倾向于催生理性地追求目标，但忽视其行为对其他公民的影响。显然，人们会觉得生活不如意，因为他们以这种方式与他人共享城市或国家。如果福利国家发挥保护人民免受市场力量的作用，它应该有助于加强社会规范，从而减轻混乱。当然，社会的混乱程度越低，人们对生活就会越满意。在经济福利国家和其他实现经济干预的国家，其本身应该会更大程度地提升人们的满意度。

福利国家提升力量

对于社会学家，从能够自由选择的意义上来说，力量（agency）是指个人控制自己生活的能力，即一个人可以独立行事。这种能力是人类必需的——感觉是自己在控制生活，而不是在社会的齿轮下无能为力。也正是通过力量，我们追寻个人尊严的一个重要来源——自我及社会认同个体是值得尊重的。尽管市场很明显是有助于力量的方式，但其他方面却限制了力量。尤其是考虑到资本主义的核心特征——劳动力及人们的商品化，削减力量是其应有之义。而福利国家，通过降低商品化，限制了这种趋势。简单地说，如果公民拥有更多的安全感并能控制自己的生活，那么福利国家在某种程度上的确提供了这样的安全感，这一点有利于力量（Rothstein，1998），从而有利于更好地提升生活满意度。

概念化和国家规模的测度

在第 4 章中，我们实证检验了主观幸福感可能取得的丰硕成果。通过比较，本章前面介绍的国家规模各个维度的测度是直接的。正如我们将看到的，大部分会计数据是直接由（或者不管怎样也是紧密地基于）OECD（经济合作与发展组织）统计局、欧洲联盟、联合国、国际货币基金组织（IMF）和世界银行编制、统计的。首先，我们设计挖掘福利国家慷慨程度的指标，其间最复杂和微妙的问题在于之前谈到的一般国家支出和税收负担的简化处理。最后，简要地考虑政府规模的各个方面的总体测量。

尽管"福利国家"是典型的，但它本身不是用于测度的一个概念。一直以来，有关福利国家发展的文献，依赖于纯粹关注消费的简单测度，或者是有时被认为"数量"而不是社会保障制度各方面的质量。几十年来，学者在评估使用总体支出水平的福利国家时，通常会考量一个国家的经济份额（如测度其国内生产总值的占比）如何致力于公共福利计划。同时，这些工作也有助于提升我们对福利国家的认识。但是最近，学术研究已经表达出巨大的质疑态度——我们的能力除依赖原支出水平外还有什么，因为我们感兴趣的是社会福利国家的实际影响，而不是一种单纯的财政现象。Esping-Anderdsen（1988：18—19）这样说：

> 这些研究大多是对福利国家做出解释，但它们对支出的关注可能是不相关的，或者说是最具误导性的。在理论本质上，福利国家的支出只是附带现象……通过对福利国家的支出进行评分，我们假设所有的支出计量都是等量的。

两年后，在 Esping-Anderdsen 产生巨大影响的 *The Three Worlds of Welfare Capitalism*（1990）一书中，他提出一种针对福利国家更好的"评分"方法。在该著作中，他引导我们注意之前章节已经给予很多关注的一个理论概念——聚焦于劳动力的去商品化，了解福利措施对人们生活的实际效果。Esping-Anderdsen 的简洁定义是：劳动力的去商品化程度对于个人或家庭来说，是能够维持一个独立于市场参与之外的社会可接受的生活标准（1990：37）。正如我一直在努力阐明的——公民的商品化是市场经济的核心制度，一个福利国家提供的商品化程度，不是花了多少钱，而是创造了多少安全感和提供了多少其他人需要的力量，这是我们理论中决定幸福的核心。简单而恰当地说，一个社会的去商品化水平，在社会民主党支持者的眼中，就是真正的"解放"水平，即从对市场的有害影响来看，政治斗争对抗资本利益已经能够实现这种目标。一个比较保守的观点可以合理地不相信"解放"思想，但是关于市场本身作为个人权力的一个来源的事实，即使保守的观点也不能与之相悖。不论我们是否认为去商品化是市场里自由交易的数量，或者如 Hayek 所说的那样，个体劳动者和雇主从属于一个低效、浪费的水平，甚至是一种强制、自负的状态。双方都同意去商品化是一个有价值的评价，并以此评估社会符合理想的自由市场的紧密程度。因此，去商品化是一个主观的、实证的指标，是当前研究可采用的理想的解释变量，在接下来的分析中，我们将广泛地运用它。

Esping-Anderdsen（1990）的测度采用一个综合指数，评估三个具体领域（养老金、维持疾病或残疾人收入的资金和传统的失业救济金）的社会保险程度，每个维度都由多元指标（五个指标表征养老金，四个指标表征疾病和失业）捕捉每个项目相关的方面。我们很难总结复杂的运作细节，最简洁的描述是由 Messner Rosenfeld（1997：1399）提出：

> Esping-Anderdsen 围绕以下三个主要方面衡量去商品化：获得福利的便利性、收入替代价值、在不同状态和情境下的覆盖性。一个复杂的评

分系统可用于评估（提供的去商品化数量）三项最重要的社会福利计划：养老金、疾病津贴和失业补偿。评分系统可以反映"禁止"的资格条件（如测试手段）、独特和持续性的权利（如效益持续的最长时间）和利益取代正常收益的程度。输入这三种类型的指数……然后逐步聚合成一个组合（加成）指数。

在重复性的风险中，我们必须强调三个方面的定义。首先，个人指数加权依据既定的项目覆盖相关人口的百分比，如此才可以使项目越普及，得分越高；这样，涵盖所有或大多数工人的失业方案的得分将比只涵盖某一类型工人的失业方案的更高。其次，公式对项目的慷慨度是很敏感的。以失业为例，一项制度更加去商品化意味着它可以提供更高比例的个人税前收入（替代率）和更长期的可获得收益（期限）。最后，该方法避开了支出水平，而着重于"福利"的性质和国家的支持程度，不受支出水平的影响。因为支出水平的变化可能只反映了需求走向（比如，可能有更多的失业者在经济衰退期间需要国家的支持），而不是国家向更多的人慷慨解囊。

Esping-Anderdsen（1990）最初仅提供了一年期的去商品化评分数据，而现在普遍采用的是时间序列形式（courtesy of Scruggs，2005）。这些数据涵盖了1971—2002年、18个先进工业国家，采用与Esping-Anderdsen（1990）基本相同的计算方法。由于我们正在调查的主要因变量——主观幸福感——随时间推移是可获得的，因此这些纵向数据适合于我们的目的。在随后的文章中，Scruggs改进了Esping-Anderdsen的评分系统，其中包含一种他认为对公民的影响更敏感的可替代因素——个人项目评分，即慷慨指数（Scruggs，2005）。因此，我们将使用这个指标并作用于同一国家、同一年份及原有的去商品化指数。尽管依赖之前提及的支出是非常困难的，但鉴于支出的直观吸引力和易于理解，它仍然是公众和学术讨论的共同焦点，完全忽略它是不可取的。因此，不论我们对去商品化（或"慷慨指数"的相关衡量）得出什么结论，只有在考虑社会支出的常规衡量下才能得到强化。我们也考虑"纯社会总支出"，它在社会政策的主要领域里被定义为公共支出总量（包括公开授权私营企业），涵盖养老、遗属补助、医疗能力的补充、公共卫生支出、家庭补助、失业救济、住房补贴，等等，是国内生产总值的一部分。这些数据来自 OECD，可获得 1980—2007 年所有 OECD 国家的数据。

最后一种方法是反映政府规模的第二方面（政府消费）的理想渠道。正如之前所提到的，政府消费是指政府在除转移收入外的所有活动上的支出，而收入转移与福利国家有关，净社会支出基本反映了这种转移性支付。净社会支出的变动为数学必然性所主导，即 Esping-Andersen 所关注的那种保险风格的计划，但也包含了那些与社会福利有着最直接联系的政府消费因素，典型的例子就是在住房、教育和医疗保健上的公共开支。虽然这些福利服务的结合具有显著的吸引力，但单独地考虑每一个服务项目——尤其是在社会支出数据统计中故意剔除了那么多的政府活动支出数据——也是具有启发性的。最后，"政府规模"必须着眼于政府活动的总数。人们普遍认为，从概念上讲，支出其实是合适的经济指标，因此我们采用最常用的衡量政府总体消费的方式：所有这种支出的总和（包括各级政府的支出）。这表现为一个国家的 GDP［采用 Penn World Tables（6.3）的数据］的一部分，数据的时间跨度为 1980—2007 年。通常，更高的数值表示这是一家更大型的国有部门或者一个更具"社会主义性质"的经济体。

政府支出的另一端是税收。如本章曾详细阐述的那些理由，如果我们想要评估政府规模的影响，那么关注公民的纳税负担将是明智之举，正如政府消费这个概念可以轻易地采用一国国内生产总值中政府（包括各级政府）税收的部分进行衡量。数据来自 OECD，跨期为 1980—2007 年。

最后，我们考虑一个由 Fraser 研究所（Gwartney et al., 2008）提出的关于"政府规模"的总括性指标。这个指标包括五个部分，并被标准化为一个总括性的分数：政府在转移性支出上的开支（与之前讨论的、更合适的去商品化指标所表征的现金等价）、政府消费的水平、政府在公共事业和投资上的支出与最高边际收入税率。数据的跨期为 1980—2008 年。虽然鉴于这些指标是由一个具有明显的意识形态的利益团体所创造的，我们应谨慎使用，但这些指标是以一种完全透明和专业的方式组合在一起的，因此 Fraser 研究所的数据已经非常普遍地用于政治经济学文献中，用以证明其思想。数据的编码方案反映了其中蕴含的思想取向（并非偏见），这种思想认为每一部分的数值越高，其在本质上越不受欢迎，所以总括性指标的分数越大表示政府规模越小。我们希望看到这一量值和生活满意度之间的负相关关系。如果进步的观点认为反对者声称的"大政府"观点是正确的，那么正相关关系则显示一个与之前完全相反的保守结论。

数据与方法

遵循近期文献对有关跨国生活满意度的决定因素的研究的常规方法，我们也使用"世界价值观调查"的数据。1981—2007 年的五次数据波动，为所有随时间变化的 OECD 国家提供了国家样本数据。[1] 我们的因变量——生活满意度——是在对各国主观幸福感的研究中，几乎所有之前研究都使用的标准问题：考虑所有事物，目前你对生活的整体满意度有多高？答案分为 10 个反应类别，数值越高表明越满意。

我们采用三种方法分析这些数据。第一，直接把上面提到的满意项作为因变量，为个体层面和国家层面的因素建立函数模型，并使用个体作为分析单位。第二，遵循一个人们都熟悉的文献研究惯例，将满意度研究集中于国家措施水平，从而明确地识别出那些影响平均幸福水平的国家层面因素，这里的分析单位是国家 / 年。第三，以不同的方式总计国家手段，以确定之前所识别的相同的解释性因素对主要人口亚群的影响是否相同。其中，我们考

---

[1] 分析集中于 21 个传统的 OECD 核心的成员国：澳大利亚、奥地利、比利时、加拿大、丹麦、芬兰、法国、德国、英国、希腊、爱尔兰、意大利、日本、荷兰、新西兰、挪威、葡萄牙、西班牙、瑞典、瑞士和美国。因为缺失很多自变量数据，卢森堡和冰岛实际上被排除在分析范围之外；葡萄牙、西班牙和希腊也因为在某些指标上缺失数据，在一些模型中不能得到体现。

虑的不是一般平均水平，而是成对的社会群体（如女性和男性、低收入者和高收入者）的平均水平。当然，这里的分析单位依然是国家／年。

虽然估计技术和对其他细节的分析相应地有所不同，但基本方法是相同的，即满意度再加上一套适当的理论和计量经济学的控制变量，为测量先前讨论的政府规模建立函数模型。所以，在其他控制因素的影响下，统计模型提供了我们感兴趣的政治利益变量边际效应的估计值，所得的回归系数能提供一个实用且具直观吸引力的解释：作为偏斜率系数，如果它们具有统计上的显著性，那么当问题中变量的数值改变一个单位时，就表示所引起的对满意度的预计影响。简单地说，一个正相关和显著的系数表示当给定变量的数值越大时，生活满意度越高；而一个负相关和显著的系数表示的结果则恰恰相反。

在其他研究中，对系数大小（当自变量变化时，满意度的弹性大小）的解释是相对不太透明的，要求它对测量的单位较为灵敏。因此，我们将尽力解释数据的实质，而非仅仅罗列统计数据和说明统计结果的意义。[2]

个体层面分析

当考虑个体层面的分析时，我们实现模型规范化的方法比较简单，而就计量经济学角度而言，必须隔离其他因素对政治变量效应的影响，这个方法也是最有效力的。首先，指定一组个体层面的控制变量，考虑了先前研究（回顾之前的章节）已确定的满意度的重要预测因素。模型包含每个国家的虚拟变量（参考类别除外），考虑了长远的国家层面的因素，如一个国家的文化、

---

[2] 因为对生活满意度的反应设置了较宽的范围（1—10），并且问题的表达要求进行数值评分而不是口头排名（"比较满意""非常满意"之类），所以我们假设反应类别之间的距离恒定，并把因变量作为间隔变量而非顺序变量（Heady, 1993）。这是文献所采用的标准方法，许多证据可证实其有效性（Helliwell, 2003）。但是，如果使用有序概率模型（更严谨的、合适的估计量），那么报告的结果都是相似的。实际上，几乎所有情形下使用这种方法的主要结果就是增大了报告系数的显著性。我们报告更常规的 OLS 结果，既因为它们更容易解释，也因为它们在文献中是最常用的。

历史、经济发展水平和类型。当然，虚拟变量是为了在分析时结合每个国家的差异，从而兼顾可能因不同文化和经济背景而导致的国家间满意度大而持续的差异。在模型中涵盖这些"固定效应"后，可减轻人们因生活在不同国家而产生的对个人满意度的一般性影响。在使用这些变量作为控制变量后，我们才能够自信地说，除了影响满意度的个体层面的因素（如个人收入），当考虑生活在特定国家所带来的总体净效应时，一个给定的政治变量对满意度的影响会持续下去。我们还在模型中加入年度虚拟变量（同样，必要时省略参考类别），进一步使研究结果不受短期外来因素的影响。我们参考了展开调查的年份这一因素，控制特定的年份，从而确认所感兴趣的政治变量对满意度的预计影响。总之，当控制了其他所有可能的满意度决定因素时，无论是个人性格还是所处的国家、生活的年份，统计结果就提供了一个特定规模的政府措施对个人生活满意度的影响的估计值。

目前，我们仍然只指定精确的个体层面的特性作为控制变量。我们主要的指南依然是现有的文献，其中相当清楚地记录了可入选的主要候选项。但是，我们也面临数据可用性的实际限制，因为我们必须考虑这些选择对样本规模的敏感性影响：一些个体层面的变量不能用于某些国家或年份，当我们增加了个体层面决定因素的数量时，更多的情境就会被排除在外。因此，我们首先构建一个包含最少数量的人口控制变量的模型，最大限度地减少数据的丢失量；然后继续构建更详细的模型，并在剔除了一些国家后提供一些额外的控制变量。正如我们所预见的，不管是考虑哪些个体层面的变量，结果是相似的。

关于主观幸福感在个体层面的决定因素的研究始终表明，在不同的国家，相同的基本特征趋向于对个体造成相同的影响。因此，我们将生活满意度视为一个函数。这个函数是关于性别、年龄、年龄的平方值（解释年龄和生活满意度的曲线关系）、家庭收入及个人收入满意度（在极强地控制收入充足性的情形下，反映任何相关收入可能产生的影响）、家庭中收入较多的一方是否失业、被调查者是否结婚（或者是类似结婚的方式生活）、个人报告的健康状况、被调查者的人际信任程度（作为社会资产的衡量标准），以及参与宗教服务的频率（去教堂）。[3] 我们还参考收入和各政治变量之间的相互作用项，以此解释政策条款影响受个人收入限制的可能性。举个例子，有人可能认为一个人的社会经济地位越高，他从更慷慨的福利制度中或更大的国有部门处得到的好处（如果有的话）就越少。相互作用项就是解释这种可能性。

在扩展模型中，我们添加一些额外变量：教育，调查对象是否有孩子住在家里；一组宗教教派的虚拟变量（新教、天主教、东正教、犹太教、伊斯兰教、佛教、印度教和非宗教，其他小宗教团体作为集体参考类别）。[4]

估计量采用 Huber-White 稳健性标准误，以修正数据的汇集结构（国家聚类）。这个步骤可以产生对两个国家间的异方差和国家内部的相关性（稳健性的误差项既分布不同也不独立）的稳健性估计。[5] 对于那些不熟悉计量经济学术语的人来说，只需关注这种方法可以解释来自不同国家和不同年份的数据汇集所带来的潜在影响。

---

[3] 收入用 10 个升序排列的类别衡量，如果家庭中收入较多的一方失业，就业状况的虚拟变量赋值为 1，否则为 0；在性别上，男性赋值为 1，女性赋值为 2；去教堂的情况即参与宗教服务的频率，被分为 8 个降序类别；收入满意度通过调查问题项得知，这些问题项用于查明应答者针对"我们的家庭收入已经足够满足几乎所有的重要需求"这种描述的赞同程度；个人健康是基于"我处于很好的身体状态"调查项的赞同数量进行衡量；年龄用年数衡量；社会资本通过问题"是否同意大部分人可以被信任"（是为 1，否为 2）衡量人际信任程度，级别越高表示人际信任程度越低。教堂参加次数和社会资本指标是从"世界价值观调查"缺省值中重新编码的，它们的预期的方向为正。

[4] 教育是以完成一个完整的正规教育所需的年龄段（从不到 12 年至 21 年或更长）衡量的。当模型涉及额外的控制变量时，结果在实质上是相同的。但我们未报告这类结果，因为这些变量不会影响报告结果；并且因为数据缺失，研究者常从分析中剔除成千上万的案例。我们测试了在"世界价值观调查"中可能影响满意度的几乎所有项目，发现结果都是非常有力的。鉴于一些证据表明，自称保守派的人相比于自由派或左翼展现出更高的满足感，因此在几个明显的缺省变量的候选项中，我们仍然考虑更多的宗教变量（其效应如果存在，可用做礼拜的变量解释）和个体的自我意识。同样，这些变量对结果没有任何影响。

[5] 使用多层线性模型（HLM）时，其结果是相似的。我们报告常规回归模型而非多层线性模型，这与之前不报告有序概率模型的原因相同。关于结果对估计量（包括非多层线性模型）的选择和其他各种计量问题的灵敏度，本章附录有详细讨论。

聚合分析

我们开始分析各国的平均满意水平，分析单位不再是个人而是国家/年。我们采用一个特殊但常规且明确的经济计量方法——随机效应模型。我们之前尝试使用国家虚拟变量（固定效应）控制国家层面的条件，但在这里采用一套实质性的控制变量来代替，并使用估计量（即随机效应）控制混合数据结构问题。这种方法的优点是计量效率高，当每个国家的观测数据较少（大约3个，取决于模型的设定）时，这种方法对研究是非常有帮助的。在任何情形下，当转而使用国家虚拟变量（固定效应）时，也能获得所有的主要结果（见表5.4），因此结果不取决于估计量的选择。

在对国家平均满意水平建模时，我们采取以下相当明显的控制变量：国家的总体经济发展水平，以购买力平价计算的人均实际GDP；经济繁荣的短期水平，体现于失业率和给定年份的经济增长率；社会资本水平，先前使用的人际信任变量的国家平均值；国家文化的两个维度，即个人主义而非集体主义的态度和价值观的发展程度［Veenhoven（1999）对"个性化"的衡量标准］和天主教的人口规模（占人口总数的比例）。考虑到这种可能性，文献对此文化现象进行了大量的讨论，认为一些国家可能或多或少会展现出独立于（或缺乏）个人宗教信仰的独特的天主教文化。[6] 最后，考虑到任何潜在、模型中未考虑的特定年份或时间趋势对满意度的影响，如Lane（2000）强烈主张满意度随着时间的推移呈现下降趋势，我们将虚拟变量保留多年。

结果

经过详细的评估程序，结果可能会更简洁，然而我们看到，这些结果几乎不需要细化或评论，因为其本身已经说明了很多问题。

---

[6] GDP和经济增长数据来自Penn World Table（6.3）；失业率数据来自国际劳工组织（ILO），网址为http://laborsta.ilo.org/STP/guest（下载于2010年1月19日）。

个体层面的研究结果列示于表 5.1 至表 5.3。首先考察福利国家的基础结果（见表 5.1），在基础模型（a 列）和扩展模型（b 列）中，去商品化指数为正且显著。其含义自然是，在控制其他因素的条件下，较高的去商品化水平与较高的满意度有关。同样的结论也适用于相关的慷慨指数（c 列和 d 列）。因此，我们可以看到，更广泛的、更普遍的福利制度会促进人类生活质量的提高。

表 5.1 福利国家与生活满意度：OECD 国家的个体层面数据（1981—2007 年）

项目	a 基础模型	b 扩展模型	c 基础模型	d 扩展模型
去商品化	0.047** (0.019)	0.058*** (0.015)	n/a	n/a
去商品化与收入的交互项	−0.001 (0.0011)	−0.001 (0.001)	n/a	n/a
慷慨指数	n/a	n/a	0.062*** (0.012)	0.059*** (0.014)
慷慨指数与收入的交互项	n/a	n/a	−0.000 (0.001)	−0.000 (0.001)
财务满意度	0.349*** (0.022)	0.349*** (0.024)	0.349*** (0.022)	0.350*** (0.023)
社会资本	0.267*** (0.022)	0.275*** (0.026)	0.268*** (0.022)	0.276*** (0.026)
性别	−0.051** (0.034)	−0.050* (0.034)	−0.057** (0.031)	−0.050* (0.034)
年龄	−0.033*** (0.005)	−0.041*** (0.006)	−0.033*** (0.005)	−0.041*** (0.006)
年龄的平方	0.000*** (0.000)	0.000*** (0.000)	0.000*** (0.000)	0.000*** (0.000)
已婚	0.466*** (0.030)	0.408*** (0.032)	0.467*** (0.030)	0.411*** (0.032)
个人健康水平	1.272*** (0.176)	1.353*** (0.194)	1.277*** (0.174)	1.356*** (0.193)

（续表）

项目	a 基础模型	b 扩展模型	c 基础模型	d 扩展模型
失业	−0.317***	−0.272***	−0.318***	−0.272***
	(0.073)	(0.090)	(0.073)	(0.090)
收入	0.001	0.006	−0.011	−0.009
	(0.036)	(0.040)	(0.035)	(0.039)
参加教堂活动	0.039***	0.032***	0.038***	0.032***
	(0.005)	(0.006)	(0.005)	(0.006)
孩子	n/a	0.045***	n/a	0.045***
		(0.007)		(0.007)
教育	n/a	−0.000	n/a	0.000
		(0.006)		(0.006)
穆斯林	n/a	−0.347***	n/a	−0.351***
		(0.131)		(0.132)
天主教徒	n/a	−0.030	n/a	−0.037
		(0.057)		(0.058)
新教徒	n/a	0.082	n/a	0.073
		(0.074)		(0.075)
印度教徒	n/a	0.058	n/a	0.043
		(0.285)		(0.281)
佛教徒	n/a	0.010	n/a	0.003
		(0.065)		(0.065)
犹太教徒	n/a	−0.044	n/a	−0.040
		(0.136)		(0.136)
牧师	n/a	−0.031	n/a	−0.038
		(0.067)		(0.068)
常数项	4.153***	3.353***	3.810***	4.100***
	(0.524)	(0.661)	(0.396)	(0.452)
观测量	39,808	32,236	39,808	32,236
R^2	0.2674	0.2659	0.2676	0.2660

注：* 表示显著性水平为 0.10，** 表示显著性水平为 0.05，*** 表示显著性水平为 0.01。因变量为生活满意度，表中省略了国家和年份虚拟变量；项目数值为非标准化的回归系数，即国家聚类稳健性标准误。

如表 5.2 所示，净社会支出和政府消费的一般水平的数据符合基本逻辑，即限制市场力量才能最大限度地带给人幸福感。与先前一样，系数一致相关，并具有统计学意义。在其他条件相同的情形下，国家参与（在社会服务上支出的经济份额或用于一般运作的"消费量"）经济的程度越深，人们对生活就越满意。

表 5.2　社会支出与政府消费：OECD 国家的个体层面数据（1981—2007 年）

项目	a 基础模型	b 扩展模型	c 基础模型	d 扩展模型
社会支出	0.030** (0.013)	0.025*** (0.011)	n/a	n/a
社会支出与收入的交互项	−0.001 (0.001)	−0.001 (0.001)	n/a	n/a
政府消费	n/a	n/a	0.052*** (0.017)	0.033*** (0.019)
政府消费与收入的交互项	n/a	n/a	0.003* (0.002)	−0.004** (0.002)
财务满意度	0.344*** (0.019)	0.346*** (0.021)	0.341*** (0.019)	0.343*** (0.021)
社会资本	0.254*** (0.026)	0.265*** (0.028)	0.254*** (0.026)	0.262*** (0.027)
性别	−0.038 (0.031)	0.027 (0.037)	−0.040 (0.031)	−0.027 (0.037)
年龄	−0.033*** (0.004)	−0.041*** (0.005)	−0.032*** (0.004)	−0.040*** (0.005)
年龄的平方	0.000*** (0.000)	0.000*** (0.000)	0.000*** (0.000)	0.000*** (0.000)
已婚	0.449*** (0.027)	0.417*** (0.027)	0.454*** (0.027)	0.424*** (0.028)
个人健康水平	1.283*** (0.143)	1.311*** (0.161)	1.282*** (0.141)	1.310*** (0.158)

（续表）

项目	a 基础模型	b 扩展模型	c 基础模型	d 扩展模型
失业	−0.322***	−0.320***	−0.326***	−0.326***
	(0.073)	(0.087)	(0.074)	(0.090)
收入	−0.005	0.001	0.030	0.037*
	(0.027)	(0.031)	(0.021)	(0.025)
参加教堂活动	0.037***	0.028***	0.037***	0.028***
	(0.006)	(0.007)	(0.006)	(0.007)
孩子	n/a	0.039***	n/a	0.039***
		(0.008)		(0.008)
教育	n/a	−0.002	n/a	−0.002
		(0.006)		(0.006)
穆斯林	n/a	−0.380***	n/a	−0.369***
		(0.130)		(0.131)
天主教徒	n/a	−0.059	n/a	−0.049
		(0.057)		(0.059)
新教徒	n/a	0.054	n/a	0.070
		(0.070)		(0.072)
印度教徒	n/a		n/a	0.040
		(0.283)		(0.290)
佛教徒	n/a	−0.031	n/a	−0.019
		(0.067)		(0.067)
犹太教徒	n/a	−0.071	n/a	−0.071
		(0.131)		(0.133)
牧师	n/a	−0.077	n/a	−0.066
		(0.075)		(0.076)
常数项	5.317***	5.081***	4.989***	5.391***
	(0.315)	(0.300)	(0.241)	(0.283)
观测量	57,345	38,893	58,155	39,479
R^2	0.2626	0.2603	0.2624	0.2607

注：* 表示显著性水平为 0.10，** 表示显著性水平为 0.05，*** 表示显著性水平为 0.01。因变量为生活满意度，表中省略了国家和年份虚拟变量；项目数值为非标准化的回归系数，即国家聚类稳健性标准误。

表 5.3（a 列和 b 列）展示了税收的研究结果。税收的 GDP 占比是国家强加于社会的纳税负担，或准确地说，是通过自由选举和代表政府来民主地分配经济开支的份额，取决于分析者的意识形态倾向。无论我们在解释标准上的倾向如何，估计结果都表明了一个完全相同的实证结论：更高水平的税收反映了更高的生活满意度。尽管没有人喜欢缴税，但正是通过税收，政府开支才能实现它的作用——也就是我们所看到的明显的积极作用。至少在我们所参照的相对繁荣、民主的社会背景下，政府通过征税加强了对社会产品的控制，提高了公民的生活质量而得到公民的称赞。

表 5.3 税收和政府规模：OECD 国家的个体层面数据（1981—2007 年）

项目	a 基础模型	b 扩展模型	c 基础模型	d 扩展模型
税收负担	0.026*** (0.009)	0.042*** (0.009)	n/a	n/a
税收负担与收入的交互项	−0.001 (0.001)	−0.001* (0.001)	n/a	n/a
政府规模	n/a	n/a	−0.108*** (0.042)	−0.099*** (0.037)
政府规模与收入的交互项	n/a	n/a	0.003 (0.003)	0.003 (0.004)
财务满意度	0.341*** (0.020)	0.342* (0.021)	0.339*** (0.020)	0.343*** (0.021)
社会资本	0.256*** (0.026)	0.265*** (0.028)	0.255*** (0.025)	0.262*** (0.028)
性别	−0.040 (0.031)	−0.027 (0.037)	−0.042* (0.030)	−0.028 (0.037)
年龄	−0.032*** (0.004)	−0.040*** (0.005)	−0.032*** (0.004)	−0.040*** (0.005)
年龄的平方	0.000*** (0.000)	0.000*** (0.000)	0.000*** (0.000)	0.000*** (0.000)
已婚	0.456*** (0.027)	0.423*** (0.027)	0.451*** (0.026)	0.420*** (0.028)

（续表）

项目	a 基础模型	b 扩展模型	c 基础模型	d 扩展模型
个人健康水平	1.281***	1.310***	1.286***	1.315***
	(0.143)	(0.160)	(0.141)	(0.158)
失业	−0.326***	−0.329***	−0.335***	−0.323***
	(0.073)	(0.086)	(0.077)	(0.089)
收入	0.031	0.038	−0.025*	−0.029*
	(0.035)	(0.040)	(0.017)	(0.020)
参加教堂活动	0.037***	0.029***	0.036***	0.028***
	(0.006)	(0.007)	(0.006)	(0.007)
孩子	n/a	0.030***	n/a	0.039***
		(0.007)		(0.008)
教育	n/a	−0.004	n/a	−0.002
		(0.005)		(0.006)
穆斯林	n/a	−0.369***	n/a	−0.370***
		(0.130)		(0.131)
天主教徒	n/a	−0.043	n/a	−0.048
		(0.058)		(0.059)
新教徒	n/a	0.071	n/a	0.065
		(0.072)		(0.072)
印度教徒	n/a	0.051	n/a	0.049
		(0.289)		(0.292)
佛教徒	n/a	−0.008	n/a	−0.014
		(0.006)		(0.067)
犹太教徒	n/a	−0.064	n/a	−0.059
		(0.132)		(0.134)
牧师	n/a	−0.057	n/a	−0.062
		(0.075)		(0.077)
常数项	4.225***	4.360***	6.236***	6.303***
	(0.455)	(0.361)	(0.321)	(0.292)
观测量	58,155	39,479	59,080	39,479
R^2	0.2623	0.2610	0.2614	0.2605

注：* 表示显著性水平为 0.10，** 表示显著性水平为 0.05，*** 表示显著性水平为 0.01。因变量是生活满意度，表中省略了国家和年份虚拟变量，项目数值为非标准化的回归系数，即国家聚类稳健性标准误。

关于"大政府"角色的最终评价由表 5.3 中的模型提供，自变量是 Fraser 研究所开发的"政府规模"总指数。正如之前所讨论的，它包括公共交通、政府消费、公共投资和收入最高边际税率等支出的单项分数。如果结论与之前的发现一致，那么根据总指数的构造，更高的分数代表了更大的"经济自由"。也就是说，更小的政府变量将显示出较小的回归系数，这恰恰如 c 列和 d 列所示。

在继续聚合数据之前，需要进行两个测量。第一，与收入的交互作用项，在大多数模型中，它们要么是负向的，在统计上不显著；要么量值很小。如果我们解释系数，进而计算在任意特定收入水平下对政府规模满意度既定测量的有效斜率，总会发现当收入增加时，斜率略微下降（因为交互作用项系数非常小）；以至于即使在最高收入水平下，斜率仍为正数。更大程度的去商品化和更大规模的国有部门似乎使得每个人生活得更好，使得富人与穷人生活得一样。

第二，估计系数检测表明，它们代表的政治现实不但在统计学上是显著的，而且实质上在一定程度上对那些发现生活令人满足的人们具有非常重要的影响。不难发现，当比较对满意度的预计影响时，对于那些从每年去商品化总量最低的国家迁移至每年去商品化程度最高水平的国家（例如，从在时间和地点上福利政策最少的州迁移到福利政策最多的州）的个人来说，通过那些通常被一致认为对满意度最有影响力的个体层面决定因素的变化，同样可以预测他们的婚姻和失业状况的改变。表 5.1 中 a 列提供的基础模型表明，从每年去商品化最低水平的国家迁移到最高水平的国家的改变，使得个人生活满意度水平增长一个点。尽管沿着顺序范围解释迁移是困难的，但相较于之前的基准所提供的视角，正探讨的这种改变（影响力）相当于结婚受益的 2 倍多，以及失业后为了获得快乐而花费的 3 倍多。显然，这些影响是巨大的，但与他们通过婚姻和避免失业来获得令人满意生活的相关贡献相比，这些就相形见绌了。[7]

---

[7] 考虑到失业或者婚姻仅仅是虚拟变量，它们对满意度的影响是系数本身的量值：失业减少了约 1/3 点的满意度，而结婚增加了约 1/2 点的满意度。相比而言，如果忽视在去商品化方面观测到的变化，估算满意度的可预测变化，我们就会发现约 0.98 的量值变化。表 5.1 中 b 列的扩展模型表明，去商品化一个更显著的影响等同于 3 倍多的婚姻受益和 4 倍多的失业影响。

对于去商品化对人们的幸福具有多么深远的影响，这是值得深思的。在日复一日的生活中，我们能够很直观地理解学者一直以来所记载的内容：婚姻（或者相当于长期同居的关系）对更好的生活有着显著的贡献，失业则会极大地降低个人的生活质量。确实，毫不夸大地说，对于大多数人而言，一个人生伴侣和一份工作，会排在他们的生活需求和价值清单的顶部或接近顶部。

我们只需想象因失业而产生的深切心理沮丧，就能理解找到工作的情感补偿对于需要一份工作的人来说意味着什么；我们只需想象那些源于渴望爱与被爱、渴望有某个人分享生活的孤独感与孤立感，就会明白找到爱与陪伴是多么令人有成就感。现在，考虑到从去商品化程度最低的国家迁移至去商品化程度最高的福利国家，比起避免失业所带来的影响对一个人的生活质量有着3倍的改善；或者考虑到在福利国家这一同样的背景下，找到生活伴侣会使一个人的生活满意度提高2倍；那么，作为人类幸福的代理人，福利国家的重要性似乎是很难被夸大的。

国家和群体均值

关于上述分析所介绍的第二种方法，数据讲述了一个我们似乎早已听过的故事，对于给定的国家/年，国家层面满意度的结果如表5.4的核心变量所示。显而易见，当控制了可能对满意度有影响的其他因素后，生活满意度的平均水平如假设所预想的那样受到去商品化、政府消费、税收负担的影响，其中每个变量的相关系数都是显著的且与预测的方向一致。

表5.4 政府规模与生活满意度：OECD国家的聚合层面数据（1981—2007年）

项目	a 去商品化程度	b 政府消费	c 税收负担
去商品化	0.035*** (0.011)	n/a	n/a
政府消费	n/a	0.020* (0.014)	n/a

（续表）

项目	a 去商品化程度	b 政府消费	c 税收负担
税收	n/a	n/a	0.013** (0.007)
社会资本	0.752** (0.429)	0.711** (0.431)	0.618** (0.432)
失业	−0.000 (0.014)	−0.020** (0.012)	−0.022*** (0.012)
实际 GDP	0.000 (0.000)	0.000 (0.000)	−0.000 (0.000)
个人主义	0.649*** (0.153)	0.506*** (0.096)	0.493*** (0.099)
天主教徒	0.321* (0.240)	0.282* (0.179)	0.226 (0.177)
经济增长率	0.014 (0.013)	0.023* (0.016)	0.022* (0.015)
常数项	6,972*** (0.950)	8.577*** (1.007)	8.336*** (0.995)
观测量	51	73	73
R^2	0.7685	0.7471	0.7538

注：* 表示显著性水平为 0.10，** 表示显著性水平为 0.05，*** 表示显著性水平为 0.01。因变量为生活满意度，数值为非标准化回归系数（标准误）；表中省略了年份虚拟变量（GLS 随机效应模型）。

为了阐明政治因素的重要性，除了比较失业与婚姻，我们还引入了另一方法说明结论。在该方法中，我们根据在不同时间和空间中观测到的满意度变化表达它们的效应，而非它们相对于其他因素的影响。当考虑不同国家之间（或者社会群体之间，如那些高收入者或低收入者）平均满意度的变化时，这种方法是非常有帮助的，因为在这样的情形下比较婚姻这样个体层面的因素意义不大。为了这样做，我们仅仅依据所谓的"标准差"计算在满意度水平上的预期变化。

对于那些不熟悉依据这样衡量标准思考的人，这种逻辑是非常直接且简单的。当确定如何考量调查项目中一些自变量（如生活满意度）的影响时，我们能够通过比较来说明事物——正如我们在比较福利国家的婚姻和失业状况时所做的，或者我们能够依据所观测到的调查问题本身找到离差值。这是因为像生活满意度这类问题，正如贫困率一样，缺少一种绝对的说明方法。如果研究的是贫困人口的比例，那么我们可以确定在慷慨的社会保障体系下产生的确切变化，也就是将减少5%的贫困人口。但不同于大多数调查项目的意见，生活满意度是包括在我们的研究内的。我们能够达成相同的目标，却不是简单地以1—10的测量数值范围内满意度的绝对数值予以表达，而是使用跨国之间、不同时期满意度变化的标准数值予以表达。这种标准偏差很容易解释，它反映了对于既定的某个人来说，相对于整体均值，个人的满意度高（或低）多少。因此，一个可以预测的1/2个标准差变化是很大的，1个标准差更是非常大，2个标准差将是巨大的。从这种方式中不难发现：如果一些变量的变化使得满意度改变，足以使我们从均值分布（50%分位数）移动至超过平均标准偏差1/2的满意度上，这会把我们带到满意度分布的69%分位数；超过1个平均标准差，我们会处于84%分位数；超过2个平均标准差则意味着98%分位数。

如果从所观测到的去商品化量值的最小值移至最大值，那么这个结果显示了一个可预测的、平均生活满意度上1.53个标准差的变化。政府消费或税收负担范围内的移动，也意味着对满意度水平很大的影响（分别是1个标准差和3/5个标准差）。无论以何种标准衡量，这些影响都是很大的，特别是当考虑到模型包含了过多的控制变量时，其运行确实对满意度具有独立的、可分离的影响，但这些系数的影响可能被低估了。我们由此再次断定政治变量不但在统计上是显著的，而且在一定程度上对那些期望生活满意的人也极具有力的影响。

如果我们检测的关系在普通民众中的不同子群体之间是恒定不变的，那么将平均满意度水平作为因变量，就可以具有直观的吸引力并为简化的计量经济决策方法带来额外的优势。我们早已接触过不同收入之间恒定的效应，所以可以进一步计算那些高收入或低收入群体的平均满意度,并对每个群体重复核心分析。[8] 表 5.5 展示了基础去商品化模型中对每个收入类别(见 a 列和 b 列)的结果。相关系数对于所有的群体都为正且显著,再一次表明福利国家使富人和穷人都受益。

表 5.5 去商品化与生活满意度:OECD 国家的社会群体
聚合层面数据(1981—2007 年)

项目	a 低收入群体	b 高收入群体	c 男性	d 女性
去商品化	0.038***	0.031**	0.037***	0.040***
	(0.012)	(0.014)	(0.012)	(0.013)
社会资本	0.562	0.795**	0.748**	0.516
	(0.527)	(0.459)	(0.417)	(0.536)
失业	0.001	0.031**	0.010	0.003
	(0.017)	(0.015)	(0.014)	(0.017)
实际 GDP	0.000	0.000	0.000	0.000
	(0.000)	(0.000)	(0.000)	(0.000)
个人主义	0.676***	0.511***	0.663***	0.649***
	(0.153)	(0.214)	(0.172)	(0.172)
天主教徒	0.290	0.056	0.394*	0.086
	(0.260)	(0.322)	(0.268)	(0.285)
经济增长率	−0.007	−0.024**	0.008	0.017
	(0.016)	(0.014)	(0.013)	(0.017)
常数项	6.393	7.524***	6.707***	6.414***
	(1.136)	(1.032)	(0.929)	(1.168)
观测量	49	49	49	49
R^2	0.7750	0.6105	0.8005	0.7106

注:* 表示显著性水平为 0.10,** 表示显著性水平为 0.05,*** 表示显著性水平为 0.01。因变量为生活满意度,项目数值为未标准化回归系数(标准误);表中省略了年份虚拟变量(GLS 随机效应模型)。

---

[8] 高收入人群定义为在 10 种收入类别中排前 3 的人;但是以 1—5 作为低收入人群、6—10 作为高收入人群进行分类,也可以获得同样的结果。

的确，我们这样做，正如所预期的，可以发现较低收入群体较弱的增强效应，但系数之间的差异是非常小的。这与个体层面的分析结果是一致的，表明了当收入增加时，福利方面的开支只有很微弱的（基本无意义）下降。从社会民主主义的角度来看意义非凡：不富裕可以用一种快速直接的方式从慷慨的福利国家获得更多。不过根据这样的逻辑，一般来说，社会的附属效应是使每个人受益（例如，因犯罪、社会混乱、经济萧条而产生的社会异常状态的减少）。

相对于男性与女性的去商品化比较再一次表明，他们都从中受益。尽管名义上对女性而言相关系数稍大，但差异小到可以忽略不计。这表明他们从福利国家受益时，不同性别在某种程度上没有实质的差异。这或许与预期相反，考虑到通常认为与男性相比，女性一般（至少在某种程度上）拥有更少的经济特权（有证据表明，在某些事项如收入方面，男性和女性始终存在差异，相应地，女性集中于保障和报酬都很少的工作），因此在社会保障方面存在更强的利害关系。我们不希望在这方面的确认发生失败——有一点就是可以提取更多的女性敏感性加入社会权利的规定中（例如从综合角度出发，考虑单身或已婚女性之间的差异、受抚养子女的数量、教育等），但是这些因素超出本研究的范围，即便它们自身具有多么潜在的重大影响。

这里的重点，不是衡量男性和女性发现福利国家对生活改善的差异，而是关注福利国家似乎确实有助于这两大群体更加享受他们的生活。[9]

为了更好地表述更多的统计学结果（可能会消耗读者仅有的耐心），简要介绍最后一个来自案例文件的证据，以联系国家为了公民幸福所做的再分配努力。这里通过表 5.5 进一步证明之前的结果，并引进福利国家的慷慨程度这一额外实证指标。表 5.6 提供了基于 OECD 官方测量"社会工资"的模型，

---

[9] 在本章的附录中，针对福利国家，我们考虑两个可能的子群体的差异：左翼政党 VS 右翼政党（根据传统的左右翼意识形态调查项目）和接受同性恋的 VS 反对同性恋的。结果表明，在不同群体之间没有显著的差异。

展现了国家之间平均幸福水平的结果，也展现了不同收入和性别群体的平均幸福水平，延续了更多的统计检验。"社会工资"的概念被不同的学者以不同的方式使用，但它实质上是国家对于维持收入的承诺的同义表述。"社会工资"是一个暗喻，暗含作为社会中的成员在需要时通过自身地位的优势所能获得的"工资"。因此，对于 OECD 统计署来说，社会工资是给予国家系统中失业人员补偿的指标的名称。[10] 正如表 5.6 所显示的，这个分析证实了之前的结果：在每种情境下，社会工资是正向且显著的，表明一个更加稳健的失业保险系统与更高水平的幸福感是紧密关联的。

表 5.6　社会工资与生活满意度：OECD 国家的一般人口和社会群体聚合层面数据（1981—2007 年）

项目	a 一般人口	b 低收入群体	c 高收入群体	d 男性	e 女性
社会工资	0.009*** (0.003)	0.010*** (0.003)	0.009*** (0.003)	0.008*** (0.003)	0.010*** (0.003)
社会资本	0.707** (0.398)	0.384 (0.469)	0.738* (0.479)	0.342 (0.451)	0.741* (0.466)
失业率	−0.023** (0.011)	−0.021* (0.013)	−0.003 (0.014)	−0.022** (0.012)	−0.015 (0.013)
实际 GDP	−0.000 (0.000)	−0.000 (0.000)	−0.000 (0.000)	−0.000 (0.000)	−0.000 (0.000)
个人主义	0.540*** (0.068)	0.542*** (0.091)	0.416*** (0.078)	0.519*** (0.091)	0.549*** (0.076)
天主教徒	0.195* (0.145)	0.138 (0.177)	0.0540 (0.169)	0.224* (0.175)	0.068 (0.165)

[10]　这种测量被定义为"针对两种收入水平（中等收入水平和 67% 分位的收入分配）、三种不同的社会背景、三种失业期限而言，作为总失业救济金的平均替代率"。数据载于 http://www.oecd.org/dataoecd/25/31/34008592.xls（2009 年 10 月 10 日）。

（续表）

项目	a 一般人口	b 低收入群体	c 高收入群体	d 男性	e 女性
经济增长率	0.015 (0.016)	0.017 (0.017)	0.028* (0.018)	0.017 (0.016)	0.024* (0.018)
常数项	8.838*** (0.795)	8.170*** (0.985)	8.542*** (0.990)	8.137*** (0.950)	8.578*** (0.965)
观测量	73	69	69	69	69
R^2	0.7995	0.7964	0.7258	0.7988	0.7913

注：* 表示显著性水平为 0.01，** 表示显著性水平为 0.05，*** 表示显著性水平为 0.01。因变量为生活满意度，项目数值为非标准化回归系数（标准误）；表中省略了年份虚拟变量（GLS 随机效应模型）。

小结

上述分析在支持"大政府"提升民众幸福的论点上提供了强有力的证据。在展示结果时，我们依靠这种提供真实、有力证据的策略，获得了相同的基础结果。也就是，确定一系列国家规模的不同测度，提供直接去商品化的三个转移支付维度、国家消费的经济占比，假定公共利益（除直接提供福利支付外）所有活动的直接变量与控制变量，以及国家施加给整个社会的支付国家全部活动的税收。我们还努力通过不同的模型设定、不同的分析水平、不同的计量经济学方法和不同的社会子群体，证明这些结论的一致性。因此，我们的目的是证明这些统计结果的一致性，在计量经济学模型的术语中就是稳健性。更简单地说，就是一次又一次地提出模型，在每种模型中改变统计分析中可能影响这些结果的任何一个要素，仍然可以得到相同实质的结果。我们一直尝试证明这些结果的出现不是出于数据和分析方法的特殊性。本章附录继续证明，上述结果也存在于不同的方法和理论中。

贯穿于本章，我们的目标是以怀疑的眼光看待自己的发现，把自己放在一个对手的角色上，找到足够的实证分析漏洞，质疑结果的可靠性或真实性。之所以如此，是因为随时质疑的重要性。之前我们提出的，是对政府的大小是否对人们幸福最有利的因素这一意识形态问题的客观、实证的回答。这不是一件小事，它的效度完全取决于所依据的证据，我们已经以期望的严谨和有说服力的方式聚集并检验了这些证据。越是有争议和重要的结论，就越需要更有力的证据。对于我的成功程度，读者会自行做出判断。

如果这些证据确实很有说服力了，就会产生两种很显然的可能结果。首先是对幸福感的研究，检验了市场中的福利制度和政治干预是否由大型国有部门表现出来，也检验了幸福感是否主要取决于人们需求的供给的理论。很显然，如果幸福完全或大部分是由个人的基因或心理特质创造出来的，或者只是社会比较的产物，那么在这里展现的结果是不能简单地得到的。福利国家为了创造更满意的生活而付出的努力清楚地表明，在幸福生活方面，导致生活质量的国际性差异的前提条件是物质和情感上的因素。

更重要和更明显的则是社会政策的影响。如果我们真正想要的是建设一个使人们的生活都尽可能满意的社会，政府就会很清楚地发出如何开始和如何推进的指令，这并非夸大。最大限度地让人们认为其生活是积极和值得的方法，就是创造慷慨的、普遍的和真正去商品化的福利国家。简单地说，人们的幸福是由在政治现状下、给社会带来更高社会生产能力的大型国有部门提供的，即民主控制。我们还可以看到，在相同的条件下，人们的生活由一大部分的经济份额支持，以税收支付政府所提供或担保的服务和保护，因而民主更加深入经济中是一个很有利的设想。

在下一章节，我们将更深入地阐述这些主题，并把注意力转移到另外两个及更多的基础民主形式上，"侵入"经济领域观察其如何影响生活满意度。一个涉及调整市场中的雇用者和被雇用者关系的劳动法，从表面上来看，可以保护劳动者免受雇用者对低等权力职位的消极影响（参阅第2章和第3章）；另一个是工会的角色（我们在前面章节提过），工会作为一个重要的工具，传递了工薪劳动者和薪资利益相关者的政治观点。

附录：细节和异议

附录的目的是指出一些计量经济学的相关细节，以及读者关心的方法论方面的缺陷。这既是表达对读者这种关心的感谢，也是为了进一步说明这些缺陷不会影响之前的实质性结论。

反向因果关系

左翼政策和生活满意度的因果关系很可能是反向的，即拥有更高生活满意度的人们更有左倾的意向，所以聚集了自由主义者的国家会产生自由的政府，施行宽松自由的政策。从这种观点来看，持自由主义的公民是生活很幸福的公民，仅仅宽松自由的政策和幸福之间明显的关联性就反映了这些。在其他地方，我也很明确地考虑过这种可能性（Pacek and Radcliff，2008），并通过建模作为满意度和一系列个体层面与国家层面控制因素的函数来支持左翼。我发现（个人观点）更强的幸福感并不意味着左翼能获得更大的支持，事实上，更多的证据表明恰恰相反。例如，2006年一项由Pew研究中心所做的调查发现，在美国，自我认同的保守派普遍比自由主义者过得更加幸福，即便在为收入所困的时期。Bjornskov et al.（2008：137）对70个国家的抽样研究验证了相同的结果，发现在完全地控制人口增长的情形下，保守派过得更加幸福。当运用这种方法到现今的数据上时，也能够得出类似的结论：对满意度回归到自我认同（如此编码以致变量测量的就是一个人有多么保守）的意识形态，加上控制因素（参见表5.1的基础模型和扩展模型），产生了一种正向且显著的系数。这再一次验证了反对"大政府"的保守派过得更加幸福的假设。如果这样，这个结果就不是依赖于自由主义者支持宽松政策的反向因果关系的结果。作为最终的检查，我们通过表5.3重复表5.1的结论，包括控制了受访者意识形态上的个人认同。这些对上述结论依然没有实质性的影响（意识形态系数再一次为正向，与反向因果关系的假设不同）。因此，在任何情境下，考虑到观点自由性和满意度的关系实际上是负向的，个人思想所包含的内容绝不会影响这里的结果。我们非常开心地得出结论：这些发现不会因反向因果关系而发生改变。

稳健性检验

我们已经尽力在分析中说明，不论何时我们所获得的结论都是稳健的，这也意味着这些结论不取决于模型的构建、变量的定义、估计方法或者其他分析细节上的特殊性。为了论证这些结论在面临多种选择时依然具有高度的稳定性，在检验过程中的每一步，每当需要做出统计策略决策时，我们都努力证明：当做出其他合理的决策时会得到相同的结论。例如，我们已经在分析中使用多种方式测量国家的规模，采用不同的估计量、不同的模型结构和不同的分析单位。在这里，我们简短地考虑了一些额外方法，以验证之前结论的稳健性。

首先，实证发现的稳定性已经使用两种额外方法进行检验。表5.1至表5.3展示的个体层面模型已经运用多层线性模型（HLM）估计过，实质性的结论在这些测试中依然没有改变。考虑多个验证性实验测试了聚合层次结论的稳定性，这些测试都展示在最后的总结性实证模型（基于社会工资水平，作为国家对市场干预所做的努力的指示器，见表5.6a列）中，包括：（a）当使用稳健性回归（一种特别设计的、用于证明结果不受异常值或其他特别有影响力的数据点影响的方法）时，结论不变；（b）当剔除3个高满意度国家的数据后，结论依然具有稳定性，说明有时福利国家只会因极端情况而产生明显的影响；（c）剔除3个高度去商品化国家的数据后，结论依然不改变。

其次，最近的一些文献（Helliwell and Huang，2008；Ott，2010）强调了政府中官僚主义观念对效率和专业性的重要性，使用世界银行提出的"善治"（将这个概念的六个维度平均到一个单独的指标，参阅Kaufmann et al.，2005）指标。正如第4章所说，这个变量带有很大的不确定性，尽管它确实包含了考察一个"好政府"的许多因素，但是仅包括政策方面（如低水平的流通税款）而不包括指标涵盖的科技和无党派的概念。该指标还受到本文所提出的分析观点的影响，针对有限年数才有效。所以，包含它的任何模型会大幅度地减少样本容量，甚至到以其现在形式无法分析的程度。无论如何，我们所关注的这种"多变性"和 OECD 国家的相关性是很需要质疑的，即便它几乎不会变化。指标是为了在发达国家和发展中国家中都能适用而设计的，所以当 Helliwell and Huang（2008）将它很好地应用在 75 个这类国家的混合样本上时，只考虑 OECD 国家是没有太大的意义的。在这些工业化民主已经高度制度化和专业化的行政部门里，国家间的差异很小，反映了这些国家拥有极其"高质量"政府的事实（指标确实可以延伸至无党派测量方面，如腐败）。此外，Ott（2010）认为"好政府"在某种意义上是指行政部门里专业、有效的系统，是政府规模（或者税收水平）和生活满意度的中介变量。如果是在腐败和效率很低的国家，政府干预就不会如我们所预期的那样，表现出在 OECD 国家中符合"好政府"标准政府部门的积极效果。

只要一个国家拥有像 OECD 国家那样合情合理的"好政府"，即使按照世界银行指标，这一概念也与我们现在的目的没有关联。的确，当查看本研究所考虑国家的数据时，变量均值是 1.6，然而 Helliwell and Huang（2008）有关 75 个国家该变量的均值是 0.68（范围为 –1.3—2.0）。因此，当查看本研究所涉及国家的数据时，只有两个国家在完全意义上低于发达的 OECD 国家的均值，即希腊和意大利。在任何因样本变量缺少同质性而导致实验失败的可能性中，证明本研究结论的稳健性的最简单和有效的方法，就是简单地剔除这两个国家的数据然后重复分析过程。正如之前的例子一样，此方法产生的结果和之前的结果完全相同。

最后，除了收入和性别，我们再次考虑另外两类人群分组的实验结果稳定性。第一类人群是很憎恶和不憎恶男同性恋者及女同性恋者的。在逻辑上，这种坚持反同性恋的态度近似于价值观结构中普遍的"传统主义"，也与其他的社会态度息息相关。第二类人群根据常见的左翼、右翼经济思想的自我认同感划分，经济学家认为这种差异和幸福感具有很重要的关联（值得注意的是，在那些研究里，这种思想是如何与意识形态受控的政府政策相关联的）。[11] 我们发现，针对这两类人群，正如我们对男性和女性的比较，福利国家规模在相当程度上影响每一个子群体。

就收入方面来说，两者存在细微的不同，左翼和反对同性恋的群体的满意度，在社会工资方面比右翼具有更大的弹性。收入的影响固然是一个原因，但是并不明确；它可能反映了社会阶层、性别甚至年代（这些因素的主要影响，而非与福利的交互作用受到控制）的差异。但我们的目的不是考虑这些偏离主题的事项。就像性别和收入，仅仅能够说明这种差异（一些经济学家认为这种差异是人与人之间的基础差异）与评估福利国家的影响不相关就已经足够了。需要注意的是，没有理论表明，意识形态上的自我定位可能如收入那样改变国家政策对满意度的作用。假如我们认为幸福感（或者至少幸福的部分改变可以归因于个人基因或性格特质之外的条件）是由人们需求的满足程度所决定，那么每个人和政府在意识形态上的一致性就不是人们对个人与财务安全性所要求的人类需求，我们不应该期盼意识形态具有调节作用。当然，人们可能认为大政府不是个好主意，但是他们依然会发现生活因每个月收到家庭补助（或者退休金）、生病时因国家法规而有能力看病、非个人原因失业时收到政府失业金而得到改善。人们可能不能辨明这些好处，正如他们不能辨别对社会有益的低犯罪率，以及其他形式的反社会行为对他们自身有何影响。[12]

例外模式？

有着较高满意度水平但是小规模福利国家是什么样子？值得注意的是，

---

[11] "世界价值观调查"在1—10的量值内衡量意识形态，更高的水平代表了更保守。我们将1—5类别定义为左翼，6—10类别定义为保守派（由此将意识形态变化很恰当地分为两部分）。类似地，对于男同性恋和女同性恋的态度也在1—10量值内（询问应答者"什么观念对于同性恋是公正的"），并把他们归入1—5类别和6—10类别中。

[12] 更进一步地，这些持自我认同的保守派，其幸福受福利国家的影响很小，这必须借鉴一个事实，即那些反同性恋的群体从福利国家获得的益处也很少。无论是什么导致这一差异，我们都不能就此认为这是对福利国家的有力异议，因为反同性恋的观念只是替代衡量指标。

批评这种看法的人在专业讨论中很快指出了两个典型国家——爱尔兰和瑞士。这两个国家的满意度得分很高，但都是中等福利规模。它们是分析中的奇异值而偏离了假设的模型？或许这里出现了反对观点的证据？第一，我们在考虑这个观点时要注意的是，从统计学意义上来说，爱尔兰和瑞士事实上都不是奇异值或杠杆点。在检验稳健性聚合结果的总结里（见表 5.6a 列），没有哪一个国家的观测值是一个很大的 df 贝塔值（一个影响统计项，检验既定观测值对结果的不同程度的影响），或者有一个很大的标准化残差（测量现状和回归线距离的统计项）。第二，尽管瑞士和爱尔兰的满意度确实显著地高于简单二元结论——满意度全部且仅由福利国家决定，但我们不同意任何类型的简单二元论。一个国家的满意度水平其实取决于很多东西，所以模型中才会包括多个控制变量。人们可以将之前的数据解释为，这些福利国家的小规模被其他因素抵消了，比如明确的模式（表 5.4 至表 5.6）和含蓄的模式（通过表 5.1 至表 5.3 的虚拟变量）。

进一步地，虽然这些国家的福利规模相比北欧国家的标准较小，但它们不是美国和澳大利亚那样的国家福利"落伍者"，因为它们的去商品化水平实际上达到了 OECD 国家的均值。此外，近十年来，满意度和福利制度的变化发展史对于人们接下来应该怎么做具有很强的借鉴意义；事实上，它也证实了本文所讨论的论据。近几年 WVS（妇女志愿服务组织）的数据（截至 2008 年的全球经济危机）显示，爱尔兰的平均满意度水平发生了实质性的增长，瑞士却大幅下降。令人好奇的是，这些国家去商品化指标的分数与我们之前预测的模式是一致的：当瑞士的满意度剧烈下降时，爱尔兰反而继续增长。总之，这些事例很好地说明了我们所讨论的关系，而非反例。

政治和经济的内生性：考虑福利制度对幸福的间接作用及其对经济的消极影响

我们一直努力证明持续扩大的福利国家（或者同等的政府消费或税收）对人们生活满意度做出的贡献。在集合分析中，统计分析在控制经济规模涉及的变量上起了很大的作用。但是,所报告的模型却没有那么大的作用,即便该模型考虑了经济状况部分取决于影响满意度的政治因素的可能性。当社会民主直接提升生活满意度时,它可能会反向地对经济产生间接的消极影响。如果是这样,社会民主的净效应就可能为零甚至是消极的。类似地,当经济繁荣对幸福有利时,小型福利是有力但间接的积极影响。换句话说,控制经济状况的代价,是为了提高隐藏在可控变量间接作用下的福利制度带来的总效应。新古典主义经济学家可能赞同这个观点,毕竟,福利制度本身会使人们更幸福,但是在经济上未预料到的消极影响也会使人们过得不幸福。因此,福利国家有利于"生活过得越来越满意"这一观点可能存在误导性。

事实上,这是一种很合理的担忧,在此我们采用两种方法说明。首先,当福利制度对经济的消极影响被认为是保守思想的怪物时,许多文献没有提供任何解释,所考虑的只是福利制度大小或其他变量,产生反对意见所推测的很明显又很重大的经济消极影响。有关这一主题的经验主义和完全理论性的经验是完全不确定的,即使许多研究发现政府在经济表现上的支出是无效的,甚至是有消极作用的。因此,Mares(2007)就此详细评论道,预计的更高的社会保护水平和增长率之间的负相关关系还未得到证实,并且经验主义研究也没有揭露更大型的福利国家和就业率存在一致的负相关关系。[13] 无论如何,虽然有人想捏造证据,但不可否认的是,即便经济学家也没有发现一致性。公共支出对经济的腐蚀作用起码表明,如果真的存在,对经济支出规

---

[13] 其他观点也得出类似的结论。在一篇关于跨国增长决定因素的有影响力的文献中,Levine and Renelt(1992)试图把对经济增长有稳定和强健作用的因素隔离出来,因为事实上现有的文献产生了广泛的不同结论。然而,他们根本不考虑福利支出本身,只考察一些 GDP 中政府消费的、与慷慨福利国家高度相关的变量。事实证明,这些变量中没有一个对经济增长具有稳健的影响。类似地,Atkinson(1999)详细回顾了关于社会转移支付对经济增长的影响的十大主要研究,他在报告中指出:在这十大研究中,两种没有显著影响、四种具有消极影响、四种具有积极影响。他对社会保障供给如何影响失业率的文献回顾也得出类似的"不可知"的结论。如果继续回顾更多最近的权威研究(North et al., 2009),人们就会发现没有证据表明公共支出和税收阻碍了经济发展。

模所造成的腐蚀作用必须很小。此外，正如第 3 章所指出的，高福利制的北欧国家的规模与经济学家评价很高（Rothstein，2010）的贸易环境质量存在很大的一致性，这表明即使所处的空间很大，全球的福利制度和繁荣的动态市场经济也是协调的。

无论如何，以现今的数据，检验有关福利制度所产生的内生的、消极的总净影响，一个明确的最终方法是，将经济控制变量排除在外，证明基础结论是否成立。在这种方法下，福利制度所导致的结果系数反映了满意度相关变量的最终总净影响。这样做也产生了与上述一样的结果（见表 5.6a 列的最终模型，也在表 5.4 的全部模型中）：系数仍然是显著的，符合预期方向和效应值大小也很接近。这些证据廓清了以下结论：当评估福利制度的影响时，维持经济状况恒定掩盖了间接效应是不正确的。福利制度的总效应，包括通过经济表现所产生的潜在间接影响，是正向的且在统计上显著。[14]

---

[14]　更多的计量经济构建可能是使用一种利用工具变量的方程组（一阶最小二乘法），我们已经将这种方法应用到其他问题中并得到与上文相同的结果。

06

工会和经济监管

市场经济是当代世界的主要经济制度,对人类生活的本质和质量的影响超过其他任何制度。因此,在探寻人类幸福的产生和分配时,市场的内部结构吸引了我们的注意。同时,这也让我们看到资本主义经济的本质,并且在很大程度上定义了资本主义经济的特征,并且已经体现在很多场合:经济活动依赖于两个阶层在权力上固有的不对称,一个阶层将劳动力作为商品出售以获得生活收入,另一个阶层购买劳动力商品以获利。诚然,后一阶层依靠前一阶层的劳动力才能享有财富,但生产所需的资本资源的所有权使得他们的幸福生活无须直接参与雇佣劳动即可实现,因此在市场上,后一阶层仍占据上风。

尽管资产阶级享有与被雇用劳动者不对称的权力关系,但并不意味着劳动者阶级完全没有谈判权。事实上,市场体系理论和实践完整性要求劳动者不能像农奴、奴隶和契约佣工那样被迫工作。取而代之的,是劳动者和雇主必须就报酬与其他工作条件进行协商,达成法律可实施的合同。在雇佣条款的谈判中,雇主享有天然优势,但这并不意味着这些条款脱离了真正的谈判过程。雇主和劳动者都希望最大化己方在谈判中的相对地位,两者的"斗争"

首先体现在谈判的过程中。这一过程不仅涉及报酬和福利，还包括工作环境、工作时长和其他工作规定。如果是这样，那么关注劳动力市场本身的一些细节，以此反映人们生活的主要方面和生活质量的潜在主流就是理所应当的。

在社会结构的层面上，劳动力市场谈判最重要的是谈判之前或者调解谈判的条件。福利国家的条件当然是最有影响的（因为那是最结构化的），我们还书面证明了其对生活质量的积极影响；但是在个体劳动者和个体雇主谈判的背景环境下，其直接影响因素很有可能对个人产生深远的影响。对于我们来说，这包含了劳动力市场政治监管的性质和程度。例如，如果法律规定了合理的每周最长工作时间，或者以法律授权和强制程序保证工作场所的安全，那么这些问题在谈判过程中就变得不再重要，甚至被视为基本条件；这也让劳动者可以把有限的谈判能力重点放在雇佣协议的其他方面。而最终结果，自然是为了提高劳动者的相对谈判地位。因此，如同劳动者依靠福利制度限制劳动力商品化程度来提高他们面对雇主的相对权力，他们还试图利用政治过程影响（从物质和思想两个着眼点）雇佣合同条款适用法律的制定，进一步弱化他们在雇佣条款上的相对劣势。劳动者运用国家强制力设立法律规定的最低标准，而不是完全依靠个人能力与雇主谈判，从而使他们的工作报酬更高、工作场所更安全。

在与雇主谈判中，雇员寻求提高利益的第二种且更为普遍的方式，是形成他们自己的合作组织，这使得雇员在谈判中不是以个人而是以集体的名义存在。这种工会组织形式一度成为分散、匿名的劳动者在努力提高与雇主谈判的地位时最初和最基础的方式。通过工会，劳动者建立了一个独立的政治组织，在与雇主的交涉中，工会组织实际上是会员的代理人，代表会员行事。依赖这样的政治组织集体发声，相对于个人，劳动者能更好地就雇佣合同条款进行谈判，主要包括：(a)更好的工资和薪酬；(b)更高的安全性，如反对任意解雇的保证或者被辞退后有足够的遣散费；(c)维护机构，如协商工作规则，以便个人更好地适应（而非相反）工作，或者设立正式的申诉程序与独立的调解员，进一步使劳动者更接近"公民"，而非单纯的工作场所的"承担者"。事实上，虽然工会组织的权力结构与其他任何机构一样容易滋生腐败及委托代理问题，但这样具有代表性的民主机构的存在更易为其代表的劳动者提供心理利益，与其他民主机构一样，尽管不甚完美，但普遍认为这比专制制度更可取。

工会不仅为会员提供了上述直接好处，一旦组织起来，正如第3章已讨论的，工会还会为劳动者提供更加广泛的政治支持。这些劳动者，无论是否有组织，都会发现工会关注的不仅是抽象的精神利益（正如所倡导，至少在理想条件下，是有利于广大的工薪劳动者的），只要在政治议程的范围内，还关注他们的特殊利益。例如最低工资规定——一般理解为提高了工资较高、有组织的劳动者的工资，尽管他们的工资已经高于最低标准。总体上，组织为选举和政策制定进程的动员提供了基础。在这一过程中，工会为进步党派和运动提供财务与人力（如积极分子和志愿者）支持，逐渐地，组织与劳动者拥有了共同利益，并被视为代表了所有劳动者。通过在经济和政治进程中的作用，工会最终会对所有人的生活满意度产生积极或消极的影响，不管他们是否工会会员。

因此，本章介绍的是一个国家的劳动力市场监管对生活满意度的影响（即国家法制制度对劳动者的"保护"程度），以及劳动者自行组织工会的程度——我们称作联盟"密度"，即工会代表的工作场所的百分比。[1]

劳动力市场规制

左翼的政治议案把重点放在劳动力市场规制上。显然，因为从意识形态制高点出发对个人幸福的显性社会承诺能最好地服务于人类幸福，所以，

---

[1] 本章所用的联盟密度数据来自OECD，http://stats.oecd.org/Index.aspx（下载于2009年8月29日）。这些数据依据Visser et al.（2009）的方法论得出，该方法论被认为是最可靠的方法。

社会必须自觉提升对每一个体固有权利的保护。右翼认为，劳动力规制的普遍、长期结果对经济其实是有害的，而这一论点可能是完全正确的。不可否认的是，作为理性的、自利的效用最大化者，现实生活中的个体劳动者可能会支持市场监管，以此保证更高的薪酬和更好的工作保障。当然，本章将运用实证方法证明哪一种观点是正确的，但在实证检验之前，我们必须找到衡量"支持劳动者"的劳动力市场监管程度的方式，以及更好地理解这种监管方式涉及的方方面面。

对所涉及问题的理解体现在保守派智库的指标中，比如我们在第2章提到的美国Heritage基金会或Fraser研究所。美国Heritage基金会的经济自由指数（2008年）提到，一个国家的监管制度包含四个关键成分：（a）假定存在一个国家的最低工资标准；（b）规定员工工作时长的刚性；（c）解雇冗余员工的难度；（d）解雇冗余员工的成本。这些其实是区分劳动者和雇主的核心议题，显然也是关系到每个阶层利益的议题。[2]

Fraser研究所在关于世界经济自由的研究中提供了一个与上文类似但理论更精细、专业更可靠的方式，用于衡量劳动力市场监管。它提供了一个多项目指数，通过以下术语描述（Gwartney et al., 2008: 7）：

> 许多类型的劳动力市场监管政策破坏了雇员和雇主之间的经济自由，更突出最低工资标准、解雇条例、集中工资设置、工会合同对非党派人员的延伸及征兵制度。劳动力市场组成……被设计来衡量对经济自由限制的程度。

在后续的实证分析中，我们采用这种劳动力市场组成的衡量方法（详见

---

[2] 工作场所条例存在明显的缺失，尤其是与妇女相关的条例（例如，家庭休假、性骚扰、法律规定的同工同酬），工会和左翼自由党在一般情况下（虽然必须承认，并不是一贯）会赞成，但企业和保守党（更一致）会反对。

2008年附录 I：192—193）。当国家"必须允许市场力量决定工资并且设定雇佣和解雇条件"时，更高的分数就表示更加地"自由"，也意味着更弱的监管。因此，我们预测此变量与幸福呈负相关关系，如更少的调节意味着更少的幸福。[3] 当然，无论是降低经济增长率，还是使个人服从国家的规定和官僚机构从而无意中削减了个人自由，在更长时期内，这类规定完全有可能产生更多的消极后果。这是本章主要研究的实证命题。

我们不仅用一种方法衡量劳动力市场监管，还参考了由OECD制定的就业保护立法（EPL）总体水平的指标。该指标包含三个成分：（a）防止个人被解雇的永久合同条款的制度；（b）针对大规模裁员的附加条款；（c）控制临时合同可能性的条例。这个指标由OECD制定，作为战略制定的参考，用于决定"怎样调解企业对劳动力市场灵活性的需求和劳动者对职业保障的需求"。我们再一次看到：雇主和劳动者之间的根本利益分歧在更富鲜明色彩的Heritage基金会与Fraser研究所的措辞中、以一种更为官方的中性语言表现出来。从经济学家的角度来说，劳动力市场需要"灵活性"，是指雇主随意雇用劳动者的能力、以最低或者无遣散费解雇劳动者的能力、最短通知期限以及其他使雇主获得最高效率的条款。与此同时，劳动者显然更倾向于通过就业保护立法提供有职业保障的工作。这项指标衡量了各国协调这些利益对立方的努力程度，高得分表明劳动者拥有更强的保障。若变量的系数为正，则说明更强的职业保障能提升主观幸福感水平。[4]

劳动力组织

前面的章节已经详细阐述工会化对于主观幸福感的贡献机制。我们不再深入介绍这些论据，仅做一个简单的总结，以此加强对前文未提及的文献中

---

[3] 变量均值为5.17（标准差为1.64），范围为2.83—8.11。

[4] 变量均值为2.04（标准差为1.05），范围为0.21—4.10。

关于工作满意度的一些具体论述。

工作是大部分人在生活中的焦点之一。在工作生涯的大部分时间里，劳动力市场参与者会待在工作场所。因此在某种程度上，如果工作经历是愉快的，那么人们对生活当然也应该更加满足。实证证据确认了这一直觉：工作满意度是整体生活满意度最重要的决定因素之一（Argyle，2001；Sousa-Poza，2000）；加入工会可以提高工作满意度（Pfeffer and Davis-Blake，1990）。[5] 相关机制有很多，但核心关系是足够清晰的：职业保障和好的工作环境能提高工作满意度（Sousa-Poza，2000）。有人认为，工会有助于这些条件的产生。因此，如果工会有助于工作满意度，而工作满意度有助于生活满意度，那么工会会员将拥有更高的生活满意度。

相关论点认为，工会能给予个人一个集体表达的机会，期望企业如何管理他们的工作，这也许能降低员工之间异化疏远的程度。当异化程度较低时，个人的工作满意度和生活满意度会更高。对工作的疏远会产生个人心理成本，导致沮丧（Erikson，1986）和工作不满意度（Greenberg and Grunberg，1995），从而降低总体满意度（Loscocca and Spitze，1990）。类似地，工作自主权对幸福的重要影响也得到广泛认可，正如 Kohn and Slomczynski（1990：964）所说，职业自主性……会影响价值观、价值导向及认知功能。正如人们所预想的，缺乏自主性的人更倾向于心理"不幸"（焦虑和缺乏自信）。的确，异化尤其是自主权，在很大程度上由职业决定，但我们有理由期望那些由工

---

[5] 之前的文献有一个有趣的悖论，有证据表明工会会员的满意度低于非工会员工，但是前者离职的可能性却小于后者（Freeman and Medoff，1984）。这一表面上的矛盾应用"声音假设"得到解释，即工会允许会员明确地抱怨工作环境，因为工会的工作之一就是通过集体行动改善这些条件。由于劳动者有能力争取改善工作环境而不必选择离开，因此可以推测：工会已经把工作做得足够多了。这也是 Pfeffer and Davis-Blake（1990）成功解释的内生性问题。Clark（1996：202）很好地阐述了这一议题，如果工会忙于解决劳动者满意的问题，那么工会吸引的将是满意度最低的劳动者。因此，在初始低满意度的行业和雇主中将出现工会机构。在控制这一影响时，Pfeffer and Davis-Blake（1990）表示，"工会化对工作满意度具有重要、积极的影响"。Bender and Sloane（1998）也提供了类似的证据。

会代表的劳动者可以证明：任何特定类型的职业都会在较小程度上存在这些症状。

当然，尽管拥有工会的工作场所在抽象意义上削弱了自主权，因为工会规则实际上产生了更多的、必须遵循的规定，但工会仍然从两个方面更加情境化地支持了自主性。首先，虽然有工会工作场所的集体谈判力度明显高于无工会工作场所，但工会仍为工会会员建立了自主权等级。劳动者顺理成章地把自主权理解为在集体中获得的东西，如同一个组织的福利（Edwards，1979）。另外，Fenwick and Olson（1986）发现，工会会员的经历会使劳动者产生认知变化，恰好鼓励了工会所允许的工作场所参与，进而促进了自我引导的实现。在某种程度上，工会削弱了异化程度。控制其他因素的影响，我们发现加入工会与幸福感呈正相关关系。

工会也可能对其他关联变量产生影响，从而有助于幸福的产生。大量社会心理学文献已经证明，人们会采取一些保护措施对抗压力的有害后果，尤其是通过社会支持网络来缓解与工作相关的压力（Cohen and Wills，1985）。工作可能成为压力的主要来源，即便有些工作令人愉快，这也是不能避免的，尤其当工作会影响一个人的生计之时。尽管各方面的支持是有帮助的，但证据表明，当支持来源作为压力来源出自同一领域时，缓冲作用是最有效的。与工作相关的压力最好由工作上的情感支持来减缓（Jackson，1992）。常识告诉我们，工会可能会促进此类支持，因为工会不仅建立了联系，还形成了同事之间的团结意识。事实上，Uehara（1990）已经详细阐述了"团结"作为主要代理在现实社会网络中的作用。通过培养团结意识，工会可以提供一个理想情境，并在此情境中帮助员工找到隔绝工作相关压力的社会支持。

关于工会、社会联系和压力之间的一般规律，尚没有严谨的实证研究，但是现有文献还是提供了一些证据。它们表明，工会既促进了一般社会支持（Lowe and Northcott，1988），也促进了对抗工作相关压力的保护本身（Brenner，1987）。关于工作压力对生活满意度的作用的证据更加明确，Loscocco and Spitze（1990）证明，人们期望的满意度的负向结果确实会发生。由此，工会也就可能再次为其会员提供更高质量的生活。

前面的观点把我们引向了社会资本（Putnam，2000a），其核心论点为：社会资本是指人们之间的联系，即社会网络和由此产生的相互性及确定性的准则（Putnam，2000a：19）。概括地说，最基本的隐性意义是，社会网络促进了积极的心理和认知的变化，这不仅在政治上是可取的，也有利于更大的个体福祉（Putnam，2000a：333—334）。事实上，现有文献在表明社会联系促进了更大的主观幸福感这一观点上是一致的。关于这一点，Robert Lane（1978a，1978b，2000）的看法是最有说服力的，他将美国和西欧的主观幸福感水平的下降归咎于越来越广泛的"人际关系饥荒"。作为组织的一种，我们不必详细阐述工会对社会网络建设的促进作用，不言而喻的是，工会及其兄弟组织还可以培养团结和互惠规范。我们已经提及工会会员身份对工作场所中社会联系的积极影响。考虑到工会会员更享受他们的工作，并且较少受到工作相关压力的影响，尤其是还拥有更多的社会联系（事实上还有更多的社会资本），我们有理由进一步假设：工会会员更有可能建立并维持亲密且有益的关系，从而工会可以影响人际关系的数量和质量，进而对主观幸福感产生影响（Lane，2000）。社会资本和社会联系的范围有助于更高质量的生活，这样我们可以再回到原来的假设，即工会可以提升幸福感。

工会化的社会层面上，不仅应该为工会会员，更应该为大众更好的生活做出贡献。有两种无须赘述的机制，其中之一是简单的传染效应：如果个人的主观幸福感在某种程度上取决于与他人的联系，就像与拥有满足感的人相处，我们可能会更加满意，那么工会会员满意度更高比例高的国家的人民的满意度平均水平就会高于那些比例低的国家的人民。这一效应在之前讨论的亲密关系中具有最明显的体现，但此逻辑也可延伸至各种社会联系中。关于传染效应在影响幸福水平上的重要作用，可参阅 Fowler and Christakis（2008）。

作为参与机构，工会的能力（在不同程度上）也可能为工会会员甚至整个社会的幸福做出贡献。有人认为参与工会这样的组织易使个人理解认知和掌握社交技巧。人们不仅能学到怎么互相沟通，还能学到如何更好地分析和解决问题。有关证据还表明，归属于一个组织有助于个人更清楚地了解各自的偏好和兴趣。民主理论的参与链或发展链鼓励劳动者参与决策，因为这样可以培养更好的公民——更有经验、更有知识、更有容忍度和更有公德心（Pateman，1970）。大量的分析从总体上支持这一假设的实证准确性（关于这一主题的讨论请参阅 Radcliff and Wingenbach，2000）。因此，如果参与组织有助于人类发展，而且工会会员的身份意味着一定程度的组织参与，那么更多的工会会员就应该意味着更多的成熟公民。如果我们可以接受更成熟人类的满意度更高这一设定，那么工会会员身份就可以通过这一方式提高满意度。此外，尽管他们的观点没有形成一个成熟的框架，但 Frey and Stutzer（2002）的确证明了建立更加民主的参与制度能产生更高等级的主观幸福感。如果是这样，类似地，工会就至少在某种程度上对提供参与机会有所助益。

关于强大的工会运动的政治后果，存在许多较为直接的争论。社会科学领域保存最完备的关系之一，就是有组织劳动者的力量和左翼进步政党的成功之间的关系。这一关系曾经捍卫了所有平等原则的、与社会民主项目相关的社会权利，包括全民医疗、充分就业政策、大方慷慨的福利制度。可以看出，反商品化有助于提升主观幸福感。因此，工会作为代理人，在创造和维护福利制度的过程中，应通过间接途径对幸福感的形成带来积极影响。

最后的发现值得重申，因为从工会对工会会员本人（或家庭）的影响来说，一些工会化的假定作用是直接的，但其他作用则是间接的，并且对组织和非组织人员的作用是类似的。

两种机制在理论上都能提升平均幸福水平。首先，随着工会密度的增大，社会平均满意度必然提高，因为组织的好处应该让更多社会成员共享；而随着密度不断增大，总体幸福水平相应上升；由于更大的组织改变了社会安排，也就为社会条件的整体改善做出了更大的贡献。这里包含两个观点：一是工会的个体会员拥有更高的满意度；二是组织的总体水平（组织密度水平）应该积极影响每个人的满意度，不管他们是不是工会会员。针对这些论点，我们现在进行实证检验。

分析

本章的估计策略、数据和方法与第 5 章介绍的一致。数据同样来自 OECD 国家 1981—2007 年的世界价值研究。与之前一样，从两个层面对数据进行分析：先将个体作为分析单位，然后上升到给定国家年度水平。与此相应，首先，我们主要研究简单的生活满意度调查问题，将给定的个体满意度作为因变量；其次，主要讨论给定国家年度满意度的平均水平。

劳动力市场监管

表 6.1 列示了使用上述章节介绍的基础模型后，个体层面的劳动力市场监管变量的结果。[6]a 列显示，对于 Fraser 研究所衡量的"自由"（即缺少监管）这一变量，正如我们所预计的，其相关系数显著为负。这意味着随着经济监管程度的减弱（或者经济"自由"程度的强化），满意度也随之下降。运用 OECD 就业保护立法这一衡量方式，也得到了同样的结论。在表 6.1 中，指标系数越大说明保护程度越强，从而可以推测保护程度与满意度呈正相关关系。也就是说，随着来自市场的保护措施增多，满意度上升。与预期一致，在 b 列中，就业保护立法的系数显著为正。值得注意的是，它与收入的相互作用仍然是不显著的。

为了得到实质性的解释，而不只是观察满意度变量的统计学影响，我们再次将从最高到最低的市场监管观测值对满意度产生的影响与失业率的作用进行对比，无论是 Fraser 研究所的指标还是就业保护立法的方法，满意度的估计影响均显示：当一名失业人员找到工作，满意度将增长超过 3 倍。正如上一章讨论的政府规模变量，不同国家在劳动力市场上对劳动者的保护程度不同，这种跨国差异造成的实际后果对人类幸福具有深刻的启示。

---

[6] 加入前面表格提供的其他变量形成扩展模型，其结果也是类似的。如果使用多层线性模型（HLM）估计，个体层面模型也得出与表 6.1 和表 6.3 类似的结果。

表 6.1 生活满意度和劳动力市场监管：OECD 国家的个体层面数据（1981—2007 年）

项目	a 经济"自由"	b 就业保护立法
经济"自由"	−0.218***	n/a
	(0.035)	
经济"自由"与收入的交互项	0.002	n/a
	(0.004)	
就业保护立法	n/a	0.337***
		(0.055)
就业保护立法与收入的交互项	n/a	0.003
		(0.005)
财务满意度	0.341***	0.359***
	(0.020)	(0.022)
社会资本	0.255***	0.259***
	(0.026)	(0.032)
性别	−0.042*	−0.051*
	(0.030)	(0.033)
年龄	−0.033***	−0.033***
	(0.005)	(0.004)
年龄的平方	0.000***	0.000***
	(0.000)	(0.000)
已婚	0.447***	0.444***
	(0.027)	(0.026)
个人健康	1.280***	1.518***
	(0.144)	(0.166)
失业	−0.332***	−0.321***
	(0.077)	(0.072)
收入	−0.022	−0.023**
	(0.022)	(0.013)
参加教堂活动	0.036***	0.031***
	(0.006)	(0.004)
常数项	7.079***	5.126***
	(0.300)	(0.223)
观测量	58,270	35,083
R^2	0.2621	0.2743

注：* 表示在 10% 的水平下显著，** 表示在 5% 的水平下显著，*** 表示在 1% 的水平下显著。生活满意度为因变量，表中省略了国家和年份虚拟变量；项目数值为非标准回归系数（国家聚类稳健标准误）。

表 6.2 报告了各国平均满意度的结果。结果与之前很相似，每个变量的相关系数都是显著的，符号也与预期的一致。这证明了之前的结论：更强的监管和保护造就了更幸福的公民。

表 6.2　生活满意度和劳动力市场监管：OECD 国家的整体层面数据（1981—2007 年）

项目	a 经济"自由"	b 就业保护立法
经济"自由"	−0.041*	n/a
	(0.027)	
就业保护立法	n/a	0.169***
		(0.064)
社会资本	0.858**	0.813***
	(0.424)	(0.404)
失业	−0.022**	−0.028**
	(0.012)	(0.013)
实际 GDP	−0.000	−0.000
	(0.000)	(0.000)
个人主义	0.538***	0.682***
	(0.086)	(0.136)
天主教徒	0.250*	0.405**
	(0.163)	(0.225)
经济增长	0.014	0.005
	(0.016)	(0.013)
常数项	9.619***	8.537***
	(0.833)	(0.770)
观测量	72	45
R^2	0.7563	0.7700

注：* 表示在 10% 的水平下显著，** 表示在 5% 的水平下显著，*** 表示在 1% 的水平下显著。生活满意度是因变量，表中省略了国家和年份虚拟变量（GLS 随机效应模型）；项目数值为非标准回归系数（标准误）。

工会

回忆之前的两个基本假设：一是工会的个人会员拥有更高的满意度；二是组织的整体水平（工会密度）影响国家的整体幸福水平。两个论点的原始检验结果列示于表 6.3 a 列。从变量显著为正的系数可以看出，工会会员确实比其他人更幸福；而工会密度的系数也显著为正，说明工会密度确实从整体上影响满意度。

表 6.3 生活满意度和工会：OECD 国家的个体层面数据（1981—2007 年）

项目	a 基础模型 （仅主要影响）	b 加入与教育的 交互项
工会会员	0.038** (0.022)	0.168*** (0.049)
工会密度	0.011** (0.005)	0.011** (0.005)
工会会员与教育的交互项	n/a	−0.019*** (0.006)
工会密度与教育的交互项	n/a	−0.000 (0.000)
教育	n/a	−0.005 (0.007)
财务满意度	0.342*** (0.020)	0.339*** (0.020)
社会资本	0.260*** (0.025)	0.266*** (0.024)
性别	−0.040 (0.031)	−0.043 (0.033)
年龄	−0.032*** (0.004)	−0.033*** (0.004)
年龄的平方	0.000*** (0.000)	0.000*** (0.000)
已婚	0.458*** (0.028)	0.450*** (0.028)
个人健康	1.281*** (0.142)	1.295*** (0.147)
失业	−0.321*** (0.076)	−0.326*** (0.088)

（续表）

项目	a 基础模型 （仅主要影响）	b 加入与教育的 交互项
收入	−0.015**	−0.013*
	(0.008)	(0.008)
参加教堂活动	0.037***	0.036***
	(0.006)	(0.006)
常数项	4.752***	4.895***
	(0.516)	(0.186)
观测量	57,126	52,676
R^2	0.2626	0.2603

注：* 表示在 10% 的水平下显著，** 表示在 5% 的水平下显著，*** 表示在 1% 的水平下显著。生活满意度为因变量，表中省略了国家和年份虚拟变量；项目数值为非标准回归系数（国家聚类稳健标准误）。

当然，当某人的工作地位层级上升时，工会化的作用看起来可能就没那么显著了。当以教育程度简化代替这一难以衡量的概念时，我们发现了一些在工会会员个体层面的证据，但没有发现整体工会密度的线索，如表 6.3b 列所示。在这里，我们发现当教育和工会密度的相互作用完全不显著（主要影响仍然显著）时，教育和个体会员的相互作用显著且为负，这意味着当个人的教育程度上升时，工会化的好处确实减少了。这些结果是完全合乎情理的，并证实了我们的猜想：相比个人（无论他的教育等级）从更高的会员覆盖率的普遍影响下的获益，那些拥有最高教育等级的人从属于工会本身的获益要少一些。还要注意的是，当个人的学历提升时，个体会员地位的积极影响的下降率是非常小的。考虑到教育是以 10 个类别分别衡量的，因此只有在最高类别时，成为一名工会会员的影响降至零。对非工会会员来说，影响仍然是正向的，并且随着学历的提升而缓慢地减弱。

对工会会员和工会密度影响大小的总体评价，显示出以下几点：对于那些拥有最低等级教育程度的人，个体会员地位的影响等同于约 50% 的失业基准影响（控制公式中的其他变量）。正如之前所指出的，缓慢降至零这种情况只适用于那些拥有最高等级教育程度的人。总体上，工会密度显示了更强大的作用（本质上不会随教育程度而改变），以至于从一个工会覆盖率高（80%）的国家迁至一个工会覆盖率低的国家（10%），所得到的满意度的增长等同于一名失业者找到工作而得到的幸福感的2倍以上。这些又一次对人们的生活质量产生了极其强大的影响。

现在转向表6.4的总量分析，关注重点——工会密度。我们发现：a列基础模型的符号与预期相同，为正且显著。我们不难由此得出结论：一个国家的平均幸福水平受到国内工人运动力量（由加入工会的工作者所占百分比衡量）的正向影响。

解释这个结果的一个间接效应，是工会密度和福利国家规模之间的关联。考虑到工会强化了福利国家制度，并且正如我们已经发现的，福利国家制度似乎产生了更高的满意度水平，而工会的正向影响可能完全或大部分是经由这种间接效应产生的。因此，通过这一机制，工会对主观幸福感产生了积极的影响。这也意味着从根本上讲，福利制度比工会本身更重要。同样，之前提到的有关社会民主主义的发现，可能因为未考虑劳动力组织而有失偏颇。表6.4b列通过为福利国家增加了一个变量（社会工资，前面章节已经探讨过）阐述了这种可能性。如果工会化的积极作用应当归因于它对福利国家的正向影响，那么当同时考虑两者时，工会密度这一变量应该变为不显著。但与此相反，我们发现每个变量都显著且与预期符号相同，这也意味着福利国家的慷慨程度与有组织劳动力的力量的作用是独立且分离的。简而言之，工会化对满意度的积极作用不能归功于劳动力组织对福利国家的间接效应。

在总结这一部分之前，我们回到工会密度是否有益于社会整体而非工会会员本身这个问题。利用综合数据，分别考察工会密度对工会会员和非工会会员满意度的影响。答案很容易得出，为"当更多的劳动者被组织起来时，工会会员和非工会会员基本上过上了更好的生活"这一论点提供了最直接的可能检验。当然，如果工会会员比其他人获益更少会显得很奇怪，因为他们同时获得作为工会会员的特别好处和通过组织间接影响得到的普遍好处（例如，通过工会历来支持的公共政策议程）。由此，如果之前提出的关于劳动力组织的论点是正确的，那么我们预计工会密度的系数将大于工会会员身份的系数；但是，两个变量都是显著的，并且对非会员的量值具有重大意义。

表 6.4　生活满意度和工会密度：OECD 国家的整体层面数据（1981—2007 年）

项目	a 工会密度	b 工会密度对福利国家的控制力
工会密度	0.006*	0.005*
	(0.004)	(0.003)
社会工资	n/a	0.005*
		(0.003)
社会资本	0.330	0.247
	(0.517)	(0.507)
失业	−0.016	−0.020*
	(0.013)	(0.012)
实际 GDP	−0.000	−0.000
	(0.000)	(0.000)
个人主义	0.478***	0.485***
	(0.148)	(0.116)
天主教徒	0.181	0.178
	(0.244)	(0.200)
经济增长	0.016	0.018
	(0.015)	(0.015)
常数项	7.641***	7.400***
	(1.172)	(1.131)
观测量	71	71
R^2	0.7452	0.7915

注：* 表示在 10% 的水平下显著，** 表示在 5% 的水平下显著，*** 表示在 1% 的水平下显著。生活满意度为因变量，项目数值为非标准回归系数（标准误）；表中省略了国家和年份虚拟变量（GLS 随机效应模型）。

表 6.5 列示了回归结果。显然，工会密度系数对工会会员（a 列）和非会员（b 列）都有正向影响且显著。工会会员的系数也比非会员的系数更大一些，但是对后者的量值依然和之前对普通人群的报告结果一样具有同样的重大意义。

表 6.5 生活满意度和社会团体的工会密度：OECD 国家的整体层面数据（1981—2007 年）

项目	a 工会会员	b 非工会会员	c 高收入	d 低收入
工会密度	0.014**	0.005*	0.006**	0.007*
	(0.006)	(0.003)	(0.003)	(0.004)
社会资本	−0.065	0.158	0.597	0.177
	(0.900)	(0.550)	(0.587)	(0.593)
失业	0.011	−0.015	0.006	−0.013
	(0.022)	(0.013)	(0.015)	(0.015)
实际 GDP	0.000	0.000	0.000	0.000
	(0.000)	(0.000)	(0.000)	(0.000)
个人主义	0.287*	0.476***	0.361***	0.452
	(0.207)	(0.133)	(0.113)	(0.142)
天主教徒	0.333	0.129	0.170	0.188
	(0.358)	(0.229)	(0.202)	(0.244)
经济增长	−0.006	0.014	0.023	0.005
	(0.027)	(0.016)	(0.019)	(0.018)
常数项	6.366***	7.216***	8.095***	7.049***
	(2.018)	(1.238)	(1.310)	(1.334)
观测量	67	67	67	67
R^2	0.5602	0.7555	0.6939	0.7420

注：* 表示在 10% 的水平下显著，** 表示在 5% 的水平下显著，*** 表示在 1% 的水平下显著。生活满意度为因变量，项目数值为非标准回归系数（标准误）；表中省略了国家和年份虚拟变量（GLS 随机效应模型）。

除证明工会对工会会员和非工会会员都有好处之外，我们有必要清楚地了解，工会对高收入群体和低收入群体的民生也有贡献。如同前面章节所做的，如果尝试提出这样一种论点——强大的工会有益于社会的整体改善，那么我们会发现，当劳动力组织的占比增大时，相对富裕的人群（c列）和相对贫困的人群（d列）的满意程度都更高。[7]

综上所述，我们得出工会有利于社会生活满意度这样的结论。这的确是完全合理的。

小结

市场经济有许多可取之处。尽管确实有少数人——不管他们的意识形态如何，否认作为关键组织原则的市场对物质繁荣和之前的经济生产模式下未实现的人类自由提供了有利条件，但任何形式的社会组织都会涉及从组织结构中自发产生的不可避免的利益冲突。正如亚当·斯密和卡尔·马克思早已意识到的，资本主义社会的主要矛盾在于为了生存必须以出卖个人劳动力作为商品的工人和为了追求自身利益而购买劳动力商品的资本家之间的力量不对称。要是没有这种不对称，正如我们在第 2 章和第 3 章所讨论的，劳动者不会同意以其劳动力作为交易，从而允许雇主通过购买劳动力来获利，我们所理解的资本主义体系也就不会存在。雇主和雇员的天然矛盾由此从双方（或单方）减少（或扩大）不对称程度的尝试中找到输出途径。不对称性越小，劳动者的相对议价能力越强，其劳动力帮助他们分享到的财富越多；相反，议价不对等地位的差距越大，雇主利用优势地位迫使雇员做出有益雇主的妥协的能力越强。

在考虑了普通劳动者的实际就业状况、劳动待遇及雇用他们的公司在日

---

[7] 还需要注意的是，即使考虑了男性和女性的区别，我们仍然得到相同的结果，工会化变量在两组中都十分显著。更有趣的是，对于左翼和右翼的个体，工会密度的系数仍然十分显著且几乎相等，这意味着劳动力运动的力量对左翼和右翼个体的益处显然是平等的。正如我们所预期的，劳动力组织的影响通过政策培育了庞大的中产阶级并惠及自身，最终有益于所有人。如同福利制度，工会惠及了富人和穷人、男性和女性，以及那些在左翼或右翼阵营的人群。

常生活中所面对的一切时，谈判立场上的矛盾，同时也是关于福利国家应该做到怎样的慷慨程度的政治辩论的核心，变得更加明显了。这种矛盾在各层面中无所不在，从工资和相关福利、就业场所的安全性、管理就业的规则、安全规定和最长工作时间，到管理工作场所的所有规定的微小细节。我们之前提及的劳动力市场规定和劳动者保护法律包含了这类最明显、最重要的规则，法律的建立在一定程度上加强了对劳动者的保护，大多数市民的生活质量由此得以提高。

从雇员的立场来看，工会是他们议价地位的延伸。由于工会象征着名义上的民主政治实体，代表雇员反抗雇主——正如代议制制度保护个体、反抗专制政府，因此工会的本质价值是：它们最终要用自己有限的方式，建立并帮助那些以维护包括"生存、自由、追求幸福"等不可剥夺的权利为目的的民主制度。就像我们所看到的，工会这么做可能并不只是为了工会会员自身的幸福，还可能惠及全体人的幸福，无论是否为工会会员、无论穷人富人。工会这么做倒不是出于何种任何非凡的利他主义（因此是经验存疑），而是为了物质利益而谋求增强各类人群的繁荣与安全的政策。工会一直为所有人争取更高的最低工资、社会保险和卫生保障等。如果工会协助创建的庞大且相对富裕的中产阶级能被视为积极追求自身合理利益的"外生性"，那么它事实上为亚当·斯密的名言"服务于个人即服务了社会"提供了最好的证明。自我组织以便保障自身利益的劳动者成功了，而他们的成功在一定程度上是因为组织，归功于迎合了绝大多数人利益的社会政策。

对整个大政府尤其是工会的理解是建立在第 1 章至第 3 章的理论基础上的。考虑到西欧的工业化民主领域，以及北美和太平洋地区不同层次的福利国家发展水平、政府规模、市场规则和囊括不同层级生活满意度的大范围、多元化国家相联系的工会，本章及前面的章节进行了实证检验。下一章将尝试采用另一种完全不同的方法对这一观点进行验证：我们将遵循横向比较美国联邦系统（长期以来被认为是世界上最重要的"民主实验室"）下各州情况这一传统，而不再横向比较各个国家。

07

美国各州

本章将地域重点由广泛的工业民主国家转向美国国内，完成了决定生活满意度的政治因素的实证分析。尽管我们之前调查了各国在这些现象之间的统计关系，试图推断不同公共政治体制对生活质量影响的结果，但在这里，我们试图只考虑在美国联邦系统内各州的差异以便找到类似的证据。这一策略的初始原理非常简单：它允许我们使用完全不同来源的数据来验证之前提出的关于福利国家、经济调控和有组织劳动力的基本假设。如果这些数据验证了之前的结果，那么它将提高论点的可信度。

当然，一些细节使这个分析的扩展变得卓有成效。

首先，集中于单个国家，我们可以视文化、社会和历史方面为常量，而它们在跨国研究中只能通过计量经济学方法控制。虽然这些控制变量对隔离有问题的关系已经足够，但在控制方法上，任何细化限制都只会进一步确认和延伸之前的调查结果。尽管在美国国内不同地区之间确实存在文化差异，但这些差异与人们观察到的在法国、瑞典、爱尔兰、新西兰和日本之间的差异相比是微不足道的。自第二次世界大战以来，人们有时会加倍感叹国有化（或同质化）文化会进一步侵蚀一个国家内部社会文化模式的差异；但毋庸置疑，自南北战争以来，一个拥有单一历史和文化的国家内部的差异，至少比之前我们关心的不同国家之间的差异更小。

其次，跨州研究显然能够将实证调查中的一个劣势转变为优势。相比在不同国家之间，自变量——我们假定的影响满意度的政治因素，在一个国家内显示出更小的差异。当细看美国的政策格局时，我们发现福利国家的慷慨程度、针对市场专业劳动者的规范数量和工会力量存在实质性的差异，但相比跨国模式，这些差异又是极其微小的。研究显示，各国的公共政策存在巨大差异，例如瑞典或丹麦等社会民主国家与美国或澳大利亚等自由民主国家，致使生活质量产生差异。同样，当我们只比较相对较小的差异时，生活满意度也是不同的，就像相对激进的州（如加利福尼亚州或佛蒙特州）与相对保守的州（如堪萨斯州或得克萨斯州）。我们进一步发现，美国各州之间的差异也是受限的，根据国际标准——有意识形态权利的自由，即使在最自由的美国，也存在保持最低限度的福利国家标准的思维范式。总之，证明以下事实将是一件十分有意义的事项：即使政策在意识形态空间右侧的有限范围内变动，也能够产生使人们发现其生活得以改善的有意义的变化。

与之前提到的无关，研究美国各州还存在第三个理由：它提供了一个理想的场所，让权力或地方政府机构改变政策，以充分、系统地改善生活质量。无论是政界还是学界，普遍支持这样一个观点：联邦政府或类似的"授权"机构应该下放权力到地方政府，以便"更好地"促进民主政治和经济的发展（广泛而批判性的评论，参见 Gerring and Thacker，2008）。即使名义上统一的联邦，实际上也要依赖地方政府依法行政，自然也意味着地方在一定程度上拥有管理自治权。当然，我们不能从美国延伸太多，美国只是提供了一个模型：在这一个环境中可以考察地方政府的有效性，因为它们影响了公民在"追求幸福"的过程中取得成功的能力。

幸福感和美国政治研究

在关于美国政治的相关文献中，实际上并没有关注幸福感的政治决定因素。20 世纪 70 年代，在这个学科领域有一个短暂的兴趣激增，Campbell et al.（1976）的探索性著作成为这个领域的标志性事件。尽管他们的分析比较全面，通过比较组别之间的差异对美国的生活质量状况进行了总括性的描述，但并没有明确指出政治体系如何影响幸福感。最近，Putnam（2002a）将注意力更多地集中于社会资本（我们可以将其想象成一种由政府机构决定的集体财产）对人们心理上的幸福感所产生的重要结果。

另外，我们试图通过各州政治制度和党派间的差异对主观幸福感进行研究。因为据我们了解，之前在美国已经有大量关于选举和政策产出对满意度的计量经济研究。[1] 作为政治科学家，我们应回到该学科的核心问题上：民主竞争的结果，是否真如表面上的选举政府的意识形态或者它们追寻的政治特征，对生活质量具有重要、稳定或可预测的影响？

正如我们所看到的，生活质量在很大程度上取决于社会政治秩序成功满足人口占比最大人群所需的最高水平。正如 Veenhoven 所说，我们采用（实证检验）"常识"观点，"人们主观中将什么放在第一位决定了人们客观中将什么放在第一位"，"一个国家或地区的居住条件越好，居民就越幸福"（Veenhoven，1995：3）。它的基本含义就是：那些广泛的人类需要——物质、心理和社交，都出自我们生理构成的需要。因此，人类社会可以被理解为"通过集体安排来满足这些需求"的一个制度化过程。不同国家或地区实际的主观生活质量不同，仅仅是对这些社会在满足这些需求上的努力程度不同。总之，人们的需求越能得到满足，人们就越幸福。

因此，当前的问题是如何让公共政治更好地满足人们的需求：权利的政

---

[1] 在美国，的确存在一些试图研究主观幸福感的文献，州层面的研究则更为普遍，但这些研究并没有解决政治或工会等棘手问题（Oswald and Wu，2010；Blanchflower and Oswald，2002）。

治纲领是强调右翼（自由市场）还是强调传统左翼？首先，一个积极的州会试图通过再分配政策来弥补市场产出的不足；其次，工会组织会为劳动者谋取工作场所和政治上的利益。就美国的政治而言，这些抽象的论点关乎一个切实的问题：自由的政府或者说自由的公共政治，相比保守的政府会带来更多还是更少的幸福感？

这种长期存在的意识形态冲突的现实性和重要性，已经产生了一个试图调节政府"自由主义"程度的传统。尽管之前并没有明确地试图研究生活满意度的问题，但是学者早就意识到这个概念是理解州政治的核心理念之一。确实，在以往的文献中，已经有一些关于美国政治的类似的和重要的工作（Key，1949；Erikson et al.，1993；Hill et al.，1995；Hero，1998）。我们面临的任务就是证实该领域学者之前一直默认的假设：国家政策自由主义及其理论"近亲"（工会密度）对人们生活质量具有显著的影响。

数据和方法

为了解决上面提出的问题，调研数据必须满足两个实质标准：一个是有足够的案例验证州层面的政治影响因素；另一个是有合适的方法测度生活满意度。DDB 生活方式调查，使用 Putnam（2000a）开发的社会科学量表，正好满足了以上标准。它包括 48 个州在 1985—1998 年总计超过 45,000 份的调查回复，还包括与世界价值观调查、欧洲晴雨表调查和其他在文献中所广泛使用的数据集，它们与生活满意度紧密关联。回复者被问到他/她在多大程度上同意"这些天我非常满意我正在经历的事"（以 6 分量级表示赞成的不同水平）。

我们采用两种方法分析这些数据。第一种方法作为第二种方法的变形，其目的是说明：当我们使用另一种替代方法时，也可以获得相同的基础结果。相比以往的"纯"满意度或真正在"国家"层面满意度的度量，这种方法主要是创造了一个州层面的矩阵，或者说是真正在州层面的度量。也就是说，这部分的满意度，不能归因于个体层面的特质（Di Tella et al.，1997；

Radcliff，2001）。这主要是对一系列个体特质层面的满意度进行回归，然后使用模型的平均回归残值作为州层面的因变量。需要注意的是，因为我们感兴趣的焦点是政治变量可能影响一些个体层面的变量（如收入），所以这种方法是非常保守的。由于政治层面的因素可能影响个体层面的因素，因此"明确地显示政治的确影响了满意度平均水平"（Radcliff，2001）。

在第二种方法中，我们只简单地将初始调查所报告的个体满意度作为因变量，正如之前做过的，对个体层面和州层面的因素同时建模。在第一种方法中，分析的单位是州，在这里是个体。

控制变量

在讨论我们的关注点（政治变量）之前，我们首先描述如何排除与政治决定因素无关的控制变量。它们遵循与之前使用的人口统计特征和态度项目相同的原理，只是根据美国的背景和新的数据架构及应用做了小小的修正（Álvarez-Díaz et al.，2010）：回复者的教育程度；雇佣状态；收入和对收入的满意度；性别；种族虚拟变量，如非裔美国人等其他种族（将非西班牙裔白人作为参照类别）；年龄和年龄的平方（计算年龄和满意度之间的非线性关系）；婚姻状况虚拟变量，如丧偶、离婚或结婚（将单身作为参照类别）；孩子是否住在家里；参加教堂活动的虚拟变量。参照以往的研究，我们还加入了回复者自我报告的健康状况，并假定它和主观幸福感具有强相关关系（Frey and Stutzer，2002）；以及广义的人际间信任水平，并假定社会资本的这些方面与满意度呈相关关系（Helliwell，2003；Helliwell and Huang，2008）。[2]

---

[2] 收入通过十五个类别变量升序度量；教育通过六个类别度量，代表曾经获得的最高教育水平；雇佣状态虚拟变量，失业赋值为1，其他状态赋值为0；性别以1代表女性，2代表男性；参加教堂活动的频率使用"在教堂或其他地方祷告"的7个升序类别度量；收入满意度使用"我们的家庭收入几乎可以满足所有重要的需求"度量；调查的个人健康状况使用包括6个选项的调查项目"我的身体状况很好"度量，值越大代表越同意；信任使用包括6个选项"大部分人是诚实的"的调查项目度量，值越大代表越同意。

前述变量主要表征个体层面的影响因素。用它们组成的调查项目不仅可以检验"纯"州层面满意度（如平均残余满意度），还能将个体层面满意度作为控制变量以分析"原始"的满意度数据。对于这两套分析，我们也使用州层面在这种背景下可能影响生活质量的变量，如人均收入、州层面社会资本总和、种族多样性（少数族裔占白人总体人口的比例）、州总人口（以千人为单位）。[3]

对于最后一个控制变量——文化，我们有必要做一个简短的评述。理解文化在影响主观幸福感方面的作用有两种基本途径，我们已经在之前的分析中讨论过了。一种是重视国家（例如丹麦与美国）意识形态层面的不同，国别将影响个人的幸福感水平。Inglehart（1991）或许是这类文献中最有力的例证。他认为各国生活满意度水平的变化反映了累积的国度经历，囊括了未成年人的社会化过程，并由此形成"民族性格"。因此，在比较的情境下，文化可以用较为明显的方式控制：通过拟合虚拟变量来分享较相似的文化（如斯堪的纳维亚、盎格鲁－撒克逊国家）。虽然各州之间较小的文化差异不像上述国家那样发挥同样的作用，但除了一个参照类别变量，我们还控制了九个不同地区（根据人口统计局的定义）的虚拟变量。[4]

探究文化差异的另一种途径，不是考察国家间在意识形态方面的文化有何不同，而是立足于独特的文化特色。正如我们所见，到目前为止，后一种方法最成功之处主要是区别"个人主义"文化与"集体主义"文化的不同。当然，在美国各州之间，"集体主义"的差异不会像国家间的差异那么大。总之，我们不知道有关这种概念的地区度量方法，或许这种差异可以通过地区虚拟变量予以充分捕捉。

---

[3] Putnam（2000b）的社会资本综合指标从 Bowling Alone 网页下载，http://www.bowlingalong.com/data.php3（2006年1月15日）。个人收入来自经济分析局的州个人年均收入统计（http://www.bea.gov/bea/regional/spi，2006年4月15日）。

[4] 地区（使用标准的人口统计局分类）分别为新英格兰、大西洋中部地区、东南部地区、南部地区、中西部地区、密西西比－五大湖区、落基山地区、太平洋沿岸地区和西南部地区。

最后，个体层面的分析，在纵向维度上的变化较少。我们同样参照年份虚拟变量（除了一个参照组），计算可能由时间因素带来的满意度变化。这不仅避免了随时间呈现线性趋势（只有年份作为变量时才可以显示）的假设，还提高了经济计量的准确性，将更多可能影响因变量的因素固定为固化效应。

政治变量

我们的任务是提供变量以度量当一个州的政治陷入左翼和右翼的斗争时的影响，并试图使用一系列不同的、合理的、可操作化的变量寻求结果。

福利支出：由于州层面的去商品化的数据不存在，我们有必要使用从政府（当地、州、联邦）得到的实际人均转移支付（以千美元为单位）的数据，并除以州人均收入以解释州相对购买力的差异。[5]

市场调节：Byars et al.（1999）在分析州政治的基础上创造了几个经济自由度指标。我们使用他们推荐的评价保守州政治的综合指标，总共包括五大类：税收（代表政府没收私人资源，因此违反了经济自由原则）、经济调控（特别是那些就业和劳动者安全标准的法规）、诉讼程序（如国家对企业在多大程度上"鼓励轻率的法律诉讼"）、政府规模（假设这展示了州公开—民主—分配，是州消费和生产的一部分，而且与经济自由度成反比）和福利支出。需要注意的是，正如一位劳动经济学家所观察到的，这种方法有点类似Fraser研究所或Heritage基金会通常提供的指数，透明度衡量"私人企业和投资者相对不受政府政策、规则或惯例的约束"的程度（Stanford，1999）。不同的是，他们是从意识形态的角度度量经济自由度，即从市场上也许能更准确地描述政府干预、调控经济的程度。这个变量对我们关注的理论变量做出了总结，其值越大，表示政治对市场的干预越强（如越强的政府调控）。

政府意识形态：我们使用Berry et al.（1998）开发的累计平均政府意识形态指数（直到观测年份），指数值越大表示政府越自由。我们采用累计值，因

---

[5] 数据来自经济分析局，http：//www.bea.gov/bea/regional/spi/（2006年4月15）。

为这可以最好地代表一般、长期的政府意识形态。在这里，我们使用 Radcliff（2001）提出的一个相似测量——左翼持有的内阁累计席位，它与国家间满意度呈强相关关系。

政党控制：我们使用由民主党控制的州议会的累计百分比。由于民主党相比共和党至少在名义上更倾向于自由化的政策，因此我们希望各州的政策体制也是如此。这里再次使用累计值作为国家意识形态的指标。[6]

结果

首先，我们将讨论与市场的政治约束措施有关的结果，它与第 5 章展示的跨国结果类似；然后，我们讨论与工会组织有关的结果，尽可能与第 6 章国家层面的结果相似。

公共政策

表 7.1 给出了聚合水平的结果[7]，如 a 列所示，转移支付的相关系数是显著和正向的，这表示越多的转移支付与越高的生活满意度正相关。因此，州在维持收入水平方面所做的努力越多，生活质量会越高。劳动力市场和经济调控的综合指标验证了相同的原理（b 列），我们关心的相关系数是正向和显著的，这表明对自由市场的干预（如越大幅度的调控）越少，公民对生活的满意度越高。因此，州政府越多地通过上述指标（调控、税收、支出和法规）机制介入经济，人们对生活的评价越正向。州政府的自由化倾向（c 列）显示了与之前结果相同的正向和显著的相关关系，这表明州政府越倾向自由化，人们对生活的满意度越高。正如 d 列所示，政党控制的结果也同样明显：民主党控制州立法机构的长期性也是显著的，并且符号的方向也是正确的。

---

[6] 为了易于报告相关性，两个累计变量均除以 100。

[7] 报告了简单 OLS 结果，但利用稳健标准误估计以防止潜在的异方差问题也得到了相同的结果。

表 7.1 政治结果和生活满意度：美国州层面聚合水平分析

项目	a	b	d	c
转移支付	0.014***	n/a	n/a	n/a
	(0.056)			
经济调控	n/a	0.042**	n/a	n/a
		(0.019)		
政府意识形态	n/a	n/a	0.015**	n/a
			(0.006)	
民主党控制	n/a	n/a	n/a	0.017**
				(0.009)
社会资本	0.043**	0.023	0.029	0.043*
	(0.024)	(0.023)	(0.023)	(0.026)
人种多样性	0.258**	0.207**	0.198**	0.133
	(0.119)	(0.118)	(0.117)	(0.122)
州收入	−0.000	−0.000*	−0.000**	−0.000
	(0.000)	(0.000)	(0.000)	(0.000)
州人口	−0.000*	−0.000	−0.000	−0.000
	(0.000)	(0.000)	(0.000)	(0.000)
常数项	−0.110	−0.078	0.119	0.040
	(0.148)	(0.151)	(0.104)	(0.123)
观测量	48	48	48	47
R^2	0.3879	0.3621	0.3723	0.3130

注：* 表示显著性水平为 0.10，** 表示显著性水平为 0.05，*** 表示显著性水平为 0.01。因变量为生活满意度；表中省略了地区虚拟变量；项目数值为非标准回归系数（标准误）。

或许最有益的是，我们应该解释这些指标的实质意义而非统计意义上的结果显著，并通过自变量在各州之间（如观测的最大值和最小值之间）的变化结果来预测因变量可能的变化。为了便于解释，我们就因变量标准差的变化范围预测因变量可能的变化。结果表明，转移支付的影响效果最强，这表明从最低至最高的转移支付使州层面的满意度发生了 2.6 个标准差变化。其他变量显示了较小但依然重要的影响：经济调控，1.9 个标准差；州政府意识形态，1.5个标准差；民主党控制，1.7个标准差。显然，州政府追求的公共政策与意识形态和政府党派组成一样，对公民体验到的生活质量也有重要的影响。政策措施显示出弱增强效应，这也是可理解的。假定它们代表的是政府真实的、有形的产出，那么意识形态和党派只反映潜在或延伸意识上的政府分配。

我们同样使用稳健回归验证该模型，稳健回归能够在不依赖于几个典型或其他有影响案例的情形下，更加确认我们的检验结果。[8] 结果如表7.2所示，与之前结果的实质是相同的，唯一明显的区别是我们感兴趣的四个相关系数中的三个更加显著且数值更大。有一点需要注意的是，相同的结果是使用初始满意度变量的均值，而不是"纯"州层面与残余方法获得的。

表7.2 政治结果和生活满意度：美国州层面聚合水平分析的稳健性回归

项目	a	b	c	d
转移支付	0.185*** (0.048)	n/a	n/a	n/a
经济调控	n/a	0.036* (0.021)	n/a	n/a
政府意识形态	n/a	n/a	0.018*** (0.004)	n/a
民主党控制	n/a	n/a	n/a	0.024*** (0.007)
社会资本	0.038** (0.021)	0.016 (0.025)	0.032** (0.016)	0.063*** (0.019)
人种多样性	0.249** (0.103)	0.159 (0.129)	0.276*** (0.080)	0.240*** (0.089)

---

[8] 我们使用Stata II程序进行回归。首先剔除在Cook D上的异常值（如极端值，它们在现实中通常是不存在的），然后使用两种补充的加权方法迭代验证其稳健性。

（续表）

项目	a	b	c	d
州收入	0.000	−0.000*	0.000	0.000**
	(0.000)	(0.000)	(0.000)	(0.000)
州人口	−0.000**	−0.000	−0.000**	−0.000**
	(0.000)	(0.000)	(0.000)	(0.000)
常数项	−0.338***	−0.029	−0.097	0.248***
	(0.127)	(0.165)	(0.072)	(0.089)
观测量	48	48	48	47
R^2	n/a	n/a	n/a	n/a

注：* 表示显著性水平为 0.10，** 表示显著性水平为 0.05，*** 表示显著性水平为 0.01。因变量为生活满意度；表中省略了地区虚拟变量；项目数值为非标准回归系数（标准误）。

在之前提及的第二种估计方法中，我们将个体和州层面的控制变量加入之前使用的政治变量，并对满意度进行回归。之前分析的单位是州，现在是个体，使用 Huber-White 稳健标准误进行验证，并对数据汇集结构（如州聚类）进行修正。这种程序产生的跨州异方差性和跨州相关性的结果均为稳健的（误差项稳健，既非分布相同也不独立）。[9] 我们利用这方面的数据，考察不同社会阶层政治因素与幸福感的正向相关关系，发现低收入群体比高收入群体更受益。这种处理方式，除了包括政治变量的主效应，还包括它们和回复者收入的交互项。

表 7.3 为数据分析结果。显而易见，每个模型的主效应和交互项与预期符号相同且为显著的。福利支出、经济调控的力度、政府的意识形态导向和民主党控制的范围，它们的相关系数均是正向的，但交互项是负向的，这验证了随着收入的增加，政治变量对满意度的正向影响是减弱的。

---

[9] 报告的结果通过 GLS 随机效应模型进行替代验证，其实质依然未改变。

表 7.3　政治结果和生活满意度：美国各州个体层面分析

项目	a	b	c	d
政治变量				
转移支付	0.149*** (0.040)	n/a	n/a	n/a
经济调控	n/a	0.050*** (0.016)	n/a	n/a
政府意识形态	n/a	n/a	0.022*** (0.006)	n/a
民主党控制	n/a	n/a	n/a	0.015** (0.007)
与收入的交互项				
转移支付	−0.008** (0.004)	n/a	n/a	n/a
经济调控	n/a	−0.004*** (0.001)	n/a	n/a
政府意识形态	n/a	n/a	−0.002*** (0.000)	n/a
民主党控制	n/a	n/a	n/a	−0.001** (0.000)
个体层面因素				
收入	0.019** (0.009)	0.024*** (0.008)	0.014*** (0.004)	0.011*** (0.004)
财务满意度	0.394*** (0.005)	0.394*** (0.005)	0.394*** (0.005)	0.394*** (0.005)
教育	−0.019*** (0.005)	−0.019*** (0.005)	−0.019*** (0.005)	−0.018*** (0.005)
回复者失业	−0.311*** (0.043)	−0.311*** (0.043)	−0.311*** (0.043)	−0.310*** (0.043)

（续表）

项目	a	b	c	d
性别	0.087***	0.087***	0.088***	0.088***
	(0.013)	(0.013)	(0.013)	(0.014)
孩子数	−0.109***	−0.109***	−0.109***	−0.111
	(0.015)	(0.015)	(0.015)	(0.015)
非裔美国人	−0.198***	−0.197***	−0.199***	−0.203***
	(0.031)	(0.031)	(0.031)	(0.031)
其他非白人	0.002	0.002	0.000	0.001
	(0.015)	(0.016)	(0.015)	(0.015)
年龄	−0.042***	−0.042***	−0.042***	−0.043***
	(0.003)	(0.003)	(0.003)	(0.003)
年龄的平方	0.000***	0.000***	0.000***	0.000***
	(0.000)	(0.000)	(0.000)	(0.000)
丧偶	0.216***	0.216***	0.218***	0.218***
	(0.038)	(0.038)	(0.038)	(0.038)
离婚	0.049	0.048	0.049	0.052
	(0.040)	(0.040)	(0.040)	(0.040)
结婚	0.292***	0.292***	0.293***	0.296***
	(0.029)	(0.029)	(0.029)	(0.029)
参加教堂活动	0.031***	0.030***	0.030***	0.030***
	(0.003)	(0.003)	(0.003)	(0.003)
信任	0.105***	0.105***	0.105***	0.106***
	(0.004)	(0.004)	(0.004)	(0.004)
回复者的健康	0.148***	0.148***	0.148***	0.148***
	(0.005)	(0.005)	(0.005)	(0.005)
州层面因素				
州人口	−0.000***	−0.000***	−0.000***	−0.000**
	(0.000)	(0.000)	(0.000)	(0.000)

（续表）

项目	a	b	c	d
州收入	0.000	0.000	0.000	0.000
	(0.000)	(0.000)	(0.000)	(0.000)
人种多样性	0.261***	0.200**	0.221**	0.177*
	(0.088)	(0.100)	(0.101)	(0.117)
社会资本	0.045***	0.024	0.031*	0.043**
	(0.018)	(0.024)	(0.022)	(0.022)
常数项	1.934***	1.983***	2.141***	2.125***
	(0.143)	(0.114)	(0.110)	(0.117)
观测量	47,636	47,636	47,636	47,228
R^2	0.3000	0.3000	0.3000	0.2994

注：* 表示显著性水平为 0.10，** 表示显著性水平为 0.05，*** 表示显著性水平为 0.01。因变量为生活满意度；表中省略了地区和年份虚拟变量。项目数值为非标准回归系数（州聚类稳健标准误）。

还需要注意的是，相关系数的大小表明收入的减少对幸福感的影响是非常微弱的。这一点显而易见，因为即使是针对高收入群体，政治变量的斜率也是正向的（除经济管控外，它在收入分配的顶端接近于 0）。因此，尽管自由政治的影响似乎伴随着收入有所下降，但是那些在收入分配顶端的群体仍然受益于这样的政策。[10]

---

[10] 我们还考虑了一些经济学家所建议的可能性。正如在前面章节所讨论的，个体意识形态随政治变量对满意度的影响而有所变化，当政治越自由时，自由主义者越幸福。代入意识形态、政治变量与收入的交互项，结果也是显著的，尽管这种交互作用在各自的统计水平上均不显著。在这四个模型的三个中，政治变量均显著；而在第四个模型中，政治变量尽管不显著但方向是正确的。这表明仅仅是政策偏好的实现并不会以政府保证人们生活需求（通过经济上的政治管控、福利制度等）的方式来影响人们对生活的满意度。保守的生活可能会因开放的公共政策而变得更好，尽管人们一般并未予以支持，但仍可能因这些政策而拥有更好的生活。关于政治影响的重要性而不是对抽象的政治偏爱满意度的讨论，可参阅 Whiteley et al. (2010)。

工会

DDB 数据的一个缺陷在于缺乏工会会员个体层面的变量。因此，尽管我们无法评估工会个体层面的影响，但是可以准确地获取更重要的变量——工会总体密度。当然，我们的基本假设是：生活满意度会随着工会密度水平的变化而直接变化。也就是说，我们的因变量是劳动力在每个州的百分比，数据来自 Hirsch 和 Macpherson（ND）的整理收集。[11]

表 7.4 提供了使用个体作为分析单位的结果（将所报告的或"原始"的满意度水平作为因变量）。a 列基础模型证实，工会密度与预期结果一致：在其他因素相同的情形下，一个显著正向的相关系数表明满意度会随着工会会员占比的上升而上升。b 列则表明，这一结果似乎对收入并不敏感，工会密度和回复者收入的交互项在统计上是不显著的。这说明，工会化对满意度的正向影响并不取决于个人在收入层次中的地位，因为与跨国数据一样，工会使富人和穷人均得到了好处。根据 c 列，当考虑国家转移支付支出时，以前模型的结果是不变的，说明最后这些结果不能归因于考虑工会和福利制度之间联系的失败。有趣的是，再次证明跨国模式的过程表明，当同时考虑两者时，工会和转移支付均有利于达到更高水平的满意度。

表 7.4　工会密度和生活满意度：美国各州个体层面的分析

项目	a 主效应	b 加入收入的 交互项	c 加入转移支付和收入的 交互项
政治变量			
工会密度	0.006*** (0.002)	0.007*** (0.002)	0.004** (0.002)
工会密度与收入的交互项	n/a	−0.000 (0.000)	0.000 (0.000)

---

[11]　数据来自他们的整理收集，http：/ www.unionstats.com（2009 年 5 月 2 日）。

（续表）

项目	a 主效应	b 加入收入的 交互项	c 加入转移支付和收入的 交互项
转移支付	n/a	n/a	0.119*** (0.046)
转移支付与收入的交互项	n/a	n/a	−0.008* (0.005)
个体层面因素			
收入	0.004** (0.002)	0.006** (0.004)	0.019** (0.009)
财务满意度	0.394*** (0.005)	0.394*** (0.005)	0.394*** (0.005)
教育	−0.019*** (0.005)	−0.019*** (0.005)	−0.019*** (0.005)
回复者失业	−0.312*** (0.043)	−0.312*** (0.043)	−0.312*** (0.043)
性别	0.087 (0.013)	0.087*** (0.013)	0.087*** (0.013)
孩子数	−0.109*** (0.015)	−0.109*** (0.015)	−0.109*** (0.015)
非裔美国人	−0.199*** (0.031)	−0.199*** (0.031)	−0.198*** (0.031)
其他非白人	0.000 (0.016)	0.001 (0.016)	0.001 (0.015)
年龄	−0.042*** (0.003)	−0.042*** (0.003)	−0.042*** (0.003)
年龄的平方	0.000*** (0.000)	0.000*** (0.000)	0.000*** (0.000)
丧偶	0.215*** (0.038)	0.215*** (0.038)	0.215*** (0.038)

（续表）

项目	a 主效应	b 加入收入的 交互项	c 加入转移支付和收入的 交互项
离婚	0.048 (0.040)	0.048 (0.040)	0.048 (0.040)
结婚	0.291*** (0.029)	0.291*** (0.029)	0.292*** (0.029)
参加教堂活动	0.030*** (0.003)	0.030*** (0.003)	0.031*** (0.003)
信任	0.105*** (0.004)	0.105*** (0.004)	0.105*** (0.004)
回复者的健康	0.148*** (0.005)	0.148*** (0.005)	0.148*** (0.005)
州层面因素			
州人口	−0.000*** (0.000)	−0.000*** (0.000)	−0.000*** (0.000)
州收入	0.000 (0.000)	0.000 (0.000)	0.000 (0.000)
人种多样性	0.260*** (0.080)	0.262*** (0.080)	0.290*** (0.077)
社会资本	0.039** (0.018)	0.039** (0.018)	0.046*** (0.017)
常数项	2.247*** (0.108)	2.230*** (0.110)	2.002*** (0.170)
观测量	47,636	47,636	47,636
R^2	0.3000	0.3000	0.3000

注：* 表示显著性水平为 0.10，** 表示显著性水平为 0.05，*** 表示显著性水平为 0.01。因变量为生活满意度；表中省略了地区和年份虚拟变量；项目数值为非标准回归系数（州聚类稳健标准误）。

回到对各州平均残余（"纯"）满意度水平的聚合分析，结果再次符合预期。表 7.5 a 列表明，工会密度变量是显著的，且方向与预期的一致：高密度意味着较高的平均满意度水平。这从 b 列的稳健性回归模型得到验证。

利用 a 列的基础回归结果以及使用与前面章节中的比较劳动力组织程度最低的州与最高的州之间的预期满意度差异相同的程序，解释相关的结果并表明：满意度的改变在均值的 3 个标准差范围内变化。粗略地说，跨州平均满意度分布在 0—99% 范围内均为等价的。

表 7.5　工会密度和生活满意度：美国各州聚合水平分析

项目	a OLS	b 稳健性回归
工会密度	0.009*** (0.003)	0.008*** (0.003)
社会资本	0.045** (0.023)	0.034* (0.025)
人种多样性	0.380*** (0.128)	0.276** (0.136)
州收入	−0.000*** (0.000)	−0.000*** (0.000)
州人口	−0.000 (0.000)	−0.000 (0.000)
常数项	0.070 (0.101)	0.109 (0.108)
观测量	48	48
R^2	0.2181	n/a

注：* 表示显著性水平为 0.10，** 表示显著性水平为 0.05，*** 表示显著性水平为 0.01。因变量为生活满意度；表中省略了地区虚拟变量；项目数值为非标准回归系数（标准误）。

鉴于数据缺乏合适的变量，我们不能由此证明工会会员和非会员各自的结果，但可以确定他们来自其他两个人口基本分支：受教育程度高者 vs. 受教育程度低者（根据个体层面数据，忽略不计收入影响），女性 vs. 男性。这些模型通过表 7.6 说明。通过检查可以看出，对于每个分支，工会密度系数都是正向且显著的，意味着这些受教育高者和受教育低者以及男性和女性，都从更高程度的劳动力组织中受益。可以肯定的是，高收入群体的工会密度系数较小，因为工会化好处看似（参阅第 6 章）是微小的，但仅仅针对社会经济地位较高人群会微量减少。对于男性和女性，系数之间的差异是可以忽略不计的。为了简化起见，我们没有报告最后一个模型的稳健性回归结果，但可以简单地概括为"符合之前的推断"。事实上，唯一明显的区别是：工会化变量的效应和显著性在受教育程度较高群体上较大，从而逐渐缩小了受教育群体的差别，并直至毫无差别。

表 7.6 工会密度和生活满意度：亚群体美国各州的聚合水平分析

项目	a 男性	b 女性	c 低教育	d 高教育
工会会员	0.010**	0.009**	0.011**	0.007*
	(0.005)	(0.004)	(0.004)	(0.005)
社会资本	−0.038	0.113***	0.057**	0.040
	(0.040)	(0.032)	(0.029)	(0.039)
人种多样性	0.157	0.586***	0.559***	0.257
	(0.220)	(0.174)	(0.160)	(0.215)
州收入	0.000	0.000***	0.000***	0.000
	(0.000)	(0.000)	(0.000)	(0.000)
州人口	−0.000	−0.000	−0.000	−0.000
	(0.000)	(0.000)	(0.000)	(0.000)
常数项	−0.108	0.204	0.072	0.119
	(0.175)	(0.138)	(0.128)	(0.171)
观测量	48	48	48	48
R^2	0.2789	0.4591	0.4245	0.2753

注：* 表示显著性水平为 0.10，** 表示显著性水平为 0.05，*** 表示显著性水平为 0.01。因变量为生活满意度；表中省略了地区虚拟变量；项目数值为非标准回归系数，括号内为州聚类稳健标准误。

小结

对于本章所提供的分析，我们很容易总结其主要影响：生活满意度的变化取决于州政府对收入稳定性的保证，对经济的管控程度；总体而言，还与州政府意识形态和党派组成有关。工会组织的工资和薪酬所得者的构成也具有类似但相互独立的影响。在所有的情况中，当考虑这些关系是如何为社会经济地位（或其他人口统计特征，如性别）所调节时，我们看到的只是它们平缓的衰减。自由的公共政策和自由的政府以及强大的劳动力流动，似乎能为包括富人和穷人在内的每个人提供更好的生活。总之，这些结果与前几章的跨国模型结果完全一致。深入研究这些特定结果的重要性，或者思考它们的理论基础和理论意义，这些似乎是不必要的，因为我们之前已经设定了太多情境来思考这些问题。接下来，我们再次予以解释。

在讨论之前，简要地评论那些推动本研究的次要因素的结果。其中最主要的是，我们发现与 OECD 的其他国家相比，美国各州的政治条件存在高限制和权利倾斜。正如我们所了解的，美国各地社会安全网服务的决定性差异在于：它们本身规模足够大，以致人们的生活质量能够产生实际的差异。换句话说，从福利"落后者"（如美国）移至社会民主国家（如丹麦或瑞典）去考察一个更为慷慨的福利国家如何建设更好的生活是没有必要的，考虑像堪萨斯州、亚利桑那州和俄勒冈州等地区之间微小的差异才是更有意义的。同样，对于工会来说，想要在人们对日常生活满意度方面有深远影响，是无须达到斯堪的纳维亚工会组织的标准的。拥有最高劳动力流动性的州（如密歇根州和伊利诺伊州），在澳大利亚、日本和瑞士等国家的示范下，只成功达到 OECD 的较低标准。因此，从意识形态和智力捍卫者的角度来看，无论是考虑公共政策还是考虑工会密度，这些因素的适度改善对于显著提高人们的生活质量是有效的。

这一事实进一步证实了我们通过其他方式得到的结论：人类的幸福感似乎是对政治生活条件的高度反应。我们无须完全重构社会以使主观幸福感水平显著提高，因为尽管是政治革命产生了现代福利国家，但生活质量可以通过社会政策的稍微改变而非大规模的政治革命来改变。一个人既不需要政治眼光，也不需要支持罗斯福和艾德礼（Attlee）的群众运动，以此要求福利国家实施福利政策以达到让人们感到生活美好的目的。

这对于那些希望地方政府成为事实上发布重要政策的民主理论家或政治党派人士来说是好消息。州之间的差异是有好处的，因为州政府的独立性是非常有限的，这不仅是由于《宪法》的规定，更是由于它们为争夺可以向经济提供就业和投资的商业社区利益而展开的同类竞争。如果州能够在对税收、消费和经济管控的有限能力（法律上和实际上）的条件下极大地影响生活质量，我们就有足够理由相信许多其他国家的地方政府为追求生活质量而采取的政策可能具有同样的结果。

08

市场和道德

前面章节的实证研究和理论论证，在这里无须进一步赘述。简而言之，就是在左翼和右翼之间，关于政府范围或规模的争论中，有一点是十分清楚的："大政府"更有利于人类幸福。

正如我们所看到的，要想让人们最大限度地积极评价其生活质量，最可靠的方法就是创造一个慷慨的、普遍性的、真正去商品化的福利国家。社会支付给公众的"社会工资"越高，人们的幸福程度就越高；类似地，较大规模的国有部门能更好地提供令公众满意的生活。这意味着，经济的较大份额被政府"消费"，政府不是直接向个人和家庭提供现金补助（转移支付），而是提供公共服务。总体来说，随着民主政治控制下社会生产力的增强，人们的生活质量也在不断提高。这种市场对民主的屈从促进了人类的幸福，而这正是社会民主拥护者一直以来所倡导的方式。

当考虑了政治对经济的管控时，也能得出相似的结论。劳动力市场法规为劳动者建立起相对强大的保护，也使他们过上了更愉快的生活。实证证据表明：我们越是依靠法律而不是依赖市场来保护雇员，人们对生活就越是满意。

当考虑工会组织的结果时，民主原则在经济中的应用效果也是明显的。至少对于它们的支持者而言，工会作为民主团体，代表员工反抗潜在的雇主专横，就像政党和选举制为保护公民免遭政府专制一样。从过往经验来看，工会似乎实现了其民主夙愿，在这一点上，简单地说就是工会使人们更幸福。此外，有明显的证据表明，一场规模较大的劳工运动不但对于有组织的劳动者具有正面作用，而且对于整个社会也具有强烈和积极的影响。

最后，我们只关注个人的收入或社会地位与人类幸福的关系。个体层面的数据显示，当一个人变得更富裕时，研究中所有变量对幸福的积极影响并不会消失。也就是说，不论收入高低，每个人都能从更慷慨的福利国家、旨在保护劳动者的劳动法律、强大的工会中受益。数据也与传统左翼所支持的每个人均能受益于政治的观点相一致。福利国家、工会和政治管控经济，共同助力于创造一个向世人承诺满意生活的世界。

生活满意度研究的启示

在转向讨论这些因素在公共政策、左翼和右翼之间关于公众生活方向的常规争论的实践意义之前，考虑其对生活满意度学术研究的理论意义也许更好。目前的分析，不仅可以得出福利国家、工会和劳动力市场法规是幸福的动因，同时也将我们的注意力引向文献中有关主观幸福感的理论争论，其中的主要问题也是许多较小争议的来源。在这一课题的研究中，哪种基本理论方法是最科学、有用的"范式"（Kuhn，1957）或"研究纲领"（Lakatos，1970）呢？正如我们之前的讨论，有三种这样的范式在竞争，Kuhn 可能将它们视为学者的"忠诚"。

第一种观点认为，幸福是相对的。从这个意义上讲，幸福是基于自己的生活与他人的比较，特别但不完全限于收入（以及能用金钱买到的一切）。第二种观点是"特质"理论，认为幸福感是一个人身上相对固定的、不可改变的东西，当他的生活环境发生变化时，其感知的幸福感也只会做出适度的、暂时的变化。第三种观点将主观幸福感的研究范式基于一个简单的假设：幸福的程度取决于我们作为人类动物需求被满足的程度。我们已经根据马斯洛的需求层次理论（Maslow，1970）回顾了这些需求本质，这种层次结构的基础是人们的基本需求（比如食物、衣着及住所）逐级向上到生命和财产安全、爱与友谊、自尊等。正如第4章所讨论的，社会比较理论和定点理论虽然令人信服，但与以需求为基础的范式不相容。例如，整合上述两个理论的内部逻辑，表明不同社会可观察的差异应当理论化为：差异主要是由满足人类需求的不同成功路径而导致的。[1]

旨在提高需求满足水平的国家福利和类似的向市场"渗透"的政策，确实使人们更加满意自己的生活，这本身就是一个支持以需求为基础的"宜居"理论（Veenhoven，2009）的强有力证据。如果人类需求的满足不能至少在很大程度上促进人类的幸福，我们就不可能看到这里得出的结论。再一次声明，我们所做的就是为这种以需求为基础的、研究幸福的方法提供具说服力的证据，而不是否认遗传、适应、个性或社会比较之间的相关性。

本书的两点研究意义如下：首先，对需求的关注可能会将我们的注意力从对自变量（我们假设的影响满意度的因素）的研究上转移开，因为它们并不与需求的满足密切相关。仅关注政治偏好并不受到鼓励，我们不应该试图采用个人观点与政府思想导向的一致程度预测生活满意度，因为这种一致程度不可能被视作一种重要的人类需求。我们当然希望在思想上与自己一致的政党赢得选举，推动制定我们所支持的公共政策；但这些并不能给我们对生活的满意度带来实质性的、持久的影响，这些所能提供的只是一种对抽象哲学偏好的满足，而不是真正地满足人类的需求。例如，玛格丽特·撒切尔（Margaret Thatcher）在1979年当选英国首相时，有人欢喜有人忧愁，并

---

[1] 确实，社会比较理论把我们的注意力从狭隘地追求经济增长转向了其他产品的生产，这些产品不受比较（如安全、代理、人格）的强烈影响，很好地契合了需求基础理论和前面几章有关福利制度及其他社会民主制度的实质性结论。

不是选举结果本身影响了人们的生活，而是她及其政党掌权之后对人们的生活会产生影响。最近英国关于生活满意度的实证证据揭示了这样一个事实：影响人们生活满意度的是"政治交付"［比如个人在国家医疗机构（National Health Service）的体验］的质量，而不是对政府或其政策的抽象的评价（Whiteley et al.，2010）。

因此，从政治哲学的角度出发，我们更倾向于不那么慷慨的福利国家，或者不那么便利地获得医疗保健的社会权利；但如果我们受益于这样的政策，它在客观上还提高了我们的生活质量，显然，我们确实拥有更高质量的生活，由此大概也会有更高的生活满意度水平。影响主观幸福感的是政府的作为及其对我们、我们的朋友、家人、同事、邻居产生的影响，如果一项政策改善了我的生活，那么它也改善了大家的生活。我们不支持一项政策或者不喜欢一个支持该项政策的政党并不会改变这样一个现实：这项政策改善了我们的生活，不论是从直接的角度（例如，它为我们提供了医疗保健和健康保险，减轻了我们的痛苦和折磨；否则，我们会因缺乏这类福利而不得不忍受痛苦），还是从间接的角度（例如，我年迈的父母因收到政府的养老金而脱离了贫穷或者享受到了家庭护理；否则，我只能将他们送至护理院）。

针对需求提出的路径展开研究可能更有价值。无论是依据马斯洛（Maslow，1970）提出的著名的需求层次理论还是依据其他理论，我们都应该在厘清特定类型需求与幸福之间关系的基础上继续研究。例如，就马斯洛需求层次中的某一特定需求，转化为社会如何更好地满足人们的需求，并应用于研究一个特定的社会如何满足人们的需求，进而确定其是否存在、强度或层次结构，以及这些因素与跨国间可观察的幸福水平的关系。当提升需求的层次时，这种需求得到满足的效用是否会减少？当达到最高层次的"自我实现"时，只会相对较少（或没有）地改善满意度吗？或者相反，当更高层次的需求得到满足时，满意度会得到最大的提高？无论是哪一情况，如果一项公共政策在满足不同层次的需求时是最有效的，那么是否可以证明它对人类的繁荣发展是最重要的？以上就是当关注人们的需求时，相关研究应考虑的各种问题。

人类现状的处方：视商品化为一种社会病理学

前几章的实证结果已经证明了政治干预和人类幸福存在重要的关系，同时也自然而然地将我们的注意力转移到市场上。毫无争议，我们就是市场经济的产物，从经济（活动）的组织、日常工作的环境到我们解释和思考世界的方式，市场影响了生活的方方面面。在很大程度上，我们很自然地倾向于遵循市场导向去思考和行动。无论是市场论的支持者还是市场论的怀疑者，没有人否认资本主义是现代生活的核心，因此它不可避免地影响到我们生活的许多方面。但是，无论多么地支持市场，它仍然是一个有成本的系统。正如我们所看到的，这些成本表明了在货币世界中人们自身比金钱更有价值，而且因人们是否真的享受生活而各有不同。

这一事实反过来引起我们对市场内部动力的关注，从而掌握如何才能建立一个世界的关键。在这个世界中，人们过着积极的、有回报的生活。需要强调的是，目前的分析证实了第2章提出的社会基础模型的有用性。这一模型聚焦于员工与雇主的内在利益冲突和权力差距，而这些冲突和差距被用于构思、设定"生活游戏"规则。现有文献对主观幸福感的研究存在明显的缺失：宏观上缺乏对市场社会的研究，微观上对个人在市场社会结构中特定地位的研究也很少见（Lane，1991，2000）。当然，如果幸福取决于需求的满足，那么可以肯定，在现代社会中，几乎每个人在满足其基本需求时只有一个现实选择——将其劳动力作为一种商品来出售。我们有必要将市场视为理解人类幸福的特定情境，这意味着从市场、个人在市场中的地位和作用开始，探讨如何使人们的生活尽可能满意这一问题。

我们简洁地表述这一模型为：从最根本的意义上讲，资本主义是什么？正如刚才所提到的，它是一个经济生产的系统，在这个系统中，大量民众的生存依赖于出售其作为商品的劳动力。几乎所有的人缺乏独立生存所必需的手段，因此被迫受雇于拥有生产资料的另一阶级群体。这种情况的可能结果是，每个人可能过得更好了，但是广大的赚取工薪的"工人阶级"在该系统中只能处于从属地位，因为只有当他们保证了"资产阶级"的利益时才能维持生计。有必要引用Esping-Andersen（1990：36）的名言："沦为商品只为生存。"因此，正如他和其他人所观察的，市场，虽然自由，但是在某些方面，可能也是一座"监狱"。

"市场如监狱"的比喻在政治经济学文献中很常见，它道出了左翼和右翼对市场经济的理解。左翼认为市场这座监狱的砖瓦就是商品化的劳动力，通过福利制度和其他社会民主措施能够从市场中得到智慧的"释放"，因为这些福利和措施减弱了商品化。在右翼的意识形态视角中，他们认为商品化的隐喻是有趣的，但是完全错了。在他们看来，市场体系的道德制高点在于它释放了个人，使得几乎所有发生在社会上的事情均为人类自由选择的结果，这些使其自身效用最大化的选择是由那些随心所欲的、自由的人所做出的。左翼被指责干扰了这种选择的自由性，但左翼认为那不是释放而是"走向奴隶制的道路"（von Hayek，1944）。哲学和规范对市场的政治干预分歧的基本点为：成功地将我们从"监狱"中"释放"，是让生活更美好了，还是剥夺了我们的自由，让生活明显变差了？市场到底是使我们逃离，还是自由的化身？答案完全取决于商品化是否如某一阶级理论家指出的那样具有负面效应。鉴于去商品化的公共政策（如福利制度）、机构（如工会）和劳动力市场法规（如最低工资法规）似乎有助于更高层次的人类幸福，实证证据表明，商品化的确是一种社会病。第5—7章的实证分析表明，社会享有更高品质生活的水平取决于其成功治愈这种社会病的程度。

市场与追求幸福

作为一部有关幸福的专著，如果回避如何才能改善人类现状这一实际问题，这就是很奇怪的。除了推荐在本书中反复强调的特别政策，总结前面有关商品化的讨论，我们还要提出这样一个一般性的结论：当市场原则和民主原则发生冲突时，我们应该向民主屈服。因此，当考虑个人与市场的关系时，我们的政治制度应该基于这样一种观念：市场本身不是目的，而是我们所采用的一种手段，因为它对确保个人"追求幸福"的权利是有用的。有趣的是，提出这一名言的文献并没有列举我们在市场经济中"不可剥夺的权利"，更没有提及我们有权不受高税收、再分配政策、政府对经济的管控或者工会的摆布。就这些制度促进或限制人类福祉的生产和公平分配而言，它们到底是好还是坏，这就是本书试图回答的一个实证问题。

我们一直在努力研究，市场经济似乎确实有益于人类幸福。市场作为经济活动的基础无疑是一件好事，正如我们所提倡的，这是人类最伟大的成就之一。但最终，市场并不是一个绝对的存在，我们看重的只是它的结果。不同于民主这一保障其他所有权利的基础权利，市场的作用只是工具性的，就像别的工具一样，我们可以修正它并利用它满足我们的需求。如果更慷慨的福利国家、强大的工会和旨在保护劳动者的经济法规能最好地服务于"幸福的追求"，那么这种偏离纯市场经济的构想会由"市场原教旨主义者"提出，并且无须解释或进一步说明这种偏差。

市场的理想化（如果不是神化）在学术界和社会上还不太引人关注，但在美国半官方的政治阶层中，它垄断了政治辩论的辩题。不过，就经济而言，一个普遍的倾向就是，避免在社会或学术探讨中产生真正的思想冲突；相反，争论建立在这样一种微妙的分歧上：一个虚构的"无政治意义的"价值中立标准，或一个同样神秘的、无意识形态的"中心"或"主流"。它们的特点不仅包括对市场无意识的敬畏，还包括市场天然地支持民主拥有统治权的假设，而这种统治是通过弱化民主理念从而便捷实现的。对于纯"政治"的基本实质而言，这也许就是人类最高尚的野心了。

这一点在生活满意度的研究中更为显化：在新的"幸福科学"领域，几乎所有与"政治"有关的研究自觉地采取了一种非意识形态的、无党派的态度——人们几乎不会从这项研究中意识到自己生活在资本主义经济中。这在联合国发布的世界幸福报告（Sachs et al., 2012）中可能最显而易见了，虽然这份报告在表面上一直致力于倡议政府将幸福作为公共政策的一个目标，但成功地回避了提及收入维持计划、最低工资或工作场所安全法案、劳动者的组织结社权、雇员保护立法等方面的内容。同样令人震惊的是，这份报告本应该在失业造成的巨大困境或者工作安全和工作满意度等劳动者的非物质问题的重要性等方面投入大量的时间与关注，然而它回避了不论是关于失业保险还是关于工会和劳动法的任何讨论——这些对提升工作场所安全性和满意度是有帮助的。[2]

在 Putnam（2000a）有关平等的善意和无政治的研究中，他希望我们更多地关注增加社会资本存量以提高人们的幸福感，在个体和社会层面的幸福感与社会资本（强有力的证据参阅 Helliwell, 2003）常规指标之间建立起强链接关系。这的确是一个可行的策略。确实，Putnam 在政治体系促进更大量的社会资本和更多的幸福方面，提出了一些具体的建议。同样，最近两本关于政治和幸福的书籍——Layard（2015）和 Bok（2010），是学术界探讨这个主题总体趋势的很好例证。他们建议使用公共政策提升幸福感［而这本身是为 Frey and Stutzer（2009）等经济学家所原则性地强烈反对的，他们主要局限于诸如寻求鼓励更少的物质主义及减弱对工作和事业的痴迷的方法这样的事情上］，其逻辑是如此为之则在工作与生活之间能达到更好的平衡，从而增强幸福感。他们认为，政府过分地关注于保持经济增长：Bok 主张政府应更多地关注环境和教育，Layard 主张民众应弱化竞争而更注重合作。

所有这些研究均出于最理想化的动机且是深刻的。当然，如果拥有更多的社会资本，如果每个人都可以相较于工作更多地关注家庭和个人生活，如

---

[2] 我们之前也遇到，在有关"政府质量"的相关文献中，尊重市场的政治是显而易见的。一些经济学家，比如 Helliwell and Huang（2008），希望只关注政府的执政质量，而且是一个非腐败、高效的机构，而不是政府的规模或其提供服务/保护的范围。毫无疑问且再一次申明，廉洁高效的政府对成功地服务民众是十分必要的。也就是说，要相信小规模的福利国家也能与大规模的福利国家一样，提供同样的幸福生活，只要两者的政府都施行高效和专业的管理。

果政府可以在保护环境和教育儿童上投入更多的资源，那么显然，这个世界会变得更美好。但总的来说，这些建议受到政治警惕和研究中意识形态的限制，这在 Putnam 和其他"社会资本论者"的著作中可能是最为明显的。他们的焦点从建立人与人之间的社会联系扩展到寻求治疗社会病的灵丹妙药上，这样就往往分散了我们在有关改变社会的政治议程上的注意力，而这些议程对于影响人类社会的结构并显著改善人类生活质量具有重要作用。因此，尽管 Putnam 提出了一系列完美的、合理的建议以增加社会资本，但他强调希望看到像"运动队和合唱团"那般的更深入的"参与和协商"，希望更多的人参与社区志愿服务项目，看到更多的人参与学校的课外活动。他的处方或者说让这个世界变得更好的方式，完全集中于鼓励人们进行更多的社交，特别是让他人到他们家中娱乐，并且找到更多进入社会资本"关键蓄积库"的方法，认为存在一个"以信任为价值基础的社区"。因此，他建议我们将希望放在一个更美好的世界——一个"伟大觉醒"的"精神意义的共同体"。

首先，我们可以甚至愿意有效地使这些建议合法化，但这似乎是不太可能的。相比国家法律，我们只能通过鼓励（补贴或惩罚）家庭里的娱乐活动或者更多地参与（或多或少是经过深思熟虑的）像"运动队和合唱团"一样的事情来实现这些建议。如果成真的话，它们将深刻地影响人类幸福的总体水平。我们也可以通过学生积极心理学所建议的类似策略（如"感恩之旅"）来实现。这些活动无疑能帮助很多人，但是这些措施能否大幅提高工业化世界人们的生活质量呢？这就好比试图通过议会鼓励每个人开始练习瑜伽或冥想来改善这个世界：这些都不是真正可行的解决政治问题的方案。

Garol Graham（2009）明智地提醒我们，利用公共政策来提升幸福感时应该"谨慎"，特别是当使用的政策工具是全新的时候；但贯穿本书，我们强调的改善人类现状的政治工具——福利国家、劳动力市场管控和工会都有着悠长而古老的历史。如果没有其他已经准备好理由的安排，我们更希望利用这些政治工具实现杠杆作用，而不是共同预期的结构性爆发。我们当然知道如何增加或减少收入维持计划的支出，我们也知道如何通过法规保护劳动者和消费者的利益，我们还知道如何修订劳动法规而不是打压劳动结社。然而，如 Putnam（2000a）另一条建议（非常具有说明性）那样，我们对如何让"美国人将更少的空闲时间花在独自坐在发光的（电脑和电视）屏幕前，而将更多的时间花在与同类积极的互动上"这一方面知之甚少。与其等待他所设想的模糊的美国精神的"伟大觉醒"，还不如重点关注我们所强调的那些在我们的政治控制下容易实现的、有形变化的宏观社会机构。如果福利制度和工会对幸福感具有深远的影响，那么追求它们的实现就是社会发展的必由之路。

许多像 Bok 和 Layard 一样的学者拟定的提案是小规模的承诺，即便发挥到最佳状态，对总体幸福水平也只会产生微小的影响，不论它们有多大可能是基于其他标准而制定的公共政策。例如，Layard 号召我们禁止针对儿童的商业广告。这似乎是明智的，但是这对人们找到满意的生活没有任何显著的作用。虽然 Bok and Layard 的确拟定了大规模的提案，但都受到 Putnam 含糊且不现实的"伟大觉醒"的强烈影响。例如，他们号召我们减少在工作上的过度投入以加强家庭和其他的人际关系，但人们这样做的真正意义是什么？[3] 也许稳定和繁荣可以使人们更少地投入没有任何选择余地的事业当中，但那些可能只是拥有一份工作而不是事业。对此，普通大众通常是摇摆不定的，毕竟他们的生计仰仗这份工作。更何况，没有充分的理由，人们仍然无法停止对家庭财务健康的担忧。

对普通工人阶级或中产阶级的人来说，他们需要的不是一个包办一切以教导他们如何在现有条件下变得幸福的政府，而是一个愿意保障财务安全和平和心态以提升他们幸福感的政府。"大政府"和强大的工会正是为提供这种安全及其他相关的人类需求而精准设计出来的。公正地说，Bok and Layard 在上述讨论中并没有忽略不平等或经济剥削；相反，他们经常表现出对于这些

---

[3] 有趣的是，Layard 鼓励且赞成的手段是消极的制裁——采取非常规的税收政策形式，而这些政策是特意设计用以阻碍人们"更加努力且长时间"工作的。相较于使用不努力工作去寻求更好生活的方式，增强工会力量、提高最低工资或者扩张福利国家等方式可以使人们更自由地关注个人生活。

问题的重要性的敏感度，但这些不是他们真正关心的问题。事实上，他们普遍反对那些在经济中找到使人们生活更满意的关键想法（Lane，2000）。正如社会学家让我们关注努力谋生是人类社会的基础一样，当人们有权去做的时候，个人的生活将从市场之外得到满足。因此，我们的策略是，把重点放在人类生活的最基本方面——努力地生存和繁荣，这一逻辑的基本组成部分将系统地影响生活的其他方面。例如，拥有美好的婚姻无疑有益于更高的生活满意度，但是当我们可以更少地遭受来自"为了生存，必须沦为商品"的负面影响时，美好的婚姻会更加容易获得。

当试图查明是什么使人们获得心理健康但忽略了人们的经济基础时，就如同试图治疗病人的病症却忽视其疾病本身。为了使生活更美好但忽略了作为我们文明基础的市场，尽管是出于好意，但必须承认市场体系带来的病症是没法治愈的。幸运的是，将个体更多地塑造成为人而非物品的公共政策以建立人的主权而非市场这样的形式是非常容易的。

总结：如何尽可能地使人们的生活更满意

我们在本书中多次回顾了爱因斯坦发表于1949年的文章中有关"社会结构……应如何改变以使人们生活得更满意"的主题，从文章的标题"为什么是社会主义？"中，我们可以很明确地看出他的回答。在文章的最后，他阐述道，正是社会主义——西欧国家的社会主义民主事业，提供了"尽可能地使人们的生活更满意"的最佳路径。自他撰写该篇文章以来，尽管很多事情已经发生改变，但我们还是对他针对这个世界的判断存有异议。那些他称为"原罪"（剥削、动荡和资本主义固有的竞争性个人主义）的判断和他提出的在社会民主体制下的解决方案带有其个人主义倾向。我在前文已经给出了社会民主解决方案的经典事例，现在则想要给出一条准则，这是我自己对于这些观点的规范性依据的思考。

现代社会正承受着人类动机两极间的内在矛盾：我们社会的物质组织

方式和我们道德世界的秩序。鉴于市场相较于其他生产方式的确满足了更多的人类基本需求，而且满足的这些基本需求是人类幸福的基本要素，所以市场自身作为恰当地组织人类行为的一种方式，的确提升了物质幸福感水平，并且可能是更加公平的。即便市场保守派对此有所质疑，但市场在某种程度上的确证明了其作为致力于"尽可能地使人们的生活更满意"的经济体制的基础地位。市场促进人类自由的争论也有很多需要厘清的：在不把市场自由看成无效或无价值的情形下，我们承认市场自由在现实和意识形态上的局限性。同时，市场确实且不可避免地运行在与人类最基本、最普遍的道德准则辩证对立的地方，因此它要求一些个体（雇主或投资者）利用其他个体（雇员）作为替自己谋利的手段。

正如我们所看到的，资本主义的定义取决于一个阶级群体的能力，用爱因斯坦的话说，就是通过劳资制度"利用"他人的能力。就像亚当·斯密和常识所阐释的，我合理地雇用他人，仅仅是因为我将他们劳动创造的价值的一部分（说实话，我能够强迫他们交出可能是最大的一部分）留给自己而从中获利。我雇用他人是为了自己的利益，因此利用他们是为了自己。通过这种方式利用他人，我违背了康德（Kant）命名的绝对命令的第二条准则：不要将他人作为达成自己目的的铺路石。鉴于市场经济完全是基于利用他人的理念，就像人们利用工具、原材料或者其他有利用价值的事物作为获利的手段，因此市场经济在原则上是非常制度化的。这在大多数人看来是极其不道德的。

这不是一件小事。鉴于不要将利用他人作为达到自己目的的手段这条准则与我们的道德观念是如此地符合，我们很难相信这种合理利用他人的做法不违背集体道德准则。因此，市场经济最重要的组织制度显然就是自身明显的不道德。但也许有人会提出，放弃市场比接受市场更不道德。

这个矛盾是非常清楚的。由于其物质产出，我们理性地支持市场；然而我们同时也认识到市场的不道德性。这并不是承认人们可以主张抛弃市场；当然，如果接受市场比抛弃市场更加恶劣，人们确实有足够的理由抛弃它。

鉴于非市场化的世界可能带来更少的财富、更少的自由，甚至更多令人厌恶的剥削，所以人们也有足够的理由支持市场。如此说来，我们现在的体制就是恰当的，因为那些明显的替代品（如封建主义）甚至可能更加不道德，市场就被推举作为权宜之计；但对受制于市场不合理的人来说，这并没有让这种不合理有所减少。因此，起点是不可避免的：市场通过提升总体的繁荣水平来改善人类的生存状态；但同时，因为市场的剥削本性，违背了我们对公正的集体直觉理解，从而使人类更贫困。

市场对人类生存状态的影响并非特别难以察觉。普通人可能享受着市场带来的好处，然而他们也可能感觉自己系统地遭受市场的伤害。即使同样假定的劳动者都足以成熟到理解这种体制在某种程度上没有更好的了（大体上，如果没有这种体制，自己和这个世界都会变糟），但这几乎不会改变他们的生活状态。任何经济体制都包含剥削，也让人们真的以为自己有幸生活在繁荣和自由的空间，这种繁荣和自由创造了我们所称的市场民主的盗贼统治。要理解这两点，并不要求忽略每个人正在被相同的体制剥削的事实。虽然使用抽象的术语可能难以明确地表达其经历，但是让典型的工作者在某种程度上理解他们在这种阶级体制中的隶属地位是没有任何困难的。秘书、服务员、高校教师、保安、工厂工人、销售员、护士、会计等均包含在这些抽象讨论的日常现实中：人们为了好生活所要求的工作而依赖于他人，人们单纯为了造福他人而被雇用，人们的职业生活包括遵守规则和命令，而这些规则和命令是由他人设定且为了其个人的利益；最为重要的是，人们清晰地认识到其生计取决于是否屈从于雇主的利益、要求和反复无常的想法，而对雇主来说，他们只不过是一种商品而已。进一步说，人们每天的压力产生于隶属市场体制本身的一般情境之内，其形式与全球经济相比是无力且微不足道的；而全球经济为大型公司和"隐藏"的金融机构所控制，对于它们而言，普通民众只不过是比一捆小麦或一桶油得到更多优待的商品而已。

解决方案是利用我们可以得到的且来自市场以外的其他力量——民主。在我们选择创造的政治制度所培养的公正力量之中，我们拥有民主。体恤劳动者及其家庭需求的薪资制度、工会和劳动力市场管理体制是三大民主制度。就像我们在本书中力求证明的那样，它们有助于引领人们更好地生活，因为它们带来了仁慈和正义，以及在不是效率逼迫就是无情市场压榨的体制下的人类尊严。我们提出社会可以利用市场改善民生的机制，而不是在追求可疑的、市场许诺的"自发秩序"的过程中被市场利用，为解决市场与道德之间的矛盾提供了最好的也可能是唯一的途径。我们能够接受市场，但是同样也要致力于限制市场以降低人们商品化程度的政治问题。目前的研究已经充分证明：无论贫富，人类生活对每个人都是有回报的，我们的政治在某种程度上致力于这一目标。

参考文献

Achen, Christopher. 1982. *Interpreting and Using Regression*. New York: Sage Publications.
Adams, John. 1776. *Thoughts on Government*. Accessed 23 October 2012. http://press-pubs.uchicago.edu/founders/documents/v1ch4s5.html.
Álvarez-Díaz, Angel, Gonzalez, Lucas, and Radcliff, Benjamin 2010. "The Politics of Happiness: On the Political Determinants of Quality of Life in the American States." *The Journal of Politics* 72 (3): 894–905.
Appleby, Joyce. 1986. "Republicanism in Old and New Contexts." *William and Mary Quarterly*, 43 (January): 20–34.
Argyle, Michael. 2001. *The Psychology of Happiness*. 2nd ed. London: Methuen.
Atkinson, Anthony Barnes. 1999. *The Economic Consequences of Rolling Back the Welfare State*. Cambridge, MA: MIT Press.
Beckwith, Harry, and Christine Beckwith. 2007. *You, Inc.: The Art of Selling Yourself*. New York: Business Plus.
Bender, Keith, and Peter Sloane. 1998. "Job Satisfaction, Trade Unions, and Exit-Voice Revisited." *Industrial and Labor Relations Review* 51 (2): 222–240.
Berry, William, Evan Ringquist, Richard Fording, and Russell Hanson. 1998. "Measuring Citizen and Government Ideology in the American States." *American Journal of Political Science* 42 (1): 145–160.
Bjørnskov, Christian, Axel Dreher, and Justina A. V. Fischer. 2008. "Cross-Country Determinants of Life Satisfaction: Exploring Different Determinants Across Groups in Society." *Social Choice and Welfare* 30 (1): 119–173.
Blank, Rebecca. 1997. *It Takes a Nation: A New Agenda for Fighting Poverty*. Princeton, NJ: Princeton University Press.
Bok, Derek 2010. *The Politics of Happiness: What Government Can Learn from the New Research*. Princeton, NJ: Princeton University Press.
Bourdieu, Pierre. 1986. "The Forms of Social Capital." In *Handbook of Theory and Research for the Sociology of Education*, edited by J. Richardson, 241–258. New York: Greenwood.
Boyce, Christopher J., Alex M. Wood, and Nattuvudh Powdthavee. 2012. "Is Personality Fixed? Personality Changes as Much as "Variable" Economic Factors and More Strongly Predicts Changes to Life Satisfaction." *Social Indicators Research* 108: 1–13.

Blanchflower, David, and Andrew Oswald. 2002. "Well-being over Time in Britain and the USA." University of Warwick, working paper. Accessed March 18, 2009. http://www2.warwick.ac.uk/fac/soc/economics/staff/faculty/oswald/finaljpubecwellbeingjune2002.pdf.

Brenner, M. Harvey. 1977. "Personal Stability and Economic Security." *Social Policy* 9: 2–14.

Brenner, R. 1987. *Rivalry: In Business, Science, among Nations*. New York: Cambridge University Press.

Brickman, P., Coates, D., and Janoff-Bulman, R. 1976. "Lottery Winners and Accident Victims: Is Happiness Relative?" *Journal of Personality and Social Psychology* 36 (8): 917–927.

Buckingham, Alan. 2000. "Welfare Reform in Britain, Australia and the United States." In *Reforming the Australian Welfare State*, edited by Peter Saunders, 72–88. Melbourne: Australian Institute of Family Studies.

Byars, John, Robert McCormick, and Bruce Yandle. 1999. *Economic Freedom in America's 50 States*. Center for Policy and Legal Studies. Clemson, SC: Clemson University.

Campbell, Angus, Phil Converse, and Willard Rodgers. 1976. *The Quality of American Life*. New York: Russell Sage Foundation.

Clark, Andrew E. 1996. "Job Satisfaction in Britain." *British Journal of Industrial Relations* 34 (2): 189–217.

Cohen, Sheldon, and Thomas Ashby Wills. 1985. "Stress, Social Support, and the Buffering Hypothesis." *Psychological Bulletin* 98: 310–357.

Dasgupta, Partha. 1997. *Economics: A Very Short Introduction*. Oxford: Oxford University Press.

Di Tella, Rafael, Robert MacCulloch, and Andrew Oswald. 1997. "The Macroeconomics of Happiness." The Labour Market Consequences of Technical and Structural Change Discussion Paper Series, No. 19, Centre for Economic Performance, Oxford University.

Di Tella, Rafael, and Robert McCullough. 2006. "Some Uses of Happiness Data." *Journal of Economic Perspectives* 20: 25–46.

Diamond, Jared. 1999. *Guns, Germs, and Steel: The Fates of Human Societies*. New York: W. W. Norton & Company.

Diener, Ed, Marissa Diener, and Carol Diener. 1995. "Factors Predicting the Subjective Well-Being of Nations." *Journal of Personality and Social Psychology* 69 (55): 851–864.

Diener, Ed, John F. Helliwell, and Daniel Kahneman, eds. 2010. *International Differences in Well-Being*. Oxford: Oxford University Press.

Diener, Ed, Eunkook M. Suh, Richard E. Lucas, and Heidi L. Smith. 1999. "Subjective Well-Being: Three Decades of Progress." *Psychological Bulletin* 125 (2): 276–302.

Durkheim, Emile. 1893. *The Division of Labor in Society*. New York: Free Press.

Dutt, Amitava. 2009. "Happiness and the Relative Consumption Hypothesis." In *Happiness, Economics, and Politics*, edited by Amitava Dutt and Benjamin Radcliff, 45–69. Cheltenham, UK: Edward Elgar.

Dutt, Amitava Krishna, and Charles Wilber. 2010. *Economics and Ethics*. New York: Palgrave-MacMillan.

Easterlin, Richard. 1974. "Does Economic Growth Improve the Human Lot?" In *Nations and Households in Economic Growth*, edited by Paul David and Melvin Reder, 89–125. New York: Academic Press.

Easterlin, Richard. 1979. *Contested Terrain.* New York: Basic Books.
Easterlin, Richard. 1995. "Will Raising the Incomes of All Increase the Happiness of All?" *Journal of Economic Behavior and Organization* 27: 35–47.
Easterlin, Richard. 2005. "Feeding the Illusion of Growth and Happiness: A Reply to Hagerty and Veenhoven." *Social Indicators Research* 74: 429–443.
Easterlin, Richard. 2006. "Building a Better Theory of Well-Being." In *Economics & Happiness: Framing the Analysis*, edited by Luigino Bruni and Pier Luigi Porta, 29–64. New York: Oxford University Press.
Easterlin, Richard A., Laura Angelescu McVey, Malgorzata Switek, Onnicha Sawangfa, and Jacqueline Smith Zweig. 2011. "The Happiness–Income Paradox Revisited." Accessed May 22, 2010. http://www.pnas.org/cgi/doi/10.1073/pnas.1015962107.
Ehrenreich, Barbara. 1990. *The Worst Years of Our Lives: Irreverent Notes from a Decade of Greed.* New York: Harper Collins.
Einstein, Albert. (1949) 2002. "Why Socialism?" *Monthly Review* 52 (1): 36–44.
Emmons, R. A., E. Diener, and R. J. Larsen. 1986. "Choice and Avoidance of Everyday Situations and Affect Congruence: Two Models of Reciprocal Interactionism." *Journal of Personality and Social Psychology* 51: 815–826.
Erikson, Kai. 1986. "On Work and Alienation," *American Sociological Review* 51(1): 1–8.
Erikson, Robert S., Gerald C. Wright, and John P. McIver. 1993. *Statehouse Democracy.* New York: Cambridge University Press.
Esping-Andersen, Gøsta. 1988. "Decommodification and Work Absence in the Welfare State." European University Institute Working Paper 337. San Domenico, Italy.
Esping-Andersen, Gøsta. 1990. *The Three Worlds of Welfare Capitalism.* Princeton, NJ: Princeton University Press.
Fenwick, Rudy, and Jon Olson. 1986. "Support for Worker Participation." *American Sociological Review* 41(4): 505–522.
Foner, Eric. 1976. *Tom Paine and Revolutionary America.* New York: Oxford University Press.
Fowler, James H., and Nicholas A. Christakis. 2008. "Dynamic Spread of Happiness in a Large Social Network: Longitudinal Analysis Over 20 Years in the Framingham Heart Study." *British Medical Journal* 337: 2338–2346.
Frank, Robert H. 2009. "The Eaterlin Pardox Revisited." In *Happiness, Economics, and Politics*, edited by Amitava Dutt and Benjamin Radcliff, p. 151–157. Cheltenham, UK: Edward Elgar.
Freeman, Richard, and James Medoff. 1984. *What Do Unions Do?* New York: Basic Books.
Frey, Bruno S., and Alois Stutzer. 2002. *Happiness and Economics.* Princeton, NJ: Princeton University Press.
Fukuyama, F. 1992. *The End of History and the Last Man.* New York: Free Press.
Galea, Sandro, Jennifer Ahern, Arijit Nandi, Melissa Tracy, John Beard, and David Vlahov. 2007. "Urban Neighborhood Poverty and the Incidence of Depression in a Population-Based Cohort Study." *Annals of Epidemiology* 17(3): 171–179.
Garegnani, P. 1984. "Value and Distribution in the Classical Economists and Marx." *Oxford Economic Papers* 36: 291–325.
Gerring, J., and S. C. Thacker. 2008. *A Centripetal Theory of Democratic Governance.* Cambridge: Cambridge University Press.
Gibson, Alan. 2006. *Interpreting the Founding.* Lawrence: University of Kansas Press.

Gibson, Alan. 2010. *Understanding the Founding.* 2nd ed. Lawrence: University of Kansas Press.

Gill, Anthony, and Erik Lundsgaarde. 2004. "State Welfare Spending and Religiosity: A Cross-National Analysis." *Rationality and Society* 16 (4): 399–436.

Gonzales de Olarte, E., and P. Gavilano Llosa. 1999. "Does Poverty Cause Domestic Violence? Some Answers from Lima," In *Too Close to Home: Domestic Violence in the Americas*, edited by A.R. Morrison and M.L. Biehl, 35–80. Washington, DC: John Hopkins University Press.

Graham, Carol. 2005. "The Economics of Happiness." *World Economics* 6 (3): 41–55.

Graham, Carol. 2009. *Happiness around the World.* Oxford: Oxford University Press.

Greenberg, Edward, and Leon Grunberg. 1995. "Work, Alienation, and Problem Alcohol Behavior." *Journal of Health and Social Behavior* 36: 83–102.

Greenwald, Bruce, and Joseph E. Stiglitz. 1986. "Externalities in Economies with Imperfect Information and Incomplete Markets." *Quarterly Journal of Economics* 101(2): 229–264.

Gwartney, J. and R. Lawson, with S. Norton. 2008. "Economic Freedom of the World: 2008 Annual Report." Vancouver, Canada: Economic Freedom Network. http://www.freetheworld.com/2008/EconomicFreedomoftheWorld2008.pdf, accessed July 13, 2012.

Haan, Mary, George A. Kaplan, and Terry Camacho. 1987. "Poverty and Health Prospective Evidence from the Alameda County Study." *American Journal of Epidemiology* 125 (6): 989–998.

Hagerty, M. R., and R. Veenhoven. 2003. "Wealth and Happiness Revisited: Growing National Income Does Go with Greater Happiness." *Social Indicators Research* 64: 1–27.

Hayek, F. A. 1944. *The Road to Serfdom.* London: Routledge.

Hayek, F. A. 1960. *The Constitution of Liberty.* Chicago: University of Chicago Press.

Hayek, F. A. 1988. *The Fatal Conceit: The Errors of Socialism.* London: Routledge.

Headey, Bruce. 2008. "The Set Point Theory of Well-Being." *Social Indicators Research* 85: 389–403.

Heilbroner, Robert. 1985. *The Nature and Logic of Capitalism.* New York: Norton.

Heise, L. 1998. "Violence against Women: An Integrated, Ecological Framework." *Violence against Women* 4 (3): 262–290.

Helliwell, John F. 2003. "How's Life? Combining Individual and National Variables to Explain Subjective Well-Being." *Economic Modeling* 20 (2): 331–360.

Helliwell, John F., and Haifain Huang. 2008. "How's Your Government? International Evidence Linking Good Government and Well-Being." *British Journal of Political Science* 38 (4): 595–619.

Helliwell, John, and Robert Putnam. 2004. *Social Context of Well-Being.* London: Philosophical Transactions of the Royal Society B: Biological Sciences.

Heritage Foundation. 2008. *Index of Economic Freedom* Washington, DC: Heritage Foundation.

Heritage Foundation. 2007. *Social Capital: Equality and Community in America.* New York: Cambridge University Press.

Hero, Rodney. 1988. *Faces of Inequality: Social Diversity in American Politics.* Oxford: Oxford University Press.

Hero, Rodney, and Caroline Tolbert. 1996. "A Racial/Ethnic Diversity Interpretation of Politics and Policy in the States of the U.S." *American Journal of Political Science* 40 (3): 851–871.

Hill, Kim Quaile, Jan Leighely, and Angela Hinton-Andersson. 1995. "Lower-Class Mobilization and Policy Linkage in the U.S. States." *American Journal of Political Science* 39: 75–86.

Hirsch, B., and D. Macpherson, D. n.d. "Union Membership and Coverage Database from the CPS." Accessed May 2, 2009. http://www.unionstats.com.

Hirschman, Albert. 1991. *The Rhetoric of Reaction: Perversity, Futility, Jeopardy.* Cambridge, MA: Harvard University Press.

Hochschild, A. R. 1997. *The Time Bind: When Work Becomes Home and Home Becomes Work.* New York: Metropolitan Books.

Huber, Evelyne, and John D. Stephens. 2001. *Development and Crisis of the Welfare State.* Chicago: University of Chicago Press.

Inglehart, Ronald. 1990. *Culture Shift in Advanced Industrial Democracies.* Princeton, NJ: Princeton University Press.

Inglehart, Ronald. 1990. *Culture Shift in Advanced Industrial Democracies.* Princeton, NJ: Princeton University Press.

Inglehart, Ronald. 2010. "Faith and Freedom: Traditional and Modern Ways to Happiness." In *International Differences in Well-Being*, edited by E. Diener, J. Helliwell, and D. Kahneman, 351–397. Oxford: Oxford University Press.

Inglehart, Ronald. 2009. "Democracy and Happiness: What Causes What?" In Amitava Dutt and Benjamin Radcliff, eds., *Happiness, Economics, and Politics*. Cheltenham, UK: Edward Elgar.

Inglehart, Ronald, and Hans-Dieter Klingemann. 2000. "Genes, Culture, Democracy, and Happiness," In *Culture and Subjective Well-Being*, edited by Ed Diener and Eunkook Suh, 165–183. Cambridge, MA: MIT Press.

Inglehart, Ronald, and C. Welzel. 2005. *Modernization, Culture Change, and Demcoracy.* New York: Cambridge University Press.

Jackson, Pamela. 1992. "Specifying the Buffering Hypothesis: Support, Strain, and Depression." *Social Psychology Quarterly* 55 (4): 363–378.

Kahneman, Daniel. 1999. "Objective Happiness." In *Well-Being: The Foundations of Hedonic Psychology*. New York: Russell Sage Foundation.

Kahneman, Daniel. 2008. "The Sad Tale of the Aspiration Treadmill." *The Edge.* Accessed October 5, 2009. http://www.edge.or g/q2008/q08_17.html#kahneman.

Kahneman, D., A. B. Krueger, D. A. Schkade, N. Schwarz, and A. A. Stone. 2004. "A Survey Method for Characterizing Daily Life Experience: The Day Reconstruction Method." *Science* 3 (306): 1776–1780.

Kaplan, Esther. 2009. "Can Labor Revive the American Dream?" *The Nation*, January 26, pp. 11–16.

Kaufmann, D., A. Kraay, and M. Mastruzzi. 2005. "Governance Matters IV: Governance Indicators for 1996–2004." World Bank Policy Research Working Paper Series No. 3630, World Bank, Washington, DC.

Kawachi, I., B. P. Kennedy, K. Lochner, and D. Prothrow-Stith. 1997. "Social Capital, Income Inequality, and Mortality." *American Journal of Public Health* 87 (9): 1491–1498.

Kenworthy, Lane. 1999. "Do Social-Welfare Policies Reduce Poverty? A Cross-National Assessment." *Social Forces* 77 (3): 1119–1139.

Key, V. O. 1959. *Southern Politics.* New York: Vintage Books.

Klarner, Carl. n.d. "State Partisan Balance 1959–2000." Accessed April 15, 2006. http://ww.unl.edu/SPPQ/journal_datasets/klarner_data/1959_2000Short.xls.

Kohn, Melvin L., and Kazimierz M. Slomczynski. 1990. *Work, Class and Stratification: A Comparative Analysis of Their Psychological Impact in Capitalist and Socialist Society.* Oxford: Blackwell.

Korpi, Walter. 1983. *The Democratic Class Struggle.* London: Routledge & Kegan Paul.

Kuhn, Thomas. 1957. *The Structure of Scientific Revolutions.* Chicago: University of Chicago Press.

Kurtz, Marcus, and Andew Schrank. 2007. "Growth and Governance." *Journal of Politics* 69 (2): 538–554.

Kuttner, Robert. 1986. "Unions, Economic Power, and the State." *Dissent* 33: 33–44.

Lakatos, I. 1970. *Criticism and the Growth of Knowledge.* New York: Cambridge University Press.

Lane, Robert E. 1978a. "Markets and the Satisfaction of Human Wants." *Journal of Economic Issues* 12 (4): 799–827.

Lane, Robert E. 1978b. "Autonomy, Felicity, Futility: The Effects of the Market Economy on Political Personality." *Journal of Politics* 40 (1): 2–24.

Lane, Robert E. 1991. *The Market Experience.* Cambridge: Cambridge University Press.

Lane, Robert E. 2000. *The Loss of Happiness in Market Democracies.* New Haven, CT: Yale University Press.

Lange, O. 1942. "The Foundations of Welfare Economics." *Econometrica* 3 (4): 549–552.

Layard, Richard. 2005. *Happiness: Lessons from a New Science.* London: Allen Lane.

Lee, G. R., K. Seccombe, and C. L. Shehan. 1991. "Marital Status and Personal Happiness: An Analysis of Trend Data." *Journal of Marriage and the Family* 53: 839–844.

Levi, Margaret. 2003. "Organizing Power: The Prospects for an American Labor Movement." *Perspectives on Politics* 1 (1): 45–68.

Levine, Ross, and David Renelt. 1992. "A Sensitivity Analysis of Cross-Country Growth Regressions." *The American Economic Review* 82 (4): 942–963.

Lieberman, Jethro K. 1970. *The Tyranny of the Experts: How Professionals are Closing the Open Society.* New York: Walker.

Lindblom, Charles. 1977. *Politics and Markets.* New York: Basic Books.

Lindert, Peter H. 2004. *Growing Public: Social Spending and Economic Growth since the Eighteenth Century.* Cambridge: Cambridge University Press.

Linn, Margaret W., Richard Sandifer, and Shayna Stein. 1985. "Effects of Unemployment on Mental and Physical Health." *American Journal of Public Health* 75 (5): 502–506.

Lipset, Seymour M. 1960. *Political Man: The Social Bases of Politics.* Garden City, NY: Doubleday.

Loscocco, Karyn, and Glenna Spitze. 1990. "Working conditions, social support, and the well-being of female and male factory workers." *Journal of Health and Social Behavior* 31: 313–327.

Lowe, Graham S., and Herbert C. Northcott. 1988. "The Impact of Working Conditions, Social Roles, and Personal Characteristics on Gender Differences in Distress." *Work and Occupation* 15: 55–77.

Lykeen, D., and A. Tellegen. 1996. "Happiness Is a Stochastic Phenomenon." *Psychological Science* 7: 186–189.

Macpherson, C. B. 1966. *The Real World of Democracy.* New York: Oxford University Press.

Macpherson, C. B. 1977. *The Life and Times of Liberal Democracy*. Oxford: Oxford University Press.
Mares, Isabela. 2007. "The Economic Consequences of the Welfare State." *International Social Security Review* 60 (2): 65–81.
Marshall, T. H. 1950. *Citizenship and Social Class*. Cambridge: Cambridge University Press.
Marx, Karl, and Frederick Engels. 2005. *Manifesto of the Communist Party*. Marxists Internet Archive (www.marxists.org), accessed August 8, 2012.
Maslow, Abraham. 1970. *Motivation and Personality*. New York: Harper.
Matthews, Richard. 1995. *If Men Were Angels*. Lawrence: The University of Kansas Press.
McMahon, Darrin. 2006. *Happiness: A History*. New York: Grove Press.
Messner, Steven F., and Richard Rosenfeld. 1997. "Political Restraint of the Market and Levels of Criminal Homicide: A Cross-National Application of Institutional-Anomie Theory." *Social Forces* 75 (4): 1393–1416.
Messner, Steven F., and Richard Rosenfeld. 2006. "The Present and Future of Institutional-Anomie Theory." *Advances in Criminological Theory* 15: 127–148.
Moller, Stephanie, Evelyn Huber, John D. Stephens, David Bradley, and François Nielsen. 2003. "Determinants of Relative Poverty in Advanced Capitalist Democracies." *American Sociological Review* 68 (1): 22–51.
Mossakowski, K. N. 2009. "The Influence of Past Unemployment Duration on Symptoms of Depression Among Young Women and Men in the United States." *American Journal of Public Health* 99 (10): 1826–1832.
Murray, Charles. 1984. *Losing Ground: American Social Policy, 1950–1980*. New York: Basic Books.
Myers, David, and Ed Diener. 1995. "Who Is Happy?" *Psychological Science* 6: 10–19.
Nedelsky, Jennifer. 1990. *Private Property and the Limits of American Constitutionalism*. Chicago: University of Chicago Press.
Nolen-Hoeksema, S., and C. L. Rusting. 1999. "Gender Differences in Well-Being." In *Well-Being: The Foundations of Hedonic Psychology*, edited by D. Kahneman, E. Diener, and N. Schwarz, 330–352. New York: Russell Sage Foundation.
Norris, Pippa, and Ronald Inglehart. 2004. *Sacred and Secular: Religion and Politics Worldwide*. New York: Cambridge University Press.
North, Douglas C., John J. Wallis, and Barry R. Weingast. 2009. *Violence and Social Orders*. Cambridge: Cambridge University Press.
Organisation for Economic Co-operation and Development (OECD). 2004 "Index of Employment Protection Legislation." Accessed March 17, 2010. http://www.oecd.org/dataoecd/37/2/35695665.pdf.
Organisation for Economic Co-operation and Development (OECD). 2009. "The OECD Summary Measure of Benefit Entitlements, 1961–2003." Accessed October 10, 2009. http://www.oecd.org/dataoecd/25/31/34008592.xls.
Organisation for Economic Co-operation and Development (OECD). n.d. "Stats Extracts." Accessed August 29, 2009. http://stats.oecd.org/Index.aspx.
Organisation for Economic Co-operation and Development (OECD). "The Well-Being of Nations: The Role of Human and Social Capital." http://www.oecd.org/site/worldforum/33703702.pdf Accessed 8 July 2012.
Oswald, A. J. 1997. "Happiness and Economic Performance." *Economic Journal* 107: 1815–1831.
Oswald, Andrew J., and Stephen Wu. 2010. "Objective Confirmation of Subjective Measures of Human Well-Being: Evidence from the USA." *Science* 29 (January): 576–579.

Ott, Jan. 2010. "Greater Happiness for a Greater Number: Some Non-controversial Options for Governments." *Journal of Happiness Studies* 11 (5): 631–647.

Pacek, Alexander. 2009. "Politics and Happiness: An Empirical Ledger." In *Happiness, Economics, and Politics*, edited by Amitava Dutt and Benjamin Radcliff, 231–255. Cheltenham, UK: Edward Elgar.

Pacek, Alexander, and Benjamin Radcliff. 2008. "Assessing the Welfare State." *Perspectives on Politics* 6 (2): 267–277.

Pateman, Carol. 1970. *Participation and Democratic Theory*. Cambridge: Cambridge University Press.

Pew Research Center. 2006. "Are We Happy Yet." May 10, 2007. http://pewresearch.org/pubs/301/are-we-happy-yet.

Pfeffer, Jeffrey, and Alison Davis-Blake. 1990. "Unions and Job Satisfaction." *Work and Occupations* 17 (3): 259–284.

Polanyi, Karl. 1944. *The Great Transformation*. New York: Rinehart and Co.

Pollmann-Schult, Matthias, and Felix Buchel. 2005. "Unemployment Benefits, Unemployment Duration, and Subsequent Job Quality." *Acta Sociologica* 48 (1): 21–39.

Pontusson, Joans. 2005. *Inequality and Prosperity: Social Europe vs. Liberal America*. Ithaca, NY: Cornell University Press.

Porter, D. 1999. *Health, Civilization and the State: A History of Public Health from Ancient to Modern Times*. London: Routledge.

Priestley, Joseph. 1768. *An Essay on the First Principles of Government, and on the Nature of Political, Civil, and Religious Liberty*. 2nd ed. London: J. Johnson 68. Accessed May 10, 2009. http://oll.libertyfund.org/title/1767.

Putnam, Robert. 2000a. *Bowling Alone*. New York: Simon & Schuster.

Putnam, Robert. 2000b. "Comprehensive Social Capital Index." Accessed January 15, 2006. ttp://www.bowlingalone.com/data.php3.

Putnam, Robert, and David Campbell. 2010. *American Grace: How Religion Divides and Unites Us*. New York: Simon and Schuster.

Radcliff, Benjamin and Ed Wingenbach. 2000. "Preference Aggregation, Functional Pathologies, and Democracy: A Social Choice Defense of Participatory Democracy," *The Journal of Politics*, 62 (4): 977–998.

Radcliff, Benjamin. 2001. "Politics, Markets, and Life Satisfaction." *American Political Science Review* 95 (4): 939–952.

Radcliff, Benjamin. 2005. "Class Organization and Subjective Well-Being: A Cross-National Anal-ysis." *Social Forces* 84 (1): 513–530.

Rakove, Jack. 2010. *Revolutionaries*. New York: Houghton Mifflin Harcourt.

Rawls, John. 1971. *A Theory of Justice*. Oxford: Oxford University Press.

Rothstein, Bo. 1998. *Just Institutions Matter: The Moral and Political Logic of the Universal Welfare State*. Cambridge: Cambridge University Press.

Rothstein, Bo. 2010. "Happiness and the Welfare State." *Social Research* 77 (2): 1–29.

Schelsinger, Arthur Sr. 1964. "The Lost Meaning of 'The Pursuit of Happiness.'" *William and Mary Quarterly* 21 (July): 325–327.

Schyns, Peggy. 1998. "Crossnational Difference in Happiness: Economic and Cultural Factors Explored." *Social Indicators Research* 43: 3–26.

Scruggs, L., and J. Allan. 2006. "The Material Consequences of Welfare States Benefit Generosity and Absolute Poverty in 16 OECD Countries." *Comparative Political Studies* 7 (39): 880–904.

Scruggs, Lyle. 2005. "Comparative Welfare Entitlements Dataset." Department of Political Science, University of Connecticut. Accessed April 15, 2005. http://sp.uconn.edu/~scruggs/.

Scruggs, Lyle. 2006. "The Generosity of Social Insurance, 1971–2002." *Oxford Review of Economic Policy* 22 (3): 349–364.

Sen, Amartya. 1992. *Inequality Reexamined*. Cambridge, MA: Harvard University Press.

Simmons, Leigh A., Bonnie Braun, Richard Charnigo, Jennifer R. Havens, and David W. Wright. 2010. "Depression and Poverty among Rural Women: A Relationship of Social Causation or Social Selection?" *Journal of Rural Health* 24 (3): 292–298.

Smith, Adam. 2006. *The Theory of Moral Sentiments*. São Paulo, Brazil: MetaLibri Digital Library. Accessed May 15, 2006 http://www.ibiblio.org/ml/libri/s/SmithA_MoralSentiments_p.pdf.

Smith, Adam. 2007. *An Inquiry into the Nature and Causes of the Wealth of Nations*. São Paulo, Brazil: MetaLibri Digital Library. Accessed May 29, 2007. http://www.ibiblio.org/ml/libri/s/SmithA_WealthNations_p.pdf.

Somers, Margaret and Fred Block. 2005. "From Poverty to Perversity: Ideas, Markets, and Institutions: Over 200 Years of Welfare Debate." *American Sociological Review* 70 (2): 260–287.

Souza-Posa, Alfonso. 2000. "Well-Being at Work." *Journal of Socio-Economics* 29 (6): 517–539.

Stanford, Jim. 1999. "Economic Freedom (for the Rest of US)." Accessed July 1, 2006. http://www.csls.ca/events/cea1999/stanf.pdf.

Stiglitz, Joseph. 1994. *Whither Socialism? Wicksell Lectures*. Boston: MIT Press.

Stiglitz, Joseph. 2007. "The Pact with the Devil." Written interview with Beppe Grillo. Accessed April 20, 2009. http://www.beppegrillo.it/eng/2007/01/stiglitz.html.

Tellegen, A., D. T. Lykken, T. J. Bouchard, K. J. Wilcox, N. L. Segal, and S. Rich. 1988. "Personality Similarity in Twins Reared Apart and Together." *Journal of Personality and Social Psychology* 54: 1031–1039.

Thompson, E. P. 1971. "The Moral Economy of the English Crowd in the Eighteenth Century." *Past & Present* 50: 76–136.

Uehara, Edwina. 1990. "Dual Exchange Theory, Social Networks, and Informal Social Support." *American Journal of Sociology* 96 (3): 521–557.

Valdez, Avelardo, Charles D. Kaplan, and Russell L. Curtis Jr. 2007. "Aggressive Crime, Alcohol and Drug Use, and Concentrated Poverty in 24 U.S. Urban Areas." *American Journal of Drug and Alcohol Abuse* 33 (4): 595–603.

Veenhoven, R. 1984. *Conditions of Happiness*. Dordrecht, the Netherlands: D. Reidel Publishing.

Veenhoven, R. 1991. "Is Happiness Relative?" *Social Indicators Research* 24: 1–34.

Veenhoven, R. 1994. "Is Happiness a Trait?" *Social Indicators Research* 32: 101–160.

Veenhoven, R. 1995. "The Cross-National Pattern of Happiness: Test of Predictions Implied in Three Theories of Happiness." *Social Indicators Research* 34 (1): 33–68.

Veenhoven, R. 1996. "Developments in Satisfaction Research." *Social Indicators Research* 37 (1): 1–46.

Veenhoven, R. 1997a. "Advances in Understanding Happiness." *Revue Quebecoise de Psycologie* 18: 29–74.

Veenhoven, R. 1997b. "Quality of Life in Individualistic Societies." In *The Gift of Society*, edited by Mart-Jan DeJong and Anton C. Zijderveld. Nijkerk, the Netherlands: Enzo Press.

Veenhoven, R. 1999. "Quality-of-Life in Individualistic Society: A Comparison in 43 Nations in the Early 1990s." *Social indicators Research* 48: 157–186.

Veenhoven, R. 2002. "Why Social Policy Needs Subjective Indicators." *Social Indicators Research* 58 (1–3): 33–46.

Veenhoven, R. 2004. "Happiness as an Aim in Public Policy: The Greatest Happiness Principle." In *Positive Psychology in Practice*, edited by P. A. Linley and S. Joseph, 658–678. New York: Wiley.

Veenhoven, R. 2006. *Healthy Happiness, Effect of Happiness on Physical Health and Implications for Preventive Health Care*. Paper presented at the conference of International Society for Quality of Life Studies (ISQOLS), in Grahamstown, South Africa, July.

Veenhoven, R. 2009. "How Do We Assess How Happy We Are?" In *Happiness, Economics, and Politics*, edited by Amitava Dutt and Benjamin Radcliff, 45–69. Chelthenham, UK: Edward Elgar.

Veenhoven, R., and M. Hagerty. 2006. "Rising happiness in Nations, 1946–2004. A Reply to Easterlin." *Social Indicators Research* 77: 1–16.

Visser, J., S. Martin, and P. Tergeist. 2009. "Trade Union Members and Union Density in OECD Countries." Accessed March 17, 2010. http://www.oecd.org/dataoecd/37/2/35695665.pdf.

Warr, Peter. 1987. *Work, Unemployment, and Mental Health*. New York: Oxford University Press.

Weber, Max. 1958. *The Protestant Ethic and the Spirit of Capitalism*. New York: Charles Scribner's Sons.

Wessman, Alden E., and David F. Ricks. 1966. *Mood and Personality*. New York: Holt, Rinehart & Winston.

Whiteley, Paul F., Harold D. Clarke, David Sanders, and Marianne C. Stewart. 2010. "Government Performance and Life Satisfaction in Contemporary Britain." *Journal of Politics* 72 (3): 733–746.

Wills, Gary. 1978. *Inventing America: Jefferson's Declaration of Independence*. Garden City, NY: Doubleday and Company.

Zuckert, Michael. 1996. *Natural Rights Republic*. Notre Dame, IN: Univeristy of Notre Dame Press.

Zuckert, Michael. 2003. "The Political Science of James Madison." In *History of American Political Thought*, edited by Bryan-Paul Frost and Jeffrey Sikkenga, 149–166. Lanham, MD: Lexington Press.

Zuckert, Michael. Forthcoming. "Two Paths from Revolution: Jefferson, Paine, and the Radicalization of Enlightenment Thought." In *Transatlantic Revolutionaries*, edited by Peter Onuf, et al. Charlottesville, VA: University of Virgina Press.